오차를 중심으로 본

세상을 바꾸는 과학적 설문 조사 방법

박현주 · 이승희

창지사

머리말

설문 조사는 정부나 기업 혹은 학문연구의 기초자료를 제공하는 투명하고 합리적인 의사결정도구로서 전 세계적으로 다양한 영역에서 사용되고 있다. 아이러니하게도, 변화된 사회상과 더불어 설문 조사의 광범위한 사용은 현대인에게 설문 조사의 중요성이 배제된 채 조사에 대한 부정적인 인상을 주로 남기게 되었고, 이로 인해 설문 조사의 핵심 요소 중 하나인 응답률은 계속적으로 감소하는 추세이다. 설문 조사 방법론(Survey methodology)은 미국과 서유럽의 사회학, 심리학, 통계학, 언어학 등 다양한 전공분야의 학자들이 모여 이러한 현실을 타개하고, 체계적으로 조사를 설계하고 실행하는 데 필요한 이론을 연구하면서 시작된 응용 과학이다.

이 책은 설문 조사 방법론의 이론적 틀에 맞춰 정확한 조사를 가로 막는 각종 조사의 오차를 그 원천에 따라 분류하고 설명함으로써 설문 조사의 체계적 이해를 돕는다. 또, 조사 오차의 설명에 있어 미국과 유럽에서 수행된 방법론 연구 사례를 함께 소개함으로써, 실제로 설문 조사를 수행하는 연구자 및 조사 업계 종사자에게 의도하지 않게 범할 수 있는 조사의 오류를 다각적으로 알리고자 한다.

우선 1장에서는 설문 조사의 개념과 역사 및 설문 조사 방법론에 대해 소개하고, 설문 조사의 결과에 영향을 끼치는 총조사 오차의 개념 및 구성 요소를 설명한다. 2장에서는 비관측 오차를 포함 오차, 표집 오차, 무응답 오차로 구분한 후, 개별 오차에 대해 살펴본다. 특히, 무응답 오차에 중점을 두어 무응답의 종류, 응답률의 정의 및 그 의미 등을 다루었으며, 무응답과 관련한 사회인구 통계 지표와 설문 조사 참여의 의사 결정 과정을 설명하였다. 3장에서는 관측 오차를 그 원인에 따라 면접원 기인 오차, 응답자 기인 오차, 설문지 기인 오차 및 자료 수집 방법 기인 오차로 구분하여 개별 오차의 발생 기제 및 오차 발생 사례를 실증 연구와 함께 설명하였다. 마지막으로 4장에서는 앞서 기술한 다양한 원인에 의해 발생하는 설문의 오차를 줄이기 위한 노력을 조사의 설계 과정, 설문지 개발 과정, 실사 과정으로 나누어 소개하였다.

이 책은 기존의 통계학에 치중한 한국의 설문 조사 방법론 서적의 한계를 극복하고, 사회학적·심리학적 관점을 포함하여 설문 조사를 실사 과정과 함께 다루었으며, 조사 참여를 둘러싼 의사결정과정과 조사 오차를 줄이기 위한 방법 등을 다룬다는 점에서 의의를 갖는다. 이와 더불어, 주로 미국과 유럽에서 보고된 각종 조사의 오차가 한국이라는 사뭇 다른 사회·문화적 환경에서 어떻게 다른 양상으로 관철될 수 있는지에 대한 논의를 포함하여, 이제 태동기에 있는 한국의 설문 조사 방법론에 흥미로운 연구 주제를 제공한다.

그리고 이 책은 사회과학 학부와 대학원 과정의 조사방법론 강의 교재로서, 나아가 전문 서적으로서 설문 조사에 대한 체계적 이해와 정확한 조사에 수반되는 비용과 노력에 대한 올바른 이해를 돕는 것을 목표로 한다. 저자는 이 책을 통해 설문 조사가 이미 결정된 의사를 사후에 뒷받침하기 위한 도구로 전락하게 되는 현실을 개선하고, 체계적인 연구 방법으로 거듭나 독립적인 사회과학의 한 분야로 발전되기를 바란다. 또, 이 책이 한국에서 수행되는 설문 조사의 품질을 제고하는 데 보탬이 되기를 희망하며 집필하였다.

끝으로 한국의 조사 현황 관련 정보를 얻는 데 도움을 주신 통계청 김인식 사무관님, 현대 리서치 이상경 대표님, 리서치 앤 리서치의 노규형 대표님 및 초고를 읽고 코멘트를 주신 카이스트 경영학과 이찬진 교수님, 성균관대 사회학과 김지범 교수님, 통계 개발원 박영실 사무관님 및 박선희 사무관님께 감사의 마음을 전한다.

2017년 6월
저자 일동

추천사

정확한 설문 조사를 위해서는 조사 담당자들의 진지한 노력과 세심한 주의가 필요하다. 이 책은 진정한 조사 전문가라면 고민해야 할 설문 조사에 대한 여러 문제점과 다양한 해결책을 소개하고 있다.

설문 조사란 조사대상으로 선택된 응답자에게 연구자가 작성한 설문지로 질문을 묻고, 듣고, 기록하고, 분석하여 보고하는 사회과학적 방법이다. 조사 과정에는 모집단에서 대표성을 지닌 조사 대상을 선발하는 통계적 표집의 과정과 응답자에게 설문 내용을 질의응답하는 측정 과정이 있다. 이제까지 한국의 설문 조사 서적은 통계학에 치우쳐 왔으며, 조사자와 응답자가 상호작용하는 측정 과정을 체계적으로 다룬 서적은 없었다. 이는 측정 과정 연구를 위해서 응답자의 정보 처리 과정에 대한 인지심리학적 및 사회학적 접근이 필요한데, 이 분야에 정통한 한국인 전문가가 부족하기 때문이다. 거의 매일 조사 결과가 정치, 경제, 사회, 문화 등 다양한 주제에 걸쳐 언론에 보도되고, 특히 선거 때만 되면 후보자나 정당에 대한 지지도가 연일 보도되는 한국의 현실에서 설문 조사에 대한 이해를 도와줄 심층적인 전문서적에 대한 아쉬움이 있었는데, 그간의 갈증을 해소해 줄 전문서적이 나온 것은 매우 다행스러운 일이다.

이 책의 저자들은 미국의 유수 대학에서 설문 조사 방법론을 전공하고, 연구기관에서 미국 정부의 공식 통계 조사를 담당하며, 후학을 양성하고 있는, 실무적으로나 이론적으로 많은 업적을 쌓은 전문가들이다. 설문 조사 방법론이 독립된 학문으로 존재하지 않는 한국에서 두 분이 선진 연구와 실무 동향을 소개한 책자를 발간한 것은 한국 조사업계에 큰 도움이 될 것이라 생각한다.

이 책에서는 조사의 오차를 총조사 오차라는 개념으로 소개하면서 표본 추출 과정에서 발생하는 통계적 오차 외에 조사 결과에 영향을 미치는 여러 종류의 오차에 대해 설명한다. 이러한 접근은 그간 조사의 정확성을 둘러싼 논란에 대한 대중의 이해를 도울 것이다. 이 책은 설문 조사와 관련된 인지심리학적 이론과 실증 연구를 잘 정리하였으며, 특히 4장은 조사 실무자들에게 큰 도움이 되리라 생각한다. 저자들은 4장에서 조사 과정의 오차를 줄이기 위한 실질적 조치와 설문지, 실사 과정 중의 품질 제고를 위한 노력을 소개한다. 이 중 일부는 한국에서도 활용되고 있으나, 이 책은 그 배경이나 관련 연구, 선진국에서 실제 수행되는 품질 관리 방법과 효과를 심도 있게 다루어 실무자에게 좋은 참고가 될 것이다. 또한, 참고문헌은 설문 조사 방법론의 후속 연구에 유용한 자료가 될 것이다.

이 책에서도 간간히 한국에서 수행되는 설문 조사 방법론 연구를 소개하고 있기는 하지만, 한국의 방법론 연구는 굉장히 부족한 상태이다. '어 다르고 아 다르다.'는 우리나라 속담에서도 보여주듯이 설문 문항에 따라 변화하는 응답, 체면과 집단의식이 강조되는 한국적 환경에서 나타나는 사회적 바람직성의 양상은 한국의 설문 조사 방법론 연구에 흥미로운 주제를 제공한다. 더불어, 조사 현장에서는 날로 감소하는 응답률로 고심하고 있다. 그 원인과 대책, 응답률과 조사의 신뢰성 관계에 대한 우리 나름의 연구가 필요한데, 모쪼록 이 책의 발간이 한국의 관련학과나 기관의 전문가가 설문 조사 방법론을 발전시키는 계기가 되었으면 한다.

정당의 후보자 선출과 선거 혹은 정책수립과 평가에 있어 설문 조사가 갖는 중요성은 누구나 인정하고 있다. 이런 신뢰의 대전제는 미국 정치학자 버바(Sidney Verba)의 말처럼 '정직하고 정확한 조사'일 것이다. 올바르게 집행된 조사 과정을 통해 생산된 신뢰할 만한 조사 결과야말로 민주주의와 지식기반사회에서 꼭 필요한 자산이다. '쓰레기는 쓰레기를 낳는다.', '신은 디테일에 숨어 있다.'는 말이 있는 것처럼 정확한 조사를 위해서는 끊임없는 연구와 평가가 이루어져야 한다.

이 책은 설문 조사를 실제로 수행하는 조사기관의 모든 종사자뿐만 아니라 정부나 공공기관, 연구기관에서 설문 조사에 관여하는 전문가들, 그리고 설문 조사를 가르치고 배우는 대학의 관련학과 교수와 학생 그리고 설문 조사에 대해 관심을 가진 모든 분들에게 꼭 필요한 책으로 자신 있게 추천하는 바이다.

전) 한국조사협회 회장
정치심리학 박사
(주) 리서치 앤 리서치(R&R) 대표 노규형

Chapter 1 2 3 4

설문 조사의 이해

이 장에서는 설문 조사의 개념과 역사, 설문 조사 방법론이 무엇인지에 대해 설명한다. 그리고 설문 조사에서 발생 가능한 다양한 오차(error)의 개념을 평균제곱오차를 사용하여 정의하고 편차 · 분산과 함께 설명한 후, 이러한 오차가 설문 조사 수행 중 어느 단계에서 발생하는지에 대해서도 살펴본다(이승희, 2010). 또한, 이러한 접근이 설문 조사를 이해하는 것뿐만 아니라 설문 조사를 설계하고 설문지를 준비하는 데 있어 어떻게 도움이 되는지에 대해서도 논의한다.

1. 설문 조사의 개념과 역사

설문 조사는 관심 모집단의 행태 또는 성향을 이해하기 위하여 모집단의 일부인 표본을 선택하고 조사하여 관심 모집단의 행태나 성향을 추론하는 합리적이며 실용적인 방법으로, 긴 역사적 배경을 가지고 있다. 설문 조사의 진화와 발전은 20세기에 이르러 크게 이루어졌는데, 이는 특히 대공황과 두 차례의 세계 대전을 거치면서 여론 수렴과 정책 수립을 위한 기초 자료에 대한 필요성이 대두됨에 따른 사회적 부응이라 할 수도 있겠다.

이 책에서 설문 조사로 간주하는 자료 수집 활동은 다음의 세 가지 특징을 지닌다(Groves, Presser, & Dipko, 2004). 첫째, 대부분의 정보가 질문과 응답의 설문 과정을 통하여 표본 개체(sample unit), 주로 '응답자'로부터 얻어진다. 둘째, 면접원(interviewer)이 질문하고 응답을 기록하거나 응답자 본인이 직접 질문을 듣거나 읽고 응답을 기록하여 정보가 수집된다. 셋째, 관심 모집단 전체가 아닌 추출된 표본으로부터 정보가 수집된다. 물론 그 관심 모집단은 사람일 수도 있고, 사업체, 병원 및 학교와 같은 기관이 될 수도 있다.

설문 조사는 영어의 'survey' 혹은 'poll'이라는 단어에 해당한다고 할 수 있다. 보통 영어 단어 'poll'은 정치 단체나 사기업에서 행하는 여론 조사를 지칭하며, 영어 'survey'는 정부기관이나 사회과학 등 학계에서 학술 자료 수집을 위한 용도로 사용하는 설문 조사를 지칭한다. 그러나 정확히 말하자면, 어원이 다르다는 점 외에 'survey'와 'poll' 사이에 명확한 차이는 없다(Schuman, 1997). 'poll'은 통상적으로 Gallup 등의 조사기관에서 주로 폭넓은 대중을 대상으로 간단한 여론 파악을 위한 조사 혹은 기업에서 마케팅 용도로 사용하는 설문 조사를 지칭한다. 이에 반해, 'survey'는 통상 설문 조사의 과학적인 본질에 충실한 학문적인 성격의 고품질 조사(high quality survey)를 일컫는다. 이 책에서는 후자, 즉 과학적인 자료 수집 방법으로서의 조사인 'survey'에 대해 다룬다.

인구에 관한 자료 수집은 역사적으로 볼 때 조세 등을 목적으로 하여 전체 인구를 대상으로 시작되었다. 19세기의 산업화를 거치며 사회가 급변하고 다양화되어 가면서 인구에 대한 이해가 필요하다는 인식이 생겨나기 시작했으며, 이를 위하여 설문 조사를 이용한 자료 수집 활동이 시작되었다. 대공황과 두 차례의 세계대전이라는 사회적 사건은 이러한 인식을 한층 높이는 계기가 되었다.

이 무렵부터 부각된 설문 조사는 세계 각국의 정부 부처를 중심으로 활발하게 사용되기 시작했으며, 이와 더불어 사회과학을 필두로 한 학계와 정치계, 재계 등에서도 설문 조사를 사용하여 관심 인구 및 사회에 관한 자료를 두루 수집하게 되었다.

행정을 목적으로 총인구수의 추정을 위해 개인을 일일이 세는 작업(enumeration)으로 시작한 조사는 19세기 전반까지 대부분 전체 인구를 다 열거하는 인구 총조사의 형태로 진행되었다. 특히 18세기 전반 통계학에서 소개되었던 확률론이 Neyman(1934)에 의해 확률 표본론(probability sampling)으로 이어졌고, 이에 발맞추어 설문 조사는 관심 모집단의 다양한 행태 및 성향을 이해하기 위해 과학적이면서 실제적으로 활용 가능한 방법으로 제시되었다. 이런 이론적 발전을 토대로 통계학자의 인구 사회 조사 참여가 가속화되었고, 20세기를 거치며 큰 발전을 이루었다. 특히 미국에서는 이론적으로 증명된 확률 표본론의 중요성이 크게 부각되며 대부분의 정부 조사가 1930년대 말에서 1940년대를 거치며 확률 표본으로 전환되었다.

특히, 1950년대를 기점으로 대통령 선거 사전 조사의 실패로 비확률 표본의 한계가 증명되었고, 그 이후로는 대거 확률 표본을 사용하게 되었다(Converse, 1987). 이와 함께 북유럽 및 서유럽의 정부 조사도 1990년대 이후로는 대부분 확률 표본을 사용하고 있다. 한국의 경우, 정부 통계에서는 확률 표본이 대세이나 여론 조사기관이나 일반 사기업의 마케팅 조사에서는 비확률 표본이 주로 사용되고 있다.[1)]

2. 설문 조사 방법론

1960년대를 기점으로 설문 조사와 이에 따른 오차를 전반적으로 이해하는 총조사 오차(TSE: Total Survey Error)라는 개념이 등장하였다(Brown, 1967). 이 총조사 오차의 개념은 나아가 1990년대에 확률 표본론을 중심으로 통계학적으로만 설문 조사를 단편적으로 이해하던 시각을 탈피하게 하는 설문 조사 방법론(survey methodology)이라는 독립적인 학문을 탄생시키는 역할을 한다.

아이러니하게도 전 세계에 걸친 설문 조사의 광범위하고 보편적인 사용은 변화된 사회와 더불어 현대인들에게 설문 조사에 대한 인상을 점점 더 부정적으로 만들게 되었고, 그로 인한 응답률의 감소 등은 정확한 설문 조사를 수행하는 것을 점점 더 어려워지게 하였다.

설문 조사 방법론은 설문 조사와 관련한 사회학, 심리학, 통계학, 언어학을 비롯한 여러 분야의 다양한 전공의 학자들이 모여, 이러한 현실을 타개하고 좀 더 정확한 조사를 실시하기 위해 탄생시킨 다학제적 응용 과학이다. 이 중심에는

---

1) 더 자세한 설문 조사의 역사에 대해서는 Converse(1987)의 *Survey Research in the United States: Roots and Emergence 1890-1960*를 참고하면 좋겠다.

1980년대 등장한 설문 조사와 인지 심리학(cognitive psychology)의 이론을 연결하는 CASM(Cognitive Aspects of Survey Methodology) 운동이 있다(Belli et al., 2007; Jabine et al., 1984; Jobe & Mingay, 1991; Tourangeau, 2003). CASM은 설문의 자료를 제공하는 주체가 인간이므로 기존의 인지 심리학에서 연구된 인간의 인지 과정에 대한 이해가 설문 과정에서 어떠한 이유와 방식으로 응답자가 설문에 답하고 어떤 오류를 범하는지를 연구하는 중요한 바탕이 된다고 주장한다(Bradburn et al., 1987). 이러한 CASM 운동은 기존의 통계 중심의 설문 조사를 다른 학문과 연계하여 접근하는 설문 조사 방법론의 탄생에 기폭제 역할을 하게 된다(이승희, 2010).

3. 총조사 오차의 이해

총조사 오차(TSE)는 설문지를 사용하여 자료를 수집하는 설문 조사뿐만 아니라 관심 모집단에서 추출한 표본을 사용한 모든 형태의 자료 수집에 적용될 수 있는 개념이다. 또한, 총조사 오차는 확률 표본뿐만 아니라 비확률 표본에도 적용할 수 있으며 총인구 조사에도 사용될 수 있다. 그러나 총조사 오차의 개념이 확률 표본을 바탕으로 발전한 점을 고려하여, 이 책에서는 확률 표본을 사용하는 조사에 비추어 전개할 것이며, 비확률 표본에 관해서는 필요한 경우 일부 언급하도록 하겠다.

1) 평균제곱 오차

표본을 바탕으로 한 조사의 결과물인 통계치에는 모두 오차가 있다. 이와 관련한 총조사 오차를 이해하기 위해서는 확률 표본론의 반복 추출 이론을 기초로 한 평균제곱 오차(MSE: Mean Square Error)에 대한 이해가 필요하다. 이를 위해서 Kish(1965)와 Andersen 등(1979)을 바탕으로 하여 Groves(1989)에서 보여 준 평균제곱 오차를 먼저 소개하겠다. 이는 오차를 체계적으로 이해하는 데 큰 도움이 된다.

크기가 N인 전체 관심 모집단 U에서 특정 표본 추출 방법을 사용하여 표본 수 n의 표본을 반복하여 S번 추출했다고 가정하자. 또한, 조사의 최대 관심 통계치인 모집단의 Y라는 성향의 평균의 참값을 $\bar{Y}_U = \frac{\sum_{i=1}^{N} Y_i}{N}$라고 하자.

특정 표본 s의 각 개체 모두에게서 변수 y를 측정했을 때 그 평균치는 $\bar{y}_s = \frac{\sum_{i=1}^{n} y_{s,i}}{n}$이며, 반복 추출 시 S개의 추정치($\bar{y}_1, \cdots, \bar{y}_s, \cdots, \bar{y}_S$)가 있다. 특정 추정치 $\bar{y}_s$는 참 값 $\bar{Y}_U$와 차이가 있을 수 있으며 S개의 추정치가 모두 같지 않다.

이를 반영하는 $\bar{y}_s$의 평균제곱 오차는 다음과 같다.

평균제곱 오차($\bar{y}_s$)

$$
\begin{aligned}
&= E_S[(\bar{y}_s - \bar{Y}_U)^2] \\
&= E_S[(\bar{y}_s - E_S(\bar{y}_s) + E_S(\bar{y}_s) - \bar{Y}_U)^2] \\
&= E_S[(\bar{y}_s - \bar{y}_. + \bar{y}_. - \bar{Y}_U)^2] \\
&= E_S[(\bar{y}_s - \bar{y}_.)^2 + (\bar{y}_. - \bar{Y}_U)^2 + 2(\bar{y}_s - \bar{y}_.)(\bar{y}_. - \bar{Y}_U)] \\
&= E_S[(\bar{y}_s - \bar{y}_.)^2 + (\bar{y}_. - \bar{Y}_U)^2] \\
&= Var(\bar{y}_s) + \left(Bias(\bar{y}_s)\right)^2 \qquad (1)
\end{aligned}
$$

여기에서 $\bar{y}_.$는 개별 표본에서 추정된 $\bar{y}_s$의 평균치로 $\bar{y}_. = \frac{\sum_{s=1}^{S}}{S} = E_S(\bar{y}_s)$로 표현할 수 있다. 이론적으로 평균제곱 오차는 표본의 반복 추출을 가정하는데, 이는 하나의 표본을 사용하는 실제 상황에서는 이해가 불가능하므로 평균제곱 오차의 추정치를 사용하게 된다. 또한, 평균제곱 오차의 개념은 평균치를 넘어서 다른 종류의 통계치(예: 총계, 상관계수, 비율)에도 사용할 수 있다.

(1)의 식에서 보여지듯 평균제곱 오차는 분산과 편향의 요소로 구성되어 있다.

이는 표본 조사에 바탕을 둔 통계치의 품질을 판단할 때 편향뿐만 아니라 분산도 함께 고려해야 한다는 점을 보여준다. 표본 조사에서 분산은 조사가 반복적으로 행해질 때 통계치의 변화 정도를 측정하는 도구인 것에 반해 편향은 반복과 상관없이 조사의 구조적인 문제로 인해 야기되는 영향을 측정한다. 평균제곱 오차를 계량심리학의 관점으로 이해하자면 분산은 신뢰성(reliability) 혹은 정밀도(precision)와 편향은 타당성(validity)과 연관지을 수 있으며 분산과 편향을 합한 개념인 오차는 정확도(accuracy)와 연관된다.

2) 총조사 오차의 구성요소

총조사 오차는 일반적으로 포함 오차(coverage error), 표집 오차(sampling error), 무응답 오차(nonresponse error) 그리고 측정 오차(measurement error) 등의 요소로 구성된다. 경우에 따라 자료 처리 과정에서 일어나는 자료 처리 오차(processing error)가 포함되기도 한다. [그림 1-1]은 설문 조사 단계에 따라 발생하는 오차의 종류를 한눈에 보여 준다.

보통 통계학에서는 이 요소들을 표집 오차와 표집 오차 이외의 다른 오차를 모두 포함하는 비표집 오차(nonsampling error)로 구분한다. 경우에 따라서는 측정 오차를 관측 오차(observational error), 그리고 나머지를 모두 포괄하는 비관측 오차(non-observational error)로 나누기도 한다. 이 오차들은 설문 조사 방법론의 핵심적인 개념으로 다음 장에서 더욱 심도 있게 다루도록 하겠다.

총조사 오차의 각 요소는 위에서 살펴본 평균제곱 오차로도 이해할 수 있다. 예를 들어 어떤 조사에서 하나의 통계치의 포함 오차는 그 조사의 표집틀(sampling frame)의 포함 특성으로 인하여 야기되는데, 그 조사에서 나오는 통계치를 놓고 봤을 때 그 통계치에 해당하는 포함 오차는 포함 편차(coverage bias)과 포함 분산(coverage variance)으로 이루어져 있다. 설문 조사 방법론의 핵심은 이 총조사 오차의 관점으로 총체적인 오차를 줄일 수 있는 조사 방법을 고안하거나 오차를 보정해주는 데 적용할 수 있는 통계 절차를 개발하는 것이라 할 수 있다.

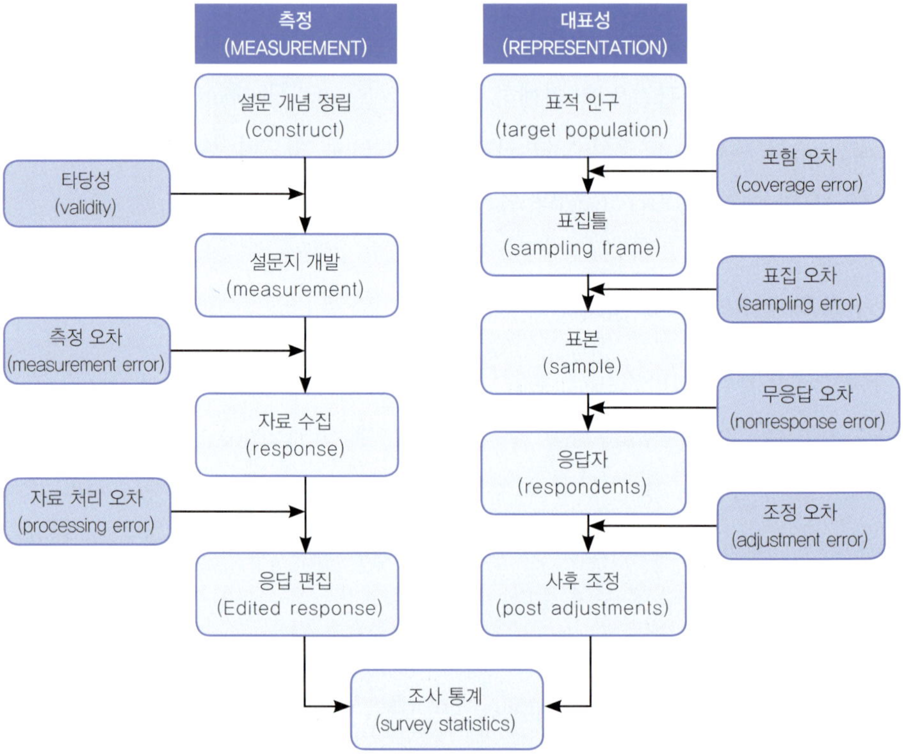

[그림 1-1] 설문 조사 설계 단계를 통해 본 조사의 오차

출처: Groves et al., 2004

구체적으로 최근 이슈의 중심이 되었던 대통령 후보 지지 여론 조사에 대해 생각해 보자. 조사기관마다 천차만별인 후보별 지지도를 두고, 언론에서 설문 조사 결과 조작설과 설문 조사 무용론으로 시끄럽기도 하였다. 동일한 주제를 놓고 비슷한 시기에 이루어진 조사들인데 이러한 차이는 왜 발생하는가? 이 문제에 대한 답은 설문 조사 방법론으로 살펴볼 수 있다.

조사기관마다 다른 대통령 후보의 지지율은 각 기관이 채택한 설문 표본의 설계·자료 수집 방법·설문 문항의 차이와 실사 과정 및 이로 인해 발생하는 조사 단계마다 다르게 발생하는 오차, 그리고 이를 대응하는 방식의 차이로 설명이 가능하다.

즉, 이들 조사에서는 조사기관에 따라 할당 표집, 무작위 전화 걸기(RDD: Random Digit Dialing) 등 서로 다른 방식과 다른 수의 표본을 선택하였으며, 자료 수집 방법 역시 전화 조사나 인터넷 조사 등으로 다양하였다. 그러므로 이러한 조사 설계의 특징은 그에 상응하는 표집 오차와 포함 오차, 자료 수집 방법에 따른 측정 오차를 동반하게 된다. 또한, RDD라는 동일한 표집 방법과 표본 수를 선택했다 하더라도, 기본적으로 표본을 사용하여 진행되므로 표본 선택에 따른 표집 오차가 존재하기 마련이다. 그 외에도 유선과 휴대 전화의 비율 차이, 실사 기간의 차이, 표본으로 선택된 개체의 접촉 빈도 및 접촉 시간, 응답 거부자에 대한 대응법 등 조사기관마다 실사 방법에도 차이가 있기 때문에 이와 관련한 무응답 오차를 발생시키기 마련이다.

예컨대 노동 시장 참여도가 높은 젊은 유권자층이나 남성, 도시거주자의 경우, 짧은 실사 기간 중 낮에 집중적으로 조사가 진행된다면 이들 계층의 무응답은 체계적으로 발생되므로, 이들이 지지하는 후보의 지지율은 과소 추정되기 마련이다. 그뿐만 아니라 설문지에 쓰인 정확한 문구, 설문의 형태 및 보기, 설문의 맥락 등이 자료 수집 방법과 면접원의 유무 등에 따라 상호작용하여 측정 오차에 영향을 끼치며, 자료 수집이 완료된 후 사후 보정이 이루어졌는지, 이루어졌다면 구체적으로 어떻게 보정이 이루어졌는지에 따라 설문 조사의 결과는 달라질 수 있다.

그러므로 정확한 설문 조사를 실시하는 것은 말처럼 간단한 일이 아니다. 설문 조사가 무용한 것이라기보다 방법론에 따라 달라지는 오차를 고려하지 않은 설문 조사와 이 오차를 제대로 설명하지 않은 조사 결과의 보도, 그리고 설문 조사를 고의적으로 악용하는 사례들이 문제인 것이다.

Chapter 2

비관측 오차

Non-observational error

앞서 기술했다시피, 설문의 오차는 크게 비관측 오차와 관측 오차로 나눌 수 있다. 포함 오차, 표집 오차, 무응답 오차 등을 합하여 비관측 오차라고 하는데, 이는 표본으로 선택된 모든 케이스를 관측하지 못함으로써 발생하는 오차를 지칭한다.

이 장에서는 비관측 오차인 포함 오차, 표집 오차, 무응답 오차를 이승희(2010)의 연구를 확장하여 더욱 자세히 살펴본다(이승희, 2010). 우선 포함 오차는 모집단과 표집틀의 차이에서 생기는 오차로 표집틀(sampling frame)의 불완전성으로 인해 발생한다(예: 선거 조사에서 전화번호부에 등재된 유선 전화번호만을 추출하여 조사). 표집 오차는 표집틀에서 전부가 아닌 일부를 관측하여 발생된 오차이다(예: 전체 표집틀에 포함된 30,000개의 케이스 중 500개만 추출하여 조사). 무응답 오차는 표본으로 선택된 케이스의 일부가 응답하지 않음으로써 발생되는 오차이다. 예컨대, 선거 조사에서 보수정당 지지자만 조사에 참여하여 의견을 표명할 경우 무응답이 편향되어 발생할 수 있다. 그러므로 무응답 오차는 설문 조사 방법론에서 최근 들어 가장 큰 문제로 인식되는 연구 주제 중 하나이다. 따라서 이 장에서는 무응답 오차에 대해 좀 더 자세히 알아보기 위해 무응답 오차의 개념과 종류, 무응답과 연관된 사회인구통계 지표 및 그 발생 기제를 사회적·심리학적 이론을 통해 살펴본다.

1. 포함 오차

흔히 포함 오차(coverage error)의 문제점으로는 표집틀에 포함되어야 할 개체가 포함되지 않은 과소 포함(under-coverage) 혹은 비포함(noncoverage)을 떠올릴 수 있다. 포함되지 않아야 할 개체가 표집틀에 포함되는 경우와 한 개체가 여러 번 표집틀에 포함된 경우인 과대 포함(over-coverage)도 역시 포함 오차의 문제이다.

예를 들어, 한 조사의 관심 모집단이 A대학 학생으로 조사의 표집틀로 학적부를 사용한다고 할 때 학적부가 얼마나 정확한 최신 정보를 가지고 있는가가 포함 오차의 크기를 결정짓는다. A대학에 새로 편입한 학생들이 학적부에 포함되어 있지 않다든가 혹은 전과를 한 학생이 이중으로 학과의 학적부에 실려 있는 경우들이 학적부를 표집틀로 사용하는 데 있어 포함 오차의 문제를 야기하는 예가 될 수 있다.

포함 오차의 편차와 분산을 이해하기 위해 위의 조사를 동일한 연구자가 동일한 학적부를 사용하여 동일한 방법으로 같은 기간에 독립적으로 두 번 따로 진행한다고 가정하자. 이 연구자가 학적부를 이용하여 표집틀을 구성할 때의 경우를 보자. 전과한 학생에 대한 처리가 다르게 되어서 각 표집틀의 차이가 생겼고, 두 개의 틀 모두 편입한 학생을 제외시켰다고 한다면, 전자는 포함 분산(coverage variance)에 후자는 편차(bias)에 영향을 미치게 된다. 그러나 실제적으로는 포함 오차에서 편차가 더 큰 비중을 차지한다는 것이 일반적인 견해로 대부분의 문헌이 편차에 집중되어 있다.

Groves(1989)는 정량적인 개념의 포함 편차를 다음과 같이 정의했다. $\bar{Y}_U$를 관심 모집단 전체에서 얻어지는 통계치라고 할 때, $\bar{Y}_U = \frac{N_c}{N}\bar{Y}_c + \frac{N_{nc}}{N}\bar{Y}_{nc}$이다. 여기에 N은 전체 모집단의 크기, N_C는 모집단 개체 중에 틀에 포함된 개체의 수, N_{nc}는 틀에 포함되지 않은 개체의 수로 $N = N_C + N_{nc}$이며, $\bar{Y}_c$는 틀에 포함된 개체들에서 얻어지는 추정치이고, $\bar{Y}_{nc}$는 포함되지 않은 개체들에서 얻어지는 값이다. 위의 등식을 재배열하면 다음과 같다.

포함 편차 [Coverage bias ($\bar{Y}_c$)]

$$= \bar{Y}_U - \bar{Y}_c = \frac{N_{nc}}{N}(\bar{Y}_c - \bar{Y}_{nc}) = (1 - \frac{N_c}{N})(\bar{Y}_c - \bar{Y}_{nc}) \quad (2)$$

이 포함 오차에서 중요한 것은 표집틀이 얼마나 많은 개체를 포함하는지의 비율뿐만 아니라, 포함된 집단과 포함되지 않은 집단이 관심 성향을 기준으로 얼마나 다른가에 의해서도 결정된다는 것이다. 즉, 사용되는 표집틀의 커버리지가 낮더라도 포함된 집단과 포함되지 않은 집단 간에 특정 조사 주제에 보이는 차이가 다르지 않다면 편차는 크지 않을 것이며, 반대로 포함되는 비율이 높더라도 두 집단 간의 차이가 크다면 편차가 커질 수 있다.

Blumberg와 Luke(2007)의 연구에 따르면 전화 조사에서 젊은이, 특히 소득이 낮은 젊은이의 커버리지가 다른 집단에 비해 현저히 낮은 것으로 나타났으며, 포함 편차는 변수에 따라 다르게 보여졌다. 예컨대, 당뇨병 발병률의 경우 편차는 거의 관찰되지 않았던 반면, 과음의 빈도는 커버리지 문제로 인해 5% 포인트 이상 낮게 추정되는 것으로 나타났다. 특히 다문화 가정이 늘어나고 있는 한국의 경우, 대부분의 조사가 한국어로 이루어지고 있는데, 이로 인해 한국어 구사가 힘든 인구 구성원은 조사에서 배제되고 있다. Lee와 Nguyen과 Jawad와 Kurata(2008)가 보여 준 것처럼, 대다수의 사회 구성원과는 다른 언어를 사용하여 언어적으로 격리된 소수민(linguistically isolated population)은 조사 언어를 구사할 수 있는 인구와 여러 방면에서 상당한 차이가 있다. 따라서 조사 언어에 따라 포함 오차가 생길 수 있다.[2)]

조사 방법 중 면접 조사가 전화나 인터넷을 이용한 조사보다 포함 편차가 작다는 것이 일반적인 의견인데, 이는 대부분의 면접 조사가 가구 주소를 바탕으로 한 표집틀을 사용하여, 전화나 인터넷 조사처럼 매체사용이라는 전제 조건을 필요로 하지 않기 때문이다. 최근 많은 관심을 받고 있는 인터넷 조사의 경우, 관심 모집단 구성원이 모두 인터넷을 사용하지 않는다는 점이 가장 큰 장애물이다. 또한, 모집단이 전부 인터넷을 사용한다 하더라도 각 구성원과 일대일로 연계가 가능한 표집틀이 존재하지 않는 한 포함 문제를 해결하기는 어렵다(Couper, 2000; Couper & Miller, 2008).

2) 특정 언어 사용자(예: 한국어)로 모집단 자체를 제한한다면 이들은 조사의 대상자가 아니므로, 이러한 경우는 포함 오차가 아니다.

물론 인터넷 사용자와 비사용자의 특성이 다르지 않다면 포함 편차에 대한 걱정은 없겠지만 문헌에서는 이 두 집단이 여러 가지 특성에 걸쳐 확연히 다르다는 것을 보여 주고 있다(International Telecommunication Union, 2009; Norris, 2001; Rice, 2003; U.S. Department of Commerce, 2002). 전화 조사의 경우, 대체로 모집단의 전화사용률뿐만 아니라 사용 패턴 등이 포함 편차에 영향을 미치게 된다. 전화번호부를 사용하는 한국의 경우에는 모집단 구성원의 전화번호가 전화번호부라는 틀에 등재되어 있는가가 포함 편차에 영향을 끼친다(김세용 · 허명회, 2009). 포함 비율이 높은 면접 조사의 경우에도 가구에 거주하는 가구 구성원의 정의가 명확하지 않으면 포함 문제가 야기될 수 있다(Brooks & Bailar, 1978). 특히 이러한 문제는 경제 수준이 낮은 집단과 남성에 더 큰 영향을 미친다는 점이 보여졌으므로(Korns, 1977; Valentine & Valentine, 1971), 이로 인하여 발생하는 포함 편차 문제도 간과해서는 안될 것이다.

포함 편차를 측정하기 위해서는 설문 조사와 별개로 다른 연구가 진행되어야 한다. 가장 쉽게는 모집단에 대해서 기존에 알려진 특성이 무엇이 있는가 그리고 표집틀에 어떤 종류의 변수가 포함되어 있는가를 생각해 볼 수 있다. 이 두 가지 정보에 공통된 변수가 있을 경우 모집단과 표집틀에서 얻어지는 변수의 결과치를 비교함으로써 포함 편차를 측정할 수 있다. 다른 방법으로는 포함 비율이 다른 다수의 표집틀을 사용하여 같은 변수들을 포함한 일련의 조사를 실행할 수 있다. 이 경우 비율이 높은 표집틀을 사용한 조사의 결과치와 비율이 낮은 표집틀의 조사 결과치를 비교하여 포함 편차를 가늠해 볼 수 있다.

포함 편차를 낮추는 데 가장 좋은 방법은 완벽한 커버리지를 가진 표집틀을 개발하는 것이다. 그러나 이는 많은 비용과 시간을 필요로 한다. 실질적으로 사용되는 방법으로는 완전하지 않은 커버리지를 가진 여러 개의 표집틀을 묶어서 사용하는 복수 표집틀(dual frame 혹은 multiple frame) 조사 방법이 있다. 표집틀이 개별적으로는 완전하지 않더라도 여러 개가 합쳐졌을 때 하나의 표집틀을 사용하는 것보다 커버리지를 높일 수 있기 때문이다.

RDD(Random Digit Dialing)을 사용하는 전화 조사가 확고한 조사방법으로 자리잡은 미국의 경우, 전화 조사와 면접 조사의 표집틀을 결합하는 방법이 거론되어 왔다(Groves & Lepkowski, 1985). 최근 들어 급격히 늘어난 휴대 전화만을 사용하는 인구를 조사에 포함하기 위하여 유선 전화번호 틀과 휴대 전화번호 틀을 동시에 RDD 조사에 사용하는 복수 표집틀(multiple frame)을 사용한 조사가 실행되고 있다(Brick et al., 2011; Keeter, Dimock, & Christian, 2008). 물론 이 표집틀들이 상호 배제(mutually exclusive) 상태가 아니기 때문에 추정 과정이 까다로워질 수 있다. 조사 후 가중치를 산출할 때 포함 여부와 관련된 변수들에 대한 보정을 시도하여 포함 편차를 줄일 수 있으며 표집틀의 포함 성향(propensity) 역시 이러한 보정에 사용될 수 있다. 이에 대한 자세한 내용은 Duncan과 Stasny(2001), Garren과 Chang(2002), Lee와 Valliant(2007)를 참고할 수 있다.

2. 표집 오차

표집 오차는 모집단 전체가 아닌 모집단의 일부인 표본에 대해서만 자료를 수집한다는 점에 의해 발생한다. 표집 오차의 이해를 위해 하나의 특정 표본 추출법을 사용해서 반복적으로 표본을 추출한다고 하자. 각 표본에서 얻어지는 통계치는 반복된 표본에서 얻어지는 통계치의 평균과 비교했을 때 차이가 있으며 전체 모집단에서 얻어지는 결과물과도 항상 일치하지는 않는다. 이것이 바로 표집 오차 때문이다.

표집의 관점으로 봤을 때, 확률 표본의 경우 반복 추출된 S개의 표본에서 얻어지는 통계치들의 평균($\bar{y}_.$)이 전체 모집단의 결과치($\bar{Y}_U$)와 일치하게 된다. 이를 위에서 살펴본 평균제곱 오차의 구성요소인 편차와 분산과 엮어 생각하면, 확률 표본을 사용할 경우, 추정량들은 이론적으로 표집의 편차가 없거나 혹은 거의 없으므로 표집 분산이 곧 표집 오차를 결정짓게 된다.

표집 오차의 크기를 결정하는 주된 요소는 표본 수인데, 같은 표본 수를 사용한다 하더라도 어떤 추출법을 사용하느냐에 따라서도 그 크기가 달라진다. 확률 표본 추출법에는 크게 단순 임의 추출(SRS: Simple Random Sampling), 층화 추출(stratified sampling), 집락 추출(cluster sampling), 계통 추출(systematic sampling) 등이 있으며, 실제 조사에서는 이들을 서로 연결하거나 더 세분화한 방법들을 사용한다. 이 중에서 단순 임의 추출이 확률 표본론의 이론적 기초가 되므로 보통 다른 추출법을 복합 추출(complex sampling)이라 칭하며 단순 임의 추출법과 비교를 하여 그 방법들의 설계 효과(design effect)를 측정한다.

설계 효과는 특정 표본 수의 복합 표본 추출법에서 예상되는 표집 오차를 같은 표본 수의 단순 임의 추출 표본에서 기대되는 표집 오차 크기로 나눈 값이다. 이때 그 크기가 1을 넘으면 그 다른 추출법의 설계 효과가 단순 임의 추출보다 낮다고 말할 수 있다. 실제로 대부분의 조사는 복합 추출을 사용하기 때문에 설계 효과가 1이 넘는다.

표집 오차는 추정치의 신뢰구간 범위라던가 t-test와 같은 검정의 유효성을 결정하는데 핵심적인 역할을 하므로 아주 중요하다. 또한, 추정치를 그 표집 오차로 나눈 변동 계수(CV: Coefficient of Variation)라는 수치로 추정치의 안정성(stability)을 측정한다. 특히 정부 통계의 경우 이 변동 계수를 통해 추정치의 사용 가능 여부에 대한 결정을 내린다. 이러한 이유로 표본 통계학의 대부분은 표본 추출법과 그에 따른 각기 다른 추정량, 그리고 그 추정량에 따른 표집 오차 혹은 표집 분산에 대한 논의에 중점을 둔다. 경우에 따라서 추정량 자체가 표집 편차가 있는 통계치를 산출한다 하더라도 표집 분산이 현저히 감소하고 전체 표집의 평균제곱 오차도 감소하는 방향으로 이끌어 간다면 꼭 불편 추정량(unbiased estimator)을 고집할 필요는 없을 것이다.

표집 오차의 계산에서 중요한 것은 표본 추출법이 추정 단계에서 고려되어야 한다는 점이다. 이는 각 추출법마다 표집 오차의 계산방식이 다르기 때문이다. 특히 단순 임의 추출법을 제외한 대부분의 표본 추출법의 경우 통계치의 추정량이 선형이 아니므로 정확한 표집 오차를 계산하기 위해 반복(replication)이나 테일러 시리즈 선형화(Taylor series linearization)와 같은 방법을 사용해야 한다. 대부분의 설문 조사가 복합 추출을 사용하므로 실수로 단순 임의 추출을 가정하고 추정할 경우 표집 오차가 실제보다 작게 계산되어져, 신뢰구간의 범위가 실제보다 작아지거나 유의하지 않은 통계치를 유의하다고 틀리게 판단하는 제1종 오차(type I error)가 일어날 수 있다. 이는 평균이나 총계와 같은 기술 통계치뿐만 아니라 상관관계나 회귀분석계수와 같은 분석 통계치에도 마찬가지로 영향을 미친다(Kish & Frankel, 1974). 따라서 정확한 표본 추출법을 이해하고 통계 소프트웨어에 이를 올바르게 명시하여 추정해야 한다.

확률 표본의 가장 큰 특징은 표본 추출 이전에 특정 추출법과 관련하여 표집틀에 포함된 모든 개체의 선택 확률을 알 수 있으며 이 선택 확률이 0이 될 수 없다는 점이다. 따라서 이러한 특징을 갖지 않는 표본은 확률 표본의 범주에 들어가지 못한다. 한국의 경우 대부분의 정부 조사가 확률 표본을 사용하고 있는 반면, 그 외의 조사는 비확률 표본에 대거 의존하고 있다.

하지만 비확률 표본은 편차가 있어 유용하지 못한 방식이라고 무조건 결론을 내릴 필요는 없다. 그러나 이론적으로 구조적인 표집 편차가 없다는 것이 증명된 확률 표본과 달리 비확률 표본은 이러한 이론적인 뒷받침이 없으므로 조사의 결과를 사용하여 관심 모집단에 대해 일반화하기에는 무리가 있다. 또한, 분산 외에 편차가 존재할 가능성이 있으므로 전체적인 표집 오차는 확률 표본보다 커지기 마련이다. 그뿐만 아니라 비확률 표본으로 얻어진 수많은 변수들의 다양한 통계치들의 편차를 측정하는 것은 사실상 불가능하므로 정확한 표집 오차의 산출이 불가능하다. 따라서 통계치의 유의성이나 검정에 어려움이 따르게 된다.

최근 들어 질병역학 등에서 사용하는 응답자주도 표본 추출(RDS: Respondent-Driven Sampling)은 비확률 추출법의 하나로 이를 사용한 추정량에 편차가 없다고 알려졌다(Heckathorn, 1997, 2002; Heckathorn & Jeffri, 2003). 그러나 이러한 표본의 사용에는 확인이 불가능한 일련의 전제조건이 따르며 확률 표본에서 나타나지 않는 커버리지, 무응답, 측정과 관련한 여러 문제가 쉽게 일어날 수 있다(Lee, 2009). 따라서 비확률 표본을 사용하여 일반화를 위한 과학적인 조사를 한다는 것에는 무리가 있다. 확률 표본과 비확률 표본에 대한 토론은 Royall과 Cumberland(1978), Hansen과 Madow와 Tepping(1983) 등에서 더 찾아볼 수 있다.

인터넷 조사의 경우 과학적인 표집틀의 부재라는 커버리지의 문제로 표본의 선택 확률을 사전에 산출할 수 없기 때문에 정확한 의미의 확률 표본을 추출할 수가 없다. 이러한 문제점을 해결하기 위하여 2000년대 초반부터 미주와 유럽의 마케팅 조사회사에서는 인터넷 사용자를 대상으로 자원자 패널을 수립하고 있다. 그 패널을 표집틀로 사용하여 할당 표본(quota sample)을 추출하는 방법을 사용하고 있는데 한국에서도 이러한 방법에 많은 관심을 보이고 있다. 물론 가장 큰 이유는 인터넷 조사의 경제성이다. 그러나 이 조사 방법 역시 위에 언급했던 커버리지, 표본 추출, 무응답과 관련하여 심각한 문제를 가지는데, 이는 계량 경제에서 사용하는 선택 편차(selection bias)라는 개념에 비추어 이해할 수 있다. 즉, 인터넷 사용 여부, 패널초청 수락, 패널 멤버십의 지속 등 인터넷 패널로 활동하는 각 단계 및 특정 조사에 응답하는 단계 모두에 조사 응답자 본인의 선택이 100% 영향을 미치기 때문이다. 이러한 문제를 해결하고자 임의화(randomization)가 불가능한 유사 실험(quasi-experiment)이나 관찰 연구(observational study)에 사용되는 성향 점수 조정(propensity score adjustment)(Abadie & Imbens, 2002; Heckman, Ichimura, & Todd, 1997, 1998; Rosenbaum & Rubin, 1983)을 인터넷 비확률 표본에 적용하는 방법이 제시되기도 하였다(Lee, 2006; Lee & Valliant, 2009; Schonlau et al., 2004, 2009; Terhanian et al., 2000). 이는 성향 점수 조정을 통해 확률 표본으로 진행된 다른 조사(reference survey)의 임의성을 이용하여 인터넷 조사에서 나타나는 비확률 표본의 편차를 보정 또는 감소시키는 방법이다. 이러한 방법은 편차의 보정에는 어느 정도 효과가 있는 것으로 보여졌으나 추정치의 변동(variability)이 크게 증가하므로 앞에서 살펴본 전체 오차인 평균제곱 오차의 감소폭은 기대만큼 크지 않은 것으로 나타났다(Lee & Valliant, 2009).

3. 무응답 오차

완전한 표집틀을 사용하여 추출한 확률 표본으로 조사를 한다 하더라도 실제로 조사를 진행하다 보면 조사 결과는 표본 개체로부터 응답을 얻지 못하는 무응답(nonresponse) 오차에 영향을 받게 된다. 무응답 오차는 포함 오차와 마찬가지로 편차에 보통 더 비중을 두며, 포함 편차를 표현한 식 (2)을 이용하여 다음과 같이 무응답 편차를 나타낼 수 있다.

무응답 편차 [Nonresponse bias ($\bar{y}_r$)]

$$= \bar{y}_n - \bar{y}_r = \left(1 - \frac{r}{n}\right)(\bar{y}_r - \bar{y}_{nr}) \tag{3}$$

여기서 $\bar{y}_n$는 표본 수 n의 특정 표본에서 추정되는 통계치, $\bar{y}_r$는 r명의 응답자에게서, 그리고 $\bar{y}_{nr}$은 nr명의 무응답자들에게서 추정되는 통계치로 $n = r + nr$이며 $\frac{r}{n}$은 응답률이다. 또 다른 방법으로 무응답 편차를 나타내자면 다음과 같다.

무응답 편차 [Nonresponse bias ($\bar{y}_r$)]

$$= \frac{\sigma_{y,p}}{\bar{p}} \tag{4}$$

여기서 $\sigma_{y,p}$는 응답자와 무응답자를 모두 포함한 표본 개체에서 측정된 y와 응답 성향(response propensity) p의 공분산이다. 응답 성향 p는 y 이외의 z라는 다른 변수(covariate)들을 대입한 모델을 사용하여 예측할 수 있으며 $\bar{p}$는 전체 표본에서 예측된 응답 성향의 평균으로 응답률과 같은 개념으로 생각하면 된다.

1) 무응답 구조

$\sigma_{y,p}$의 구조에 따라 무응답 구조(missing mechanism)를 다음과 같이 세 가지로 구분할 수가 있다. 첫째, $\sigma_{y,p} \approx 0$으로 y와 p가 관계가 없는 완전 임의 결측(MCAR: Missing Completely At Random)이며, 둘째, $\sigma_{y,p}|z \approx 0$으로 z라는 같은 조사에서 수집된 다른 변수를 조건으로 하였을 때 y와 p라는 두 변수가 상관이 없어지는 임의 결측(MAR: Missing At Random)인데 이 두 종류를 묶어서 무시가능한 결측(ignorable missingness)이라고 분류한다. 마지막으로는 $\sigma_{y,p}|z \neq 0$으로 y와 p라는 두 변수가 다른 어느 변수를 조건으로 한다 해도 상관관계가 유지되는 무시불가능한 결측(nonignorable missingness)이 있다.

완전 임의 결측(MCAR)은 식 (4)에서 볼 수 있듯이 무응답 오차가 존재하지 않으며, 임의 결측(MAR)은 z라는 변수를 사용하는 가중치나 대체(imputation)를 통해서 편차를 보정할 수 있다. 무시할 수 없는 결측의 경우, 복잡한 통계적 모델을 사용한 보정을 시도할 수 있으나 정확한 무응답 구조를 알 수 없으므로 이 과정이 쉽지는 않다.

2) 무응답의 종류

무응답은 크게 표본 개체의 단위 무응답(unit nonresponse)과 조사에 응하되 특정 문항에 응답을 하지 않는 항목 무응답(item nonresponse)으로 나누어진다. 앞에서 기술한 무응답 오차에 대한 기술은 항목 무응답을 중심으로 한 것이지만, 설문 조사의 경우 사실 단위 무응답이 더 큰 관심 사안이다. 그러므로 이 장에서는 단위 무응답에 중점을 둔다. 물론 항목 무응답에도 마찬가지로 해당될 수 있는 사항들이다.

위의 식 (3)과 (4)에서 분명한 점은 응답률 자체만으로 무응답 편차를 측정할 수 없다는 점이다. 무응답 편차를 이해하기 위해서는 응답률과 함께 응답자와 무응답자가 y라는 변수에 대해 얼마나 다른가, 또는 y라는 변수와 응답 성향이 어떻게 연관되어 있는가를 동시에 고려해야 한다.

이를 반영하여 응답률 자체가 무응답 편차를 측정하는 적합한 도구가 아니라는 점은 실제 조사 데이터를 사용한 문헌에서 계속해서 보고되고 있다(Curtin, Presser, & Singer, 2000; Groves & Peytcheva, 2008; Keeter et al., 2000; Merkle & Edelman, 2002). 예컨대, Keeter 등(2000)은 성인을 대상으로 한 동일 주제 조사 두 개를 비교하여, 응답률과 조사의 정확성을 관계를 알아보는 연구를 진행하였다. 이들은 자료 수집 기간 5일과 응답률 36%의 표준 조사, 자료 수집 기간 8주와 응답률 61%로 좀 더 엄격한 표준을 준수한 두 가지 조사 자료를 이용하여, 총 91개의 조사 수치를 비교한 결과 9%를 초과한 차이를 보이는 항목이 없었으며, 두 조사의 통계 수치 간 평균 차이는 2% 수준으로 가장 큰 차이는 두 조사 간 응답자의 인구 통계적 변수의 차이라고 밝혔다.

특히 Groves(2006)는 30개의 조사연구에서 관찰한 200개가 넘는 변수의 편차를 무응답률과 함께 정리했는데, 무응답률과 편차 간의 상관계수가 0.33으로, 응답률이 편차와 무관하지는 않았으나 편차를 정확하게 보여 주지는 못한다고 보고하였다. 또한, 응답률이 같은 한 조사 내에서도 여러 다른 변수 간에서 발생하는 편차의 차이가 존재하며, 이는 응답률이 다른 조사 간에 발생하는 편차의 차이보다 더 크다는 것을 보여 주었다.

물론 응답률이 높아짐에 따라 무응답 편차의 크기가 작아질 확률이 일반적으로 높아지므로, 높은 응답률이 조사 결과에 아무런 득이 되지 않는다고 단정할 수는 없다. 또, 응답률이 전체 조사를 단 하나의 수치로 표현하므로 조사를 이해하는데 손쉽게 사용가능하다는 장점을 가진 것도 사실이다. 그렇지만, 이러한 편의성이 전체 조사의 품질을 응답률에만 근거하여 판단하는 오류를 불러일으키기도 한다.

Groves(2006)가 지적했다시피, 이러한 오류는 사회과학 조사 방법론의 교과서로 사용되고 있는 일부 서적에서도 나타난다. 예컨대 Babbie(2007, p. 262)는 "출간된 사회과학 문헌에 의하면 분석과 보고용으로 적당한 응답률은 최소 50%이다."

라고 말했다. Singleton과 Straits(2005, p. 145)도 역시 "응답률에 주의를 기울이는 것은 아주 중요하며, 면접 조사의 경우 최소 85%가 적정 응답률이며 70% 이하의 응답률을 가진 조사는 심각한 편향을 가질 수 있다."라고 하였다. 이러한 오해는 미국뿐만 아니라 한국에서도 쉽게 관찰된다. 2016년에 4월 한국에서 있었던 국회의원 선거 이후, 여야 3당의 지도부는 부정확한 선거 여론 조사의 폐해를 막기 위해 20대 국회에서 「공직선거법」 개정을 추진하겠다고 밝히기도 하였다(중앙일보, 2016년 5월 6일, 1, 4, 5면 기사).

그리고 기사에서는 "미국 여론조사협회에서 자율적으로 응답률이 30%가 넘지 못하면 발표하지 못하게 하고 있다."라고 중앙선거관리위원회 현직 과장의 말을 인용하기도 하였다. 그러나, 미국 여론조사협회(AAPOR: American Association for Public Opinion Research)에서 이러한 가이드를 내었다는 것은 사실이 아니며, 미국에서도 응답률이 10%에 채 미치지 못하는 전화 조사가 흔하다. 오히려, 미국 여론조사협회에서는 응답률과 설문 조사의 품질 간의 괴리에 대한 동의가 이루어지지 않았다는 입장을 견지하면서, 조사의 신뢰성에 대해 올바른 판단을 하기 위해 협회에서 추천하는 표준화된 응답률 산정 방식에 따른 응답률을 공표할 것을 요구한다. 또한, 응답률이 낮은 조사인 경우에는 응답률 이외에 조사의 품질을 평가할 수 있는 다른 정보, 예를 들어 유사 연구 결과와의 비교나 자료 누락의 수준 등을 포함할 것을 추천하고 있다(AAPOR, 2016).

그리고 이러한 응답률이 조사 자료의 품질을 직접적으로 보여 주는 수치가 아니라는 사실이 전파되면서, 무응답 편향 분석(nonresponse bias studies)의 필요성이 대두되었으며, 그 결과 미국 예산관리국에서는 미국 연방 정부의 지원으로 수행된 조사의 경우, 의무적으로 무응답 편향 분석을 수행하도록 하였다(Office of Management and Budget, 2006).

3) 응답률의 정의

이제까지 무응답의 개념과 종류를 살펴보았다. 그런데 응답률의 산출 과정 자체도 간단한 작업이 아니다. 응답을 어떤 방식으로 정의하는가(예: 조사 참여 여부에만 초점을 맞출 것인가, 완료에 초점을 맞출 것인가 등)와 선택된 표본 개체가 조사의 관심 모집단에 포함되는가를 어떤 방식으로 정의하는가에 따라 응답률이 달라지게 된다.

설문 조사 방법론 연구자들의 단체인 미국 여론조사협회(AAPOR, 2016)와 미국 조사기관들의 협회인 CASRO(Council of American Survey Research Organizations, 1982)에서 제시하는 응답률 산출 방법은 자료 조사 방법 및 위에서 언급한 응답의 정의에 따라 아주 다양하다. 특히 전화나 우편 조사의 접촉불가에 의한 무응답의 경우, 그 무응답 표본 개체가 관심 모집단에 포함되는지에 대한 여부를 정확히 알 수 없기 때문에 이 부분을 어떻게 처리하느냐가 큰 관건이 된다.

미국 여론조사협회에서 발간하는 표준 정의 보고서는 여러 종류의 응답률 산출 방식을 제시하는데(AAPOR, 2016), 대부분의 산출 공식은 다음의 식을 기본으로 한다.

$$\text{RR 1} = \frac{I}{(I+P)+(R+NC+O)+(UH+UO)}$$

이 RR 1(응답률 1: Response Rate 1)의 분모는 완전 응답(I: Interview), 부분 응답(P: Partial interview), 응답 거부(R: Refusal), 접촉 불가(NC: Non-Contact), 기타 무응답(O: Other) 및 관심 모집단 포함 여부를 알 수 없는 가구의 여부가 알려지지 않음(UH: Unknown if Household /occupied House Unit) 혹은 기타(UO: Unknown, other)를 포함한다. 다른 응답률 산출식에서는 포함 여부를 알 수 없는 경우를 다르게 처리한다. 또한, 분자를 조사에 참여하여 끝까지 조사를 마친 완전 응답(I)만 포함할 것인지 아니면 조사 도중에 그만두거나 해서 일부 조사만을 참여한 부분 응답(P)까지 포함할 것인지에 따라 산출식이 달라진다.

앞서 언급한 인터넷 패널 조사의 경우, 최종 응답률은 패널 초청에 대한 응답률, 패널 수락률 및 특정 조사에 응답률을 모두 곱하여 산출해야 하므로 해당 조사 자체만의 응답률보다 현저히 낮게 된다. 미국 여론조사협회가 제시한 확률 표본을 사용하는 인터넷 패널 조사의 응답률 산출 공식은 패널 모집률, 패널 가입 후 기본 프로파일 조사 응답률, 해당 조사의 응답률을 모두 곱한다. 또한, 비확률 표본을 사용하는 인터넷 조사의 경우 누구에게 조사를 시도했는지, 누가 모집단에 포함되는지를 알 수 없다. 이는 곧 응답률의 분모를 알 수 없다는 것과 같은 뜻이므로 응답률 산출이 불가능하다.

단위 무응답은 여러 가지의 유형으로 나타나는데, 응답을 시작했으나 중간에 그만두는 부분 응답 혹은 응답 중단(partial response 혹은 break-off), 표본과 연락이나 접촉이 불가능한 경우인 접촉 불가(noncontact), 표본이 조사 참여를 거부하는 응답 거부(refusal), 그리고 언어 제한이나 건강상의 이유 등으로 인하여 표본이 응답할 수 없는 경우(inability to respond)에 해당하는 기타 무응답(other nonresponse)이 있다. 이 중 접촉률(contact rate), 협조율(cooperation rate), 응답 거부율(refusal rate)은 응답률 수준을 결정하는 가장 큰 요소 중 하나로 좀 더 자세히 살펴볼 필요가 있다.

우선 접촉률은 조사 표본으로 선택된 가구를 접촉하는 데 성공한 정도를 보여주는 비율이다. 접촉률 역시 위에 기술한 바와 같이 여러 가정에 따라 산출식이 달라지며, 응답률 1과 동일한 가정(관심 모집단 포함 여부가 알려지지 않은 표본을 모두 조사 대상으로 간주)하는 CON 1(접촉률 1: Contact Rate 1)은 다음의 식으로 표현된다.

$$\text{CON 1} = \frac{(I+P)+R+O}{(I+P)+(R+NC+O)+(UH+UO)}$$

응답 협조율은 접촉에 성공한 모든 가구 중 조사에 참여하기로 협조한 가구의 비율이다. 부분 응답을 응답 협조로 볼 것인가 그렇지 않은가에 따라 산출식에 차이가 있으며, 응답률 1과 접촉률 1과 같은 가정을 사용한 COOP 1(응답 협조율 1: Cooperation Rate 1)의 산출식은 아래와 같다. 이 식에서는 부분 응답은 응답으로 간주되지 않아, AAPOR에서 제시한 다른 협조율 산출식과 비교해 보았을 때 가장 보수적인 협조율을 산출해 낸다.

$$\text{COOP 1} = \frac{I}{(I+P)+(R+O)}$$

응답 거부율은 응답 협조율과 대비되는 개념으로 조사 대상으로 간주되는 모든 표본들 중 조사를 거부한 가구의 비율이다. 위의 응답률, 접촉률, 협조율과 같은 가정에서 산출된 REF 1(거부율 1: Refusal Rate 1)의 산출식은 다음과 같다.

$$\text{REF 1} = \frac{R}{(I+P)+(R+NC+O)+(UH+UO)}$$

이러한 산출식을 통해 보여지듯이, 설문 조사에서 발생하는 단위 무응답은 크게 접촉 단계와 응답 협조 단계에서 독립적으로 발생 가능하다. 즉, 설문 조사의 존재를 알리고 조사 협조를 구하는 접촉 자체가 어려워서 혹은 응답자가 조사에 대해 인지한 상태에서 조사를 거부함으로써 단위 무응답은 증가하게 된다. 이러한 접촉률의 감소와 조사 거부율의 증가는 전 세계적인 추세로 조사를 수행하는 기관들은 조사 자료의 수집을 위해 어느 때보다도 더 큰 노력을 하고 있다(Curtin,

Presser, & Singer, 2000, 2005; Kropf & Blair, 2005; Steeh, 1981).

접촉 실패율과 응답 거부율 중 어느 것이 단위 무응답에 더 큰 영향을 끼치는지에 대해서는 동의가 이루어지지 않은 상태이다. 하지만, Heerwegh 등(2007)은 북부 벨기에 거주민들을 대상으로 한, 주거 환경과 관련한 조사 자료를 행정 기록과 대조하는 연구를 통해, 무응답 오차의 크기가 실사 기간 중 큰 차이가 없이 비교적 안정적이며, 무응답 오차 중 접촉 실패가 응답 거절보다 실사 기간을 통틀어 더 큰 영향을 끼친다는 사실을 보고하기도 하였다.

4) 무응답과 연관된 사회인구통계 지표

조사에 선택된 표본 개체의 접촉이 어려워지면서 접촉 가능성(contactability)에 영향을 끼치는 요인에 대한 연구가 진행되기 시작하였는데, Groves와 Couper(1998)의 연구가 대표적이다. 이들은 접촉 가능성에 영향을 끼치는 요인으로서 조사 대상 가구에 대한 접촉을 막는 물리적 제약이 있는지, 표본으로 선택된 대상이 집에 머무르는지, 또 면접원이 언제 그리고 얼마나 자주 표본 대상과 접촉을 시도하는지를 구분하였다. 예컨대, 일반적으로 단독 주택 거주자보다 아파트 거주자들을 접촉하기가 더 어려운 것으로 알려져 있는데, 전 세계적으로 점점 많은 사람들이 아파트에 살고 있으며, 이 중 많은 아파트들은 외부인의 출입이 제한(gated community)되므로 이로 인한 접촉 불가율은 점점 더 증가하는 추세다. 또 노동 시장의 참여가 활발한 젊은 남성층이나 도시 거주자들은 통근 시간이 더 길고 사회적 활동 역시 더 활발하므로 집에 머무는 시간이 제한되므로 이들 집단과 접촉하기란 상대적으로 더 어렵다. 그뿐만 아니라 범죄에 대한 우려 등 모르는 이에게 문을 선뜻 열어줄 수 없는 사회 분위기가 조사 대상의 접촉을 더욱 어렵게 만들었다. 특히 집에 있는 시간이 짧은 젊은 미혼자들이 많이 거주하는 도시의 경우 비도시 지역보다 접촉 불가율이 보통 높게 나타난다(Groves & Couper, 1998; Groves, 2006). 이와 더불어 텔레마케팅의 증가와 발신자 번호를 보여 주는 통신 테크놀로지의 발전 등은 모르는 번호로 걸려오는 전화는 받지 않을 수 있게 하여 접촉 불가율에 영향을 끼쳤다(Tuckel & O'Neill, 2001).

이러한 상황에서 연구자들은 접촉시도 횟수를 늘이고, 접촉 시간을 더욱 다양화할 것을 제안한다(Durrant et al., 2010). 아래의 그림은 표본 대상 가구의 접촉에 영향을 끼치는 요인을 잘 요약하여 보여 준다.

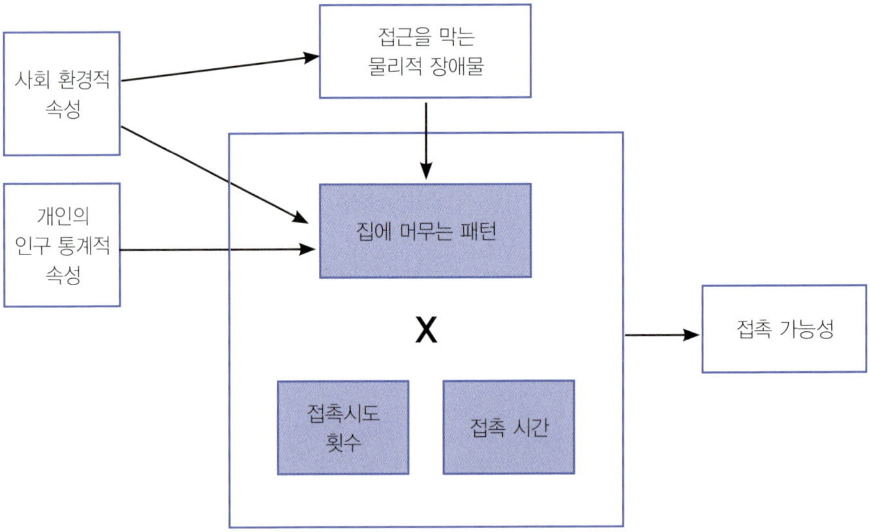

[그림 2-1] 표본 가구의 접촉에 영향을 끼치는 요소

출처: Groves et al., 2004

한국도 이러한 상항에서 예외가 아니다. 김지범 등(2014)은 아파트 거주율의 증가와 범죄 위협 이외에, 1인 가구의 증가를 포함하여 감소된 가구원의 수, 기혼 여성들의 취업율 증가를 접촉률의 감소에 영향을 미치는 요인으로 정리하였다.

또 김서영과 권순필(2009)은 표본의 거주 주택 유형 및 주택 소유 여부에 따라 무응답의 종류가 달라질 수 있으며, 나아가 이들 변수와 관련한 조사 변수들의 무응답 편차에도 영향을 끼칠 수 있음을 보였다. 김서영과 박라나(2013)는 지역별 고용 조사 사료를 이용, 여러 변수에 따른 응답 성향을 분석하여 경기권역의 경우,

다른 권역에 비해 접촉률은 낮고 거부율은 높아 가장 낮은 수준의 응답률을 보였으며, 대도시 지역의 조사 거부율이 도 지역의 거부율보다 높은 사실을 보고하였다. 또 거주 주택 유형에 따라 주택 거주자의 응답률이 전국 수준보다 높고, 아파트 가구의 경우 전국 가구 대비 낮았다. 이들은 이러한 분석 결과에 근거하여 접촉에 실패한 부재 가구와 조사를 거부한 거부 가구 간에는 차이가 있으며, 1인 가구, 주택 가구, 가구주 연령이 30대인 가구, 주거 연면적이 작은 가구, 가구주가 미혼인 가구는 부재성향이 강하고, 주거 연면적이 넓은 가구와 가구주 학력이 높은 가구에서는 거부하는 비율이 높다고 보고하였다. 김지범 등(2014)도 역시 2010년 한국종합사회조사 자료를 분석하여, 응답 거부와 접촉 불가는 서로 다른 성격을 가진다고 했다. 응답 거부 확률은 도시에 거주하거나, 지가가 높은 지역에 살거나, 남성 면접원의 경우 높은데 반해, 접촉 불가의 사례는 외부의 접근을 막는 비개방형 입구를 가진 주거 공간에 사는 사람들의 경우에 높음을 보고하였다. 그러나 한국에서 수행된 응답률 연구가 거의 존재하지 않아, 한국의 무응답 행태에 대한 특징을 살펴볼 수 있는 연구가 필요한 실정이다.

또한, 다문화 가정이 급격히 증가하는 지역에서는 한국어로만 이루어지는 조사는 한국어를 구사하지 못하는 표본을 무응답자로 분류하므로 응답률이 낮아질 수 있다. 그뿐만 아니라 이들의 성향이 조사 변수를 기준으로 했을 때 한국어를 구사하는 인구의 성향과 다를 가능성이 높으므로 이에 따른 무응답 편차를 의심해 봐야 한다.[3)]

3) 현재 한국에서 실시되는 대부분의 조사의 경우 한국어 사용자로 목표 모집단을 제한하여, 한국어 비사용자는 아예 표본에서 제외되고 있어, 한국어 비사용자들은 현재 무응답자로 간주되지는 않을 것 같다. 하지만 이들 인구의 빠른 성장세를 감안하자면, 가까운 미래에 이들이 표본으로 흡수되어야 할 것이다.

5) 설문 참여의 의사 결정

앞서 설명한 바와 같이, 설문의 응답률은 접촉률과 협조율이라는 두 가지의 요소로 구성이 된다. 면접원이 여러 번의 접촉시도 끝에 표본 대상자를 만났다 하더라도 응답자가 조사 협조를 거부하게 되면, 이는 단위 무응답으로 이어진다.

예컨대, 조사의 주제가 사생활과 관련된 조사라거나(Couper et al., 2008), 조사 주제의 중요성이 떨어지거나 응답자가 흥미 없어 하는 주제일 경우(Groves et al., 2004)에 응답 거부가 빈번하게 일어날 수 있다. 또, 대체로 남자가 여자보다 응답 거부율이 높은 것으로 보고되고 있다(Groves & Couper, 1998). 이와 더불어, 최근 들어 사생활 및 개인정보 침해와 오용에 대한 사회 전반의 인식과 경계가 높아지고 있는데 이러한 사회적 변화 역시 응답률에 영향을 끼친다. 즉, 높아진 개인정보에 대한 사회 전반의 인식과 경계는 사생활과 밀접한 정보를 수집하는 설문 조사에 대한 응답자의 의심을 불러일으킬 수 있으며, 그러므로 응답률에 부정적인 영향을 미칠 수 있다는 것이다(Couper et al., 2008; Singer, 2003). 특히, 미국 인구 총조사에서 이와 같은 영향이 존재하는 것으로 확인되었다(Singer et al., 1993, 2003).

그러면 지금부터는 응답자는 어떻게 설문 참여를 결정하는지에 대해 살펴보자. 설문 참여의 결정 기제는 주로 사회학과 심리학에서 다루어져 왔는데, Groves와 Couper(1998), Lynn과 Clarke(2002)는 단위 무응답이 발생하는 이유를 유형화하여 연구자들에게 전체적인 무응답을 이해하는 큰 틀을 제공하였다.

특히 Groves와 Couper(1998)는 단위 무응답의 발생 원인을 연구자가 통제할 수 있는 것과 그렇지 않은 것으로 분리하였다. 연구자의 통제가 가능한 것은 조사 주제, 자료 수집 방법(전화 조사, 우편 조사 등), 인센티브(incentive)와 같은 설문 조사 설계의 특성, 그리고 면접원의 경력과 같은 면접원과 관련된 사항들이 있다. 또, 연구자가 통제할 수 없는 요소로는 사회의 경제적인 상황이라든가 설문 조사에 대한 인식 등 사회적인 상황들과 개별 표본의 인구통계적 특성 및 심리적 특성 등이 있다. 예를 들어 면접원에서 비롯된 무응답의 경우, 경험이 부족한 면접원을 사용하는 경우(Durbin & Stuart, 1951; Groves & Fultz, 1985)에 응답 거부의 확률이 높아지며, 조사 인터뷰 및 무응답을 대하는 면접원의 태도(Lehtonen, 1995)도 응답률과 관계가 있다고 보고되었다.

설문 조사의 설계 특성과 관련해 응답률 제고를 위해 자주 사용되는 금전적인 보상(monetary incentive)은 조사 참여에 따른 부담에 대한 경제적 교환(economic exchange)으로 볼 수 있고, 여러 연구에서 공통적으로 조사 참여와 관련해 사례를 지급하는 인센티브(survey incentive)와 응답률과의 정적인 상관관계를 보였다(Berlin et al., 1992; Singer, 2002). 앞으로 살필 몇 가지 이론들은 연구자들이 응답률을 높일 수 있는 도구들을 규명하고, 그 효용에 대해 일반화를 하는 데 도움이 된다.[4)]

(1) 단위 무응답과 관련한 사회학 연구

① 사회적 교환 이론

사회학에서는 설문 참여의 의사 결정이 개인의 사회적 역할, 사생활에 대한 염려, 설문 주제에 대한 흥미 혹은 응답자와 연구자 간의 혜택의 교환 등이 총체적으로 결합되어 이루어진다고 보았다. 사람과 사람 사이, 사람과 단체 간의 관계는 그 안에서 이루어지는 교환과 그 교환이 주는 가치에 따라 형성되며(Blau, 1964), 설문 조사의 참여 역시 응답자와 면접원 혹은 응답자와 조사기관의 관계가 기반이 되므로, 사회적 교환 이론(social exchange theory)를 활용하여 응답률을 높일 수 있다는 것이다(Dillman, 1978; Goyder, 1991).

사회적 교환 이론에 따르자면, 표본으로 선택되어 조사 참여의 요청을 받은 응

4) 아직까지 한국에서 인센티브와 관련된 연구는 없는 상황이라, 이러한 연구 결과를 한국의 상황에 그대로 적용할 수 있는가 하는 의문이 남아있기는 하다.

답자는 자신이 조사에 참여함으로써 얻을 수 있는 혜택(benefits)과 비용(costs)을 따져 참여 여부를 결정하게 된다. 즉, 조사 참여에 소요되는 개인적 시간이나 개인 정보의 공개 부담 혹은 설문 과정에서 겪을 수 있는 당황스러운 상황 등은 조사 참여의 비용이며, 조사 참여를 통해 개인적으로 흥미를 가진 주제에 대해 토론하고 면접원을 돕는다는 사실, 사회 문제 개선에 도움을 주는 의견의 개진 혹은 상호 교류하는 기쁨 등이 조사 참여의 혜택이 될 수 있다.

그런데 사회적 교환 이론으로 조사 참여의 의사 결정을 설명하는 연구를 수행하는 것은 쉽지 않은데, 이는 응답자가 느끼는 혜택이나 비용이 응답자 개개인마다 다르기 때문이다. Dillman(1978)은 이러한 개인의 성향 차이에도 불구하고, 조사 내용을 소개하는 사전 안내문(advance letter)의 송부, 거주자님(dear resident) 등의 무기명의 사전 안내문 대신 개인화한 우편물의 사용(personalized letters) 등을 공통적으로 응답률 증가에 도움을 주는 조사 설계 요소로 꼽았다. 이외에도 응답자에게 조사의 목적과 조사기관의 권위(authority)을 알리는 것(Cialdini, 1984), 조사의 협조 여부와 관계없이 사전 인센티브(prepaid financial incentive)를 제공하는 것(Cantor et al., 2008; Curtin et al., 2007) 역시 사회적 교환 이론에 기반한 설문 조사의 응답률을 높이는 방법으로 알려져 있다.

② 특성 부각 이론

Groves와 Singer와 Corning(2000)는 선행 연구(Groves & Couper, 1998)에서 기술하였던 설문 참여의 의사 결정에 대한 개념적인 틀을 발전시켜 특성 부각 이론(leverage-saliency theory)을 발표하고, 이를 실증적으로 증명하기도 하였다. 이 이론은 오랜 조사 경험을 가진 베테랑 면접원들이 설문 조사에 협조를 구할 때 정형화된 행동이 아닌, 응답자들이 보이는 반응에 따라 그 상황에 알맞게 서로 다른 대응 행동을 함으로써 조사 협조를 이끈다는 관찰에서 시작하였다.

구체적으로 Groves 등(2000)은 설문 조사 참여의 결정 과정을 거절과 참여를 양축에 둔 지렛대로, 개별 응답자가 설문 참여의 의사 결정을 내리는데 고려하는 설문 조사의 특성을 지렛대의 중심으로부터의 거리로, 설문 참여를 요청받았을 때 인지한 개별 특성의 중요성을 지레에 달린 추의 크기로 설명하였다.

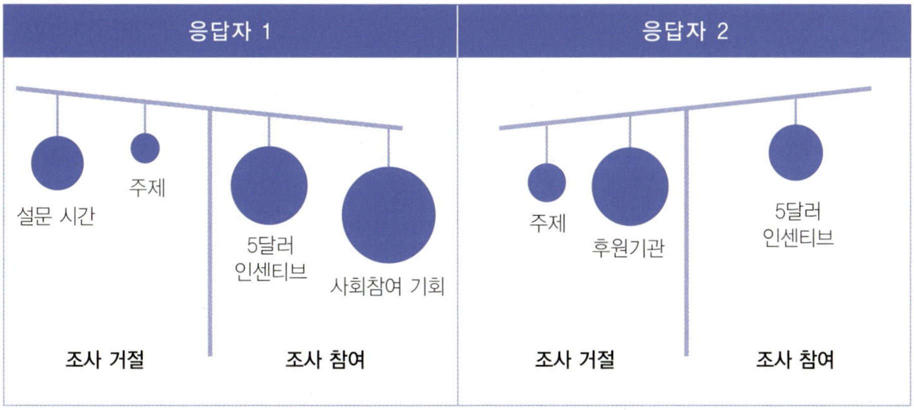

[그림 2-2] 설문 특성에 대해 서로 다른 중요도를 가진 응답자의 의사 결정

[그림 2-2]에 따르자면, 왼쪽의 응답자 1의 경우 참여를 유도하는 우측의 지렛대에 사회 참여와 조사 참여 시 지급되는 인센티브라는 설문 특성이 자리하고 있고 이 두 가지 속성은 면접원이 설문 참여를 요청할 당시 충분히 부각되어 큰 크기의 원으로 표시되었다. 반면, 참여 거절을 이끄는 좌측의 지렛대에는 껄끄러운 조사 주제와 설문 참여 시간이 위치하고 있으나, 그 크기가 우측의 지렛대에 걸린 두 가지 설문의 특성(인센티브와 사회 참여기회)보다 작다. 그 결과, 응답자 1의 지렛대는 우측의 조사 참여 쪽으로 기울어지게 된다. 반면, 응답자 2의 경우 인센티브라는 설문 특성은 지렛대의 우측에 위치하고 있으나 좌측에 위치한 설문의 주제와 후원기관의 무게를 넘어서지 못해 조사 거절을 의미하는 좌측으로 지렛대가 기울어지게 된다.

요약하자면, 조사 참여의 의사 결정은 개별 응답자가 설문 조사 설계와 관련한 여러 특성에 대해 어떻게 생각하는지 그리고 면접원이 조사의 협조를 요청하는 과정에서 이러한 개별 특성들을 응답자에게 어떻게 전달하고 설득했는지에 따라 달라진다는 것이다. 예를 들어, 은퇴한 노년의 응답자들은 조사 시간에 대해 무료하거나 외로운 일상에서 면접원들과 함께 이야기할 수 있는 좋은 기회, 즉 혜택으로 받아들여 지렛대의 오른쪽에 위치할 수 있는 데 반해, 시간적인 여유가 없는 청장년의 응답자들은 조사에 소요되는 시간을 큰 부담으로 받아들여 지렛대의 왼쪽에 위치할 수도 있는 것이다. 또 이러한 개별 특성에 대해 비슷한 생각을 가진 응답자에게조차도, 면접원이 설문 조사를 요청하는 당시에 이러한 개별 특성을 어떻게 설명하고 강조했는지에 따라 응답자는 서로 다른 의사 결정을 내릴 수 있다.

Groves 등(2000)은 1996년 디트로이트 지역 조사(DAS: Detroit Area Survey)와 이 조사 참여자를 대상으로 약 15개월 후에 실시된 공청회(public debate)와 조력자살(assisted suicide)[5]을 주제로 한 자기기입식 우편 조사를 통해 특성 부각 이론을 증명하였다. 이들은 디트로이트 지역 조사에서 미리 측정한 사회 및 정치활동 관여 점수를 이용하여, 후속 연구에서 사전 인센티브(5달러)의 효과를 살펴 보았다. 그 결과 사회 및 정치 활동 관여 점수가 높은 집단의 경우 금전적인 보상이 주어지지 않더라도 50%라는 응답률을 보였으며, 보상이 주어질 경우에는 66%라는 응답률을 보인 반면, 사회 및 정치 활동 관여 점수가 낮은 집단의 경우 금전적 보상이 없을 경우에는 21%, 보상이 주어질 경우에는 63%의 응답률을 보였다.

이 특성 부각 이론은 설문 조사의 참여 기제를 실제 데이터를 통해 증명하여 기존 이론들을 뒷받침하게 되었으며, 더불어 응답자가 생각하는 조사 주제의 중요도와 흥미 수준이 조사 참여에 영향을 끼치기 때문에 이러한 성향과 관계된 변수가 조사 중에 측정된다면, 이들 변수의 조사 통계치(survey estimates)에 영향을 끼쳐 무응답 오차가 발생할 수 있음을 시사하였다(Groves et al., 2000; Groves, Presser, & Dipko, 2004).

5) 의료진으로부터 약물을 처방받아 스스로 목숨을 끊는 행위

(2) 단위 무응답과 관련한 심리학 연구

지금까지 살펴본 사회학 이론에 따르자면 조사의 요청을 받을 당시 응답자들은 참여하거나 혹은 거부할 동기를 이미 내재한 상태라, 어떻게 이런 내재적 상태에 다다랐는지에 대한 설명은 부족한 면이 있었다. 사회 심리학(social psychology)의 이타주의(altruism)와 설득과 순응(compliance)에 대한 연구는 이런 부족한 설명을 보충할 수 있다.

이타주의는 타인의 명시적 요청이 없이도 도움을 제공하는 것으로, 타인의 도움에 대한 요청을 받아들이는 순응 행동과는 다른 것으로 간주된다. 우선 이타주의 연구에서 다루어진 도움을 제공하는 행동과 설문 협조 행동을 상황의 유사성이나 도움의 성격에 따라 분석해 보면, 설문 조사 협조 행동은 도서관에서 복사를 위해 50센트를 달라고 하는 사람을 돕는 것과 유사한 것으로 간주된다. 즉, 설문 조사의 협조 행동은 즉흥적이고(spontaneous), 캐주얼하고(informal), 심각하지 않으며(nonserious), 익명의 행동(anonymous) 특성을 띤다는 것이다. 그러나 이타주의 관련 연구는 대부분 대학생을 대상으로 실시되었고, 조사 협조를 구하는 상황도 아니라 그 결과를 일반화시켜 이를 설문 조사에 응용하는 데 한계를 가진다(Groves, 1989, 재인용).

Cialdini(1984)는 사람들은 충분하지 않은 정보가 주어진 상황에서 빠른 의사 결정을 내리기 위해 사용하는 휴리스틱을 이용하여, 순응을 이끄는 6가지 원칙으로 정리하였는데, 이를 설문 상황에 대입해 살펴보면 다음과 같다.

① 호혜성의 원칙

이 원칙은 상대방에게 무언가를 제공받을 경우, 그 요청에 수락하는 경향을 일컫는다. 이 경우 사람들은 다른 사람의 호의를 되갚아야 한다는 심리적 부담을 갖게 되므로 호의를 베푼 사람의 요청을 수락하게 된다는 것이다. 호혜성(reciprocation)의 원칙은 다양한 실험을 통해 증명되었으며, 앞서 언급한 설문 조사에서 표본으로 선택된 응답자에게 인센티브를 제공하는 것 역시 이 호혜성의 원칙을 응용한 것이라 하겠다. 그렇지만 Jackson(1972)에 의하면, 앞서 보인 친절한 행동이 이후의 요청과 직접적 관련이 없을 경우 그 효과가 더 큰데, 대부분의 조사의 경우 응답자에게 주어지는 보상은 조사 협조의 행동과 직접 관련되어 있다.

② 공약과 일관성의 원칙

공약과 일관성(commitment and consistency)의 원칙은 미래의 행동을 결정하는 데 과거의 행동이 끼치는 영향을 보여 준다. 즉, 사람들은 어떤 선택이나 결정을 하게 되면 이후에도 그와 일치하는 선택과 행동을 함으로써 일관성을 추구한다는 것이다. 소위 문간에 발 들여 놓기(foot-in-the-door)로 불려지는 이 전략은 여러 형태의 실험을 통하여 작은 요구에 동의하도록 하는 행동이 이후 큰 요구를 들어주는 행동으로 이어진다는 사실을 보여줬다. 그러나, 첫 번째의 요구와 그 이후의 요구 간의 시간 차이나 두 가지 요청 사이의 유사성에 따라 실험 결과에는 차이가 존재하는 것으로 알려져 있다. Groves와 Mcgilavy(1981)는 이런 문간에 발 들여 놓기 전략이 설문 조사 상황과는 다르기 때문에 그 응용에 한계를 가진다고 지적하기도 하였다. 예컨대, 문간에 발 들여 놓기 연구의 상황에서는 설문 조사와는 달리 초기 응답 거부자들이 이차 요구 상황에서 아예 제외되고, 응답 거부자를 설득하기 위한 전략 등이 실험에 수행되지 않았다는 것이다.

③ 사회적 증거의 원칙

다른 사람의 예를 들어 상대를 설득하는 전략으로 자신과 비슷한 사람이 요청을 수락할 경우, 더 쉽게 같은 요청에 수락하는 경향을 설명한다. 이 원칙에 따르자면, 면접원이 "대부분 조사에 참여하신 분들이 좋은 경험이었다고 하셨어요."라고 말을 하는 것이 조사의 협조율을 높이는 데 도움이 된다는 것이다. 이에 반하는 것이 자신과 같은 사람이 특정 행동을 하지 않으면, 본인도 역시 행동하지 않는 무행동(inaction)이다. 사회적 증거(social proof)의 원칙에 대한 연구는 대부분 범죄나 의료 상황 등 도움이 필요한 응급 상황을 연출하여 사람들의 어떻게 행동하는지를 관찰함으로써 이루어졌다. Latane과 Darley(1968), Shotland

와 Heinold(1985)는 위급 상황에서 도움을 주는 확률은 옆에서 지켜보는 사람의 수가 많을수록 줄어든다는 사실을 보고했는데, 이는 꼭 자신이 아니더라도 다른 사람이 도움을 줄 수 있다고 생각하게 만들어 행동을 하지 않도록 만든다는 것이다. 이러한 사회적 증거 원칙에 대한 연구는 역시 응급 상황에 기반한 것들이라, 그 결과를 설문 조사에 적용하는 데에는 한계가 있을 수 있지만, 이는 조사 참여를 높이는 데 도움이 되는 아이디어를 제공해 줄 수 있다. 실제로 Groves와 Kahn(1979)는 전화 조사에서 조사 협조를 구하기 전 "어느 카운티에 사세요?"라는 질문을 해, 응답자가 이 조사에 참가 자격을 가진 일부 집단의 구성원이라는 인상을 줌으로써 그렇지 않은 조사보다 더 높은 응답률을 얻기도 하였다. 연구자들은 이러한 결과를 두고, 이 부가 질문이 사회적 증거 원칙에 근거해 응답자의 조사 참여의 동기를 높였기 때문이라고 해석하였다(Groves, 1989, 재인용).

④ 호감의 원칙

이 원칙은 호감(liking)을 느끼게 하는 사람의 요구에 더욱 쉽게 응하는 경향을 말하는데, 보통 외모나 요청자와 요청을 받는 당사자와의 유사성이 호감에 영향을 끼치는 것으로 간주한다. 그러나 설문 조사 면접원의 외모와 호감이 조사의 협조율에 끼치는 직접적인 연구는 수행된 적이 없으며, 응답률 증가를 위해 외모를 조작하는 것 역시 위험한 발상이다. 왜냐하면 외모와 같은 면접원이 가진 인구 통계학적인 변인이 응답률뿐만 아니라 수집되는 조사 자료의 품질에도 영향을 끼칠 수 있기 때문이다(Groves, 1989). 좀 더 자세한 내용은 3장 1절의 면접원에 기인한 측정 오차(p. 51)에서 설명하였다.

⑤ 권위의 원칙

이 원칙은 설득을 하는 주체가 지닌 권위(authority)가 요청을 수락하는 데 영향을 끼치며, 사람들이 권력을 지닌 사람의 요구를 쉽게 들어주는 경향을 일컫는다. 이러한 권위는 직위, 교육 수준, 복장 등을 통해 투영되기도 하지만, 권위에 대한 인식은 상대적이라 한 사람 혹은 문화에서 높은 권위로 인식되는 것이 다른 사람이나 문화에서는 그렇지 않을 수도 있다. 설문 조사에서 이 권위의 원칙은 연구소장이나, 연구를 지원하는 부처의 기관장 혹은 잘 알려진 정부 인사가 본 조사에 앞서 조사를 소개하고 협조를 구하는 사전 안내문(advance letters)을 발송하는 방식으로 응용되어 사용된다(Groves, 1989).

⑥ 희소성의 원칙

희소성(srcarcity)의 원칙이란 사람들이 흔하지 않은 기회를 더욱 높이 평가하는 경향을 말한다. 홈쇼핑이나 영업 현장에서 마감 임박이라든지, 몇 개 남지 않은 제품이라는 말을 함으로써 판매를 높이는 상술이 이러한 희소성의 원칙을 보여주는 가까운 예이다. 설문 조사 상황에서 면접원이 조사 기간이 며칠 남지 않았을 때, 얼마 후면 조사가 끝나서 더 이상 참여할 기회가 없다고 강조하여 조사 참여를 독려하는 것이 이러한 희소성의 원칙을 응용한 예이다(Groves, 1989).

Chapter 1 2 3 4

관측 오차

Observational error

이제까지 살펴본 오차가 관심 모집단과 표본에 대해 자료 수집을 하지 못해서 발생하는 비관측 오차라면, 관측 오차란 설문 조사의 표본으로 선택된 응답자가 설문 조사에 참여해 설문에 응답을 한, 즉 관측이 가능했음에도 불구하고 발생하는 오차를 일컫는다. 이 중에서 가장 대표적인 관측 오차는 설문 응답 과정 중 정확한 응답이 이루어지지 않아 발생하는 측정 오차(measurement error)이다.

설문 조사에 의한 자료 수집은 연구자와 응답자 사이의 커뮤니케이션을 통해 이루어지므로 이 커뮤니케이션이 과정이 얼마나 정확하게 이루어졌는지가 측정 오차의 크기를 결정한다. 설문 조사의 커뮤니케이션은 연구자와 응답자 사이에서 직접적으로 일어나지 않으며 연구자의 선택에 따라 면접, 전화, 컴퓨터, 우편 및 인터넷 등의 매체를 통해 이루어진다. 자료 수집에 사용되는 매체에 따라 면접원이 또는 면접원 없이 설문지만이 그 커뮤니케이션의 중간 매개가 될 수도 있다. 또, 이러한 면접원의 유무와 설문 매체에 따라 설문 과정은 청각 혹은 시각 커뮤니케이션에 의존하게 된다.

그러므로 설문 조사에 사용되는 이러한 다양한 커뮤니케이션 매체는 측정 오차에 서로 각기 다른 영향을 미치며, 지난 20여 년간은 측정 오차가 조사에 미치는 영향보다는 측정 오차를 일으키는 원인을 규명하는 연구가 활발하게 진행되어 왔다.

이 장에서는 측정 오차를 그 오차를 일으키는 원인 주체에 따라 면접원 기인 오차, 응답자 기인 오차, 설문지 기인 오차, 자료 수집 방법 기인 오차로 나누어 차례로 살펴본다.

1. 면접원에 기인한 측정 오차

면접원에 기인한 측정 오차를 알아보기에 앞서, 먼저 면접원이 설문 조사 과정에서 어떠한 역할을 하는지에 대한 이해가 선행되어야 한다. 이는 면접원 기인 오차 중 상당 부분이 면접원으로서의 업무를 수행하는 동안 발생하기 때문이다.

면접원은 대면 면접 조사의 경우 표본으로 선택된 가구를 찾아 직접 방문하며, 전화 조사의 경우에는 전화로 연락하고 조사 목적이나 표본 선정의 절차에 대해 설명하며 이들이 설문 조사에 참여할 수 있도록 설득한다. 그리고 면접원은 가구 구성원을 파악하며, 주어진 규칙에 따라 가구 구성원 중 누가 조사에 참여해야 할지 응답자를 선정한다. 조사가 시작되면 응답자에게 설문 문항을 질문하고 답을 기록하게 된다. 필요한 경우, 면접원은 보기 카드를 제시하거나 설문 문항에 대해 부가 설명을 제공하고, 응답자의 질문에 대답을 하기도 한다. 조사가 완료된 이후에는 완성된 설문을 제출하는 역할을 한다.

즉, 면접원은 연구자가 의도한 바대로 설문 조사를 실행하기 위한 핵심 역할을 수행하며, 그 역할을 하는 과정 중에서 다양한 오차를 일으키는 원인을 제공하기도 한다. 구체적으로 말하면, 표본을 찾고 선정 자격을 확인하는 과정에서 표집 오차와 포함 오차를 일으키며, 표본으로 선택된 가구를 접촉하고 참여를 구하는 과정에서 무응답 오차, 질문을 읽고 프로빙하는 과정에서 측정 오차 등을 일으킬 수 있다.

미국에서 진행되는 상시 인구 조사(CPS: Current Population Survey)는 면접원이 일으키는 표집 오차와 포함 오차의 예를 잘 보여 준다. 상시 인구 조사는 표본 선택을 위해 지역 표집(area probability sampling)을 사용하게 되는데, 면접원들은 선택된 주소지를 방문한 후 그 주소지의 상태(예를 들어 집이 버려졌거나, 불에 타거나 해서 없어졌거나, 주택용에서 상업용으로 바뀌었다거나 등)를 관찰한 후 그 주소를 알맞게 구분한다. 만약 면접원들이 그 표본 주소지를 '한시적으로 조사 대상이 아님'이라고 판단한다면 이 주소지는 조사 대상으로 포함되며 다음번 조사에 면접원이 재방문하게 되지만 만약 면접원이 그 주소를 '영구적으로 조사 대상이 아님'이라고 판단한다면, 이 주소는 표집틀에서 사라지게 된다. 이러한 일련의 과정에서 면접원들은 표집 오차를 일으키게 된다.

또, 면접원들은 표본으로 선택된 가구 구성원에 대한 목록(household roster)을 작성하게 된다. 이를 위해 가구원에 대해 묻는 일반적인 질문을 마친 후 "영유아나 아동을 포함하셨습니까? 주로 여기에 살지만, 잠깐 여행 중이거나 학교, 병 치료 등을 위해 지금은 집에 없는 사람이 있습니까? 하숙하는 사람이라든지, 고용한 사람 등이 여기 있습니까?" 등의 보충 질문을 하게 된다. 이는 위에 언급된 '주로 여기에 사는(usual residence)'의 개념이 애매모호한 탓에, 응답자들의 판단에만 맡길 경우 오류가 발생할 가능성이 높다. 게다가 불법 체류, 추방이나 채무 문제에 연루된 이해 당사자에게는 굉장히 민감한 문제이기 때문에, 그들은 사실에 반하는 응답을 할 수도 있다. 면접원은 이런 민감한 주제를 질문함으로써 응답 대상이 되는 가구원 목록을 작성한 후, 이에 기반하여 주어진 선정 원칙에 따라 응답 대상자를 선정하는 전체 과정을 수행하게 되는데, 이러한 일련의 활동을 수행하는 과정에서 포함 오차를 일으키기도 한다.

실례로, Tourangeau 등(1997)은 가구 구성원 목록을 작성하는 데 두 가지의 절차(① 가구 구성원의 성과 이름을 완벽히 묻는 표준 절차, ② 응답자가 가구 구성원의 이름을 알려줄 필요 없이 성별과 나이 정도만을 묻는 익명성이 보장된 간소화된 절차)를 통해, 후자의 기법을 사용했을 경우 보고된 가구의 크기가 통계적으로 유의하게 크다는 사실을 밝히기도 하였다. Kreuter 등(2011)은 면접원의 보수 체계에 따라 응답자 사전 응답률(screening response rate)과 설문 적격률(eligibility rate)이 달랐음을 보고하는 등 면접원으로 인해 발생하는 오차의 다양한 예를 밝히기도 하였다.

이 장에서 주로 이야기할 것은 면접원이 측정 오차에 끼치는 영향이다. 면접원의 측정 오차는 가변 오차(variable error)와 고정 오차(fixed error)로 구분된다. 가변 오차는 면접원들이 동일한 질문에 대해 서로 다른 방식으로 질문함으로 인해 생기는 오차이며, 고정 오차는 면접원들이 공통적으로 일으키는 오차이다. 예컨대, 어떤 질문에 대해 모든 면접원이 공통적으로 프로빙을 하지 않음으로써 발생하는 오차 등을 일컫는다.

이러한 면접원으로 발생하는 오차를 면접원 분산(interviewer variance)이라고 한다. 이는 자료 수집 방법이라든지, 면접원 고용 절차, 훈련 및 감독 방법 등 동일한 설문 조사의 조건(survey conditions)하에서 면접원 간의 차이로 발생하는 조사 통계치의 분산을 일컬으며, 앞의 1장 3절(p. 15)에서 살펴본 총조사 오차 중의 분산과 관련하여 추정치의 오차에 영향을 미치게 된다. 이 장에서의 초점은 면접원에 기인한 측정 오차의 종류와 원인 및 이를 줄이기 위한 방법을 기술하는 것이므로 면접원 효과에 대한 측정 방법에 대한 기술은 여기에서 마친다. 다음 장에서는 이 면접원에 기인한 측정 오차를 면접원의 특성에 기인한 오차(interviewer characteristics associated errors)와 면접원의 행동에 기인한 오차(interviewer behavior associated errors)로 나누어 더욱 자세히 살핀다.

1) 면접원 특성에 기인한 오차

면접원 특성에 기인한 오차는 면접원의 업무와 무관한 면접원이 가진 인적 요소 즉, 성별, 인종, 나이, 교육 정도, 억양, 복장 등이 응답에 영향을 끼침으로써 발생하는 오차를 일컫는다. 이러한 면접원 특성에 기인한 오차는 여러 연구에서 보고되었는데(Finkel et al., 1991; Hatchett & Schuman, 1975; Kane & Macaulay, 1993; Schaeffer, 1980; Schuman & Converse, 1971; Yang & Yu, 2008), 인종 문제를 연구하는 설문 조사에서 밝혀진 측정 오차가 가장 대표적이다. 예를 들어, 각 인종에 대한 의견을 묻는 동일한 설문 문항에 대해 면접원의 인종에 따라 응답 내용이 달라진다는 여러 연구가 발표되었다. 즉, 인종에 대한 태도를 묻는 질문에 면접원이 응답자와 같은 인종이었을 경우 더 정직하게 응답하는 경향이 있다는 것이다.

예컨대, [표 3-1]에 제시되었듯이 Hatchett와 Schuman(1975)은 백인 응답자를 대상으로 한 조사에서 면접원의 인종에 따라 그들의 인종 관련 질문의 답이 크게 달라짐을 보고하였다.

[표 3-1] 면접원 인종에 따른 응답 차이

백인 응답자	흑인 면접원	백인 면접원
친척이 흑인과 결혼해도 괜찮다	71.7%	25.5%
흑인과 백인은 같은 학교를 다녀야 한다고 생각한다	90.7%	56%
백인과 흑인 아이들이 자유롭게 함께 놀아야 한다고 생각한다	92.5%	84%

출처: Hatchett & Schuman, 1975

이외에도 Schaeffer(1980)는 1972년부터 1977년까지의 미국의 일반사회 조사(GSS: General Social Survey) 자료를 분석하여 백인 면접원이 흑인 응답자를 대상으로 조사를 실시했을 경우, 인구·통계적 변수 등 다른 항목에는 별 차이가 없었으나, 인종과 관련한 항목에서 설문 응답에 큰 차이를 발견하였다. Davis(1997) 역시 미국의 1984년 전국 흑인 선거 연구(National Black Election Study)를 통해 면접원 인종의 효과를 살폈는데, 응답자들의 흑인 시민운동가인 Jess Jackson에 대한 지지율이 백인 면접원일 경우보다 흑인 면접원인 경우 더욱 높았다고 한다.

이외에도 Kane과 Macaulay(1993)의 연구는 면접원의 성별에 따라 성차별과 관련된 고용, 정책 등을 묻는 문항에 응답자가 서로 다르게 응답함을 밝혀내었고, Yang과 Yu(2008)는 학력이 낮은 면접원보다 학력이 높은 면접원이 학력이 낮은 응답자를 조사할 경우, 응답자가 모르겠다고 답을 하는 빈도가 낮다는 것을 보여 주었다. Finkel 등(1991)은 흑인과 백인이 후보로 나선 1989년 버지니아 주지사 선거의 사전 선거 조사에서 백인 응답자의 응답이 면접원의 인종에 따라 8~10% 정도 다르게 나타난다는 것을 보여 주었다.

응답자와 면접원이 직접적으로 대면하지 않는 전화 조사에서도 이러한 면접원의 인종에 따라 응답이 바뀌는 현상이 관찰되는데(Cotter et al., 1982; Meislin 1987; Morin, 1989), 이는 응답자가 비록 면접원을 직접 보지는 못하더라도 면접원의 억양이나 말투 등을 통해 어떤 사람인가를 판단하고 그에 따라 응답을 바꿀 수 있기 때문이다.

이러한 현상은 설문 조사가 커뮤니케이션의 특정한 형태라는 사실에서 이해할 수 있다. 즉, 응답자는 비록 잘 알지 못하는 면접원에게조차 좀 더 나은 자아상(self-presentation)을 보여 주기 위해, 솔직한 자신의 의견이나 사실을 말하기보다 면접원을 배려한다거나, 자신이 생각하기에 면접원이 원하거나 좋아할 만한 혹은 자신을 더욱 멋지게 보일 수 있는 응답을 한다는 것이다(Fisher, 1993).

저자가 거의 20년쯤 전 한국의 조사 회사에서 일하던 당시, 연구원들 사이에 공공연히 떠돌던 이야기 중 하나가 목소리가 예쁜 20대의 여성 면접원이 전화 조사를 할 경우 남성의 학력 수준 통계가 높아진다는 것이었다. 돌이켜 생각해 보면, 이러한 현상은 학력을 중시하는 한국적 풍토에서 아름다운 목소리의 여성에게 더 나은 자아상을 표현하기 위해 자신의 학력을 부풀려 응답하는 경향으로 쉽게 이해가 가능하다.

이러한 면접원 특성에 기인한 오차는 역할과 독립된 오차(role-independent error)라고도 한다(Delamater, 1974; Sudman & Bradburn, 1974). 왜냐하면 면접원으로서의 역할을 수행하는 것과는 별개로 개인의 존재 자체, 면접원의 인구 통계적 특성 등이 응답자의 설문 응답에 영향을 끼치기 때문이다. 이런 종류의 오차는 특정하고 민감한 주제의 조사에서 주로 발생하기 때문에, 설문 조사를 기획하는 설계 과정에서 미리 응답자의 특성에 맞는 면접원을 배치하는 등의 방법을 통해 어느 정도 줄일 수 있다. 예를 들어, 표본으로 선택된 지역의 사회·경제적인 특성을 감안해 면접원의 복장을 그에 알맞게 선정한다든지, 흑인이 많이 사는 지역에는 흑인 면접원을 배치하는 등의 노력을 말한다.

가까운 예로, 한국의 경우 지역색에 따라 정당 지지 성향이 크게 다르게 나타나는 경향이 있는데 이와 같은 특정 사안에 대해 지역적으로 상이한 의견이 있는 것으로 알려진 조사를 수행한다면, 특정 지역 방언을 사용하는 면접원을 그 지역 면접원으로 배치하는 등의 노력은 면접원 특성에 기인한 오차를 줄이는 데 도움이 될 수 있다.

2) 면접원 행동에 기인한 오차

면접원 행동에 기인한 오차는 설문 조사 업무를 수행하는 과정 중 면접원의 행동이 응답자의 설문 응답에 영향을 끼쳐 발생하는 오차를 일컫는다. 면접원 특성 기인 오차가 역할과 독립된 오차인 것과 대조적으로, 면접원 행동 기인 오차는 면접원이 설문을 수행하는 과정에서 발생하기 때문에 역할 의존적 오차(role-dependent error)라고도 한다(Delamater, 1974; Sudman & Bradburn, 1974).

구체적으로, 면접원 행동 기인 오차는 면접원이 조사 과정에서 서로 다른 방식으로 설문을 수행(administer a survey)하는 데에서 발생한다. 예를 들어, 면접원이 설문 문항을 토씨까지 그대로 읽는다 하더라도, 서로 다른 단어나 문구를 강조라든지 면접원 고유의 억양 등은 응답자가 설문자의 의도와 다르게 질문을 해석하게 하여 의도하지 않은 오해를 일으키기도 한다. 그뿐만 아니라, 응답자의 앞선 대답에 대한 면접원의 짧은 반응 역시 응답자의 다음 질문에 영향을 끼치기도 한다.

앞서 기술한 면접원의 특성에 기인한 오차는 주로 특정 주제를 가진 설문 조사에 영향을 끼치는데 반해, 면접원의 행동에 기인한 오차는 다양한 주제의 설문에 광범위한 영향을 끼친다. 이 면접원 행동 기인 오차는 측정 오차 중 가장 빈번하게 발생하며, 면접원이 설문을 읽어주고 응답자로부터 답을 얻어내는 과정에서 질문의 전달 방식이나 응답자를 대하는 태도 등 면접원의 행동이 응답에 미치는 영향을 광범위하게 포함한다(Davis et al., 2010; Groves & Magilavy, 1986; Lyberg & Kasprzyk, 1991; Tucker, 1983). 면접원 효과는 면접원뿐만 아니라 응답자와 설문 문항의 특성 사이의 상호작용에 의해 함께 일어나는 것으로 알려져 있다(Hatchett & Schuman, 1975; Schaeffer, 1980; Schuman & Converse, 1971). 이와 관련된 오차는 뒤에 나올 응답자에 기인한 측정 오차와 설문지에 기인한 측정 오차에서 좀 더 자세히 설명하겠다.

면접원이 업무를 수행하는 동안 의도하지 않는 행동으로 발생하게 되는 면접원 효과를 최소화하기 위해 설문 과정을 표준화할 것인가 혹은 대화식으로 이끌 것인가에 대한 논의는 계속되어 왔다(Fowler & Mangione, 1990; Oksenberg et al., 1992; Suchman & Jordan, 1990).

표준화된 인터뷰(standardized interview)는 면접원의 설문 조사 진행 방식을 규격화함으로써, 서로 다른 면접원을 통해 조사 자료가 수집되었다 하더라도, 개별 응답자가 설문 과정에서 받는 자극을 동일하게 함으로써 그 영향을 줄이자는 생각에서 출발한다. 표준화된 인터뷰 상황에서 면접원은 주어진 설문지에서 벗어나지 않고, 모든 응답자에게 동일한 방식으로 질문하여 인터뷰 과정이 연구자의 주도하에 이루어질 수 있다. 반면, 대화형 인터뷰(conversational interview)는 면접원이 개별 상황에 따라 인터뷰를 이끌어 갈 수 있는 재량권을 가지며, 그러므로 같은 설문이라도 응답자에게 다르게 전달될 수도 있다.

대화형 인터뷰를 주장하는 연구자들은 설문 조사의 상황이 일반적인 대화 상황과는 달리 화자 중 일방이 대화의 주제를 결정하고, 응답자 역시 주어진 보기에 따라 응답을 골라야 하며, 대화 종료 역시 면접원이 일방적으로 결정하는 등 인위적인 대화의 성격을 가지는 점에 주목한다. 이들은 표준화된 인터뷰 방식이 이러한 인위적이고 부자연스러운 대화 상황을 더욱 악화시키므로, 자연스러운 대화형 조사 상황이 정확한 응답을 얻기 위해 적합하다고 주장하였다(Schaeffer, 1991; Suchman & Jordan, 1990).

표준화된 인터뷰와 대화형 인터뷰 중 어느 방법을 채택할 것인가 혹은 표준화된 인터뷰와 대화형 인터뷰를 어떻게 접목할 것인가에 대한 논의가 과거에 있어 왔다(Conrad, 1999; Schober & Conrad, 1997). 그렇지만 2017년 현재 대화형 인터뷰 기법은 주요한 대규모 설문 조사에서는 거의 사용되지 않고 있다. 이는 표준화된 인터뷰가 대화형 인터뷰보다 우월하다는 것이 입증되어서가 아니라, 대화형 인터뷰를 제대로 수행하기 위한 제반 여건의 부족에 기인한 것으로 보인다. 왜냐하면 대화형 인터뷰의 경우 면접원이 설문 내용을 완벽히 숙지하여 설문 연구자가 없는 면접 상황에서 연구자의 의도대로 설문 조사를 수행할 수 있는 능력을 갖춰야 하기 때문이다. 대량의 표본을 빠른 기간 안에 완성해야 하는 대규모 설문 조사의 경우, 많은 수의 면접원을 고용하여 자료를 수집하는 것이 불가피하고, 이 수많은 면접원을 상대로 연구자의 의도를 완벽히 이해할 수 있도록 교육한다는 것은 현실적으로 어렵다. 그러므로, 대화형 인터뷰 방식은 실험적인 목적을 가진 소규모 연구에만 주로 쓰이고 있다.

다음 장에서는 이러한 면접원 행동에 기인한 오차를 막기 위한 표준화된 인터뷰에 대해 더욱 자세히 다룬다.

3) 표준화된 인터뷰

앞 장에서 기술하였다시피, 국가승인 통계를 포함한 전국 규모의 대규모 설문 조사에서는 대부분 표준화된 인터뷰 방식을 채택함으로써 면접원에 기인한 측정 오차를 줄인다. 그래서 이 표준화된 인터뷰는 면접원 교육(training) 과정에서 핵심 교육 내용을 차지한다. 가장 널리 알려진 표준화된 인터뷰 원칙은 Fowler와 Mangione(1990)가 제시한 다음의 4가지이다.

1. 쓰여진 질문 그대로 읽기(Read questions as written)
2. 적절하지 않은 응답에 대해 간접 프로빙하기(Probe inadequate answers non-directively)
3. 응답 그대로 기록하기(Record answers without discretion)
4. 응답 내용에 개인적 반응 하지 않기(Be interpersonally non-judgemental regarding substance of answers)

이 장에서는 면접원 교육에 보편적으로 포함되는 표준화된 인터뷰 원칙을 Fowler와 Mangione(1990)의 틀에 입각하여 전국 약품 사용 및 건강 조사(NSDUH: National Survey of Drug Use and Health)와 포틀랜드 주립대의 설문 조사 연구소의 면접원 교육 매뉴얼의 예제와 함께 기술하였다(NSDUH field manual,

2016; Portland state university survey lab, 2013).

(1) 쓰여진 질문 그대로 읽기

첫 번째 원칙인 '쓰여진 질문 그대로 읽기'는 가장 기본적인 표준화된 인터뷰 원칙이며, 수집된 설문 자료의 비교를 위한 기본 전제이기도 하다. 설문은 연구 주제에 대한 답을 얻기 위해 연구자가 고안한 것으로, 면접원은 반드시 모든 응답자에게 일관된 방식으로 질문을 해야 한다. 면접원은 설문지에 쓰여진 그대로 질문을 읽고, 어떤 단어의 첨가나 삭제, 교체도 해서는 안 된다. 아래의 예는 쓰여진 질문을 그대로 읽지 않을 때 생길 수 있는 오류를 잘 보여 준다.

> 원 질문: 지금부터 육체건강에 관한 질문을 드리겠습니다. 일반적으로 귀하의 건강은 더할 나위 없이 좋음, 아주 좋음, 좋음, 그저 그런편 혹은 나쁨 중에 무엇입니까?
>
> 면접원의 질문: 지금부터 건강에 관한 질문을 드리겠습니다. 일반적으로 귀하의 건강은 더할 나위 없이 좋음, 아주 좋음, 좋음, 그저 그런편 혹은 나쁨 중에 무엇입니까?

실제 설문지에 나타난 질문을 그대로 읽지 않고 면접원이 "육체"라는 말을 빠뜨린다면, 이는 질문의 의미를 바꾸는 것이 되고, 그로 인해 이 질문을 받은 사람의 응답도 바뀔 수 있다. 왜냐하면 건강은 정신 건강이나 육체 건강 등 질문을 어떻게 이해하느냐에 따라 그 해석의 여지가 있기 때문이다.

이런 작은 질문의 차이는 다른 응답을 이끌어 낼 수 있으며, 질문의 성격에 따라 더 큰 영향을 끼치기도 한다. 다음의 예를 한 번 살펴보자.

> 원 질문: 본인을 포함해 모두 합하여 여기에는 몇 명의 사람이 살고 있나요? 1월, 2월, 3월의 대부분을 이곳에서 산 사람 모두를 포함해 주세요.
>
> 면접원의 질문: 본인을 포함해 모두 합하여 여기에는 몇 명의 사람이 살고 있나요? 1월과 2월 대부분을 이곳에서 산 사람 모두를 포함해 주세요.

원 질문의 1월, 2월, 3월이라는 말 대신에 면접원은 3월을 빼고 질문을 하였고, 응답자는 이러한 질문 기간의 차이 때문에 전혀 다른 응답을 할 수 있다. 예를 들어 2월 초에 이 응답자의 집으로 이사를 온 친척이 있다면, 그 사람은 면접원이 임의로 수정한 질문 때문에 그 친척을 답에 포함하지 않을 수 있다. 그러나, 가구원 수 등을 묻는 질문은 전체 설문 조사의 대상을 결정하기도 하는 핵심 질문이므로 이러한 사소한 질문의 차이가 전체 통계량에는 무시하지 못할 영향을 끼치기도 한다.

'질문 전체 읽기', '앞의 질문을 통해 답을 유추하지 않기' 등도 표준화된 인터뷰 교육 중 자주 포함되는 것인데, 이는 첫 번째 인터뷰 원칙인 '쓰여진 질문 그대로 읽기'의 연장선으로 해석될 수 있다. 왜냐하면 이는 모두 면접원이 자신의 고유한 판단이 아닌, 기존에 마련된 설문지에 기반하여 거기에 쓰인 그대로 질문을 하도록 한다는 점에서 일맥 상통하는 것이기 때문이다.

'질문 전체 읽기'는 응답자가 면접원이 전체 질문을 다 읽기도 전에 응답을 하거나 도중에 질문을 끊을 경우, 면접원이 응답자에게 "전체 질문을 꼭 읽어야 한다."라고 설명한 후 질문을 완전한 형태로 다시 읽도록 훈련한다. 왜냐하면 면접원이 미처 다 읽지 못한 내용 중에 응답자가 설문의 답을 바꿀 수 있는 중요한 정보가 들어 있을 수도 있기 때문이다.

'앞의 질문을 통해 답을 유추하지 않기'는 이전의 설문을 통해 응답자의 답을 안다고 생각할지라도 면접원이 반드시 모든 질문을 읽는 것을 말하는데, 이는 문맥의 변화에 따라 응답자의 답이 바뀔 수도 있기 때문이다. 예를 들어, 이전 질문에서 응답자가 전에 살던 곳에서 발생한 강도 사건 때문에 무서워서 이사했다고 응답했다고 하자. 그 후 "면접원이 이전에 살던 곳의 치안에 대해 어떻게 느끼셨습니까?"라는 질문이 뒤에 있을 경우, 면접원은 "아, 아까 안전 문제 때문에 이사했다고 했으니 치안에 대해 불만족이겠지."라면서 임의로 질문을 하지 않는다든지, "아까 안전 문제로 이사했다고 하셨으니까 불만족이시지요?"라는 식으로 면접원 스스로의 느낌을 덧붙이는 말을 해서는 안 된다.

이는 쓰여진 질문을 그대로 읽는 점에서 Fowler와 Mangione(1990)의 표준화된 인터뷰 원칙 1인 '쓰여진 질문 그대로 읽기'와 응답자에게서 얻은 답을 그대로 기록한다는 점에서 인터뷰 원칙 3인 '응답 그대로 기록하기'에 모두 해당될 수 있겠다.

(2) 적절하지 않은 응답에 대해 간접 프로빙하기

응답자의 이해를 돕고 주어진 보기나 형식에 맞게 응답을 얻어내기 위해 면접원이 질문 이외에 하는 말을 프로빙(probing)이라고 하며, Fowler와 Mangione(1990)의 표준화된 인터뷰의 원칙 2인 '적절하지 않은 응답에 대해 간접 프로빙하기'에 언급되어 있다.

예를 들어, 설문 조사 중 응답자가 앞선 질문에서 지난 달에 "서울종합병원에 입원해 있었다."라는 응답을 했는데 이후 질문에서는 "지난 한 달 동안 건강이 좋았다."라고 응답을 하는 등 비일관성을 발견한 경우, "앞에서 ○○라 하셨고 지금은 ○○이라고 하시는데, 어느 것이 맞는 답인가요?"라고 응답의 일관성을 강요하기보다 "○○님, 응답을 정확히 기록하기 위해 질문을 다시 드리겠습니다."라고 말하고, 정확한 정보를 얻도록 해야 한다.

만약 이전 응답을 상기시키고 싶다면, "○○님이 지난 달, 집 외에서 지내신 곳이 어디인지에 대해 제가 정확히 기록했는지 확인하고 싶은데 말씀 좀 해주시겠어요?"라고 말하며, "지난 달, 집 외에서 지내신 곳이 어디어디라고 하셨지요?"라고 병원을 언급하지 말고 주관식으로 질문하여야 하며 이러한 프로빙을 간접 프로빙이라고 한다. 언제 어느 때 프로빙을 해야 하며, 어떤 방식의 프로빙이 응답자의 답에 영향을 끼치지 않는 프로빙인지에 대한 내용은 표준화된 인터뷰 교육의 핵심을 차지하며, 면접원은 이와 관련한 많은 교육과 실습을 받게 된다.

그러면 언제 프로빙이 필요할까? 만약 주어진 질문은 "예" 혹은 "아니요" 중의 하나의 응답을 요구하는 것인데 응답자가 이 외의 다른 응답을 했다거나, 질문에서는 어떤 구체적인 기간을 묻고 있는데 응답자는 "제가 아주 어렸을 때요." 혹은 "한동안 그랬어요."라는 응답을 한다면 면접원은 주어진 답을 고를 수 없다. 면접원은 이런 상황에서 프로빙을 해야 한다. 또, 응답자는 "그건 상황에 따라 다르죠."라든지 "때로는 그렇고, 때로는 그렇지 않아요." 등의 애매모호한 응답을 하기도 하며, 어떤 때는 주어진 질문과는 전혀 관계없어 보이는 응답을 하기도 한다. 이런 때에 면접원은 프로빙을 통해 주어진 보기에 맞게 응답을 기록할 수 있어야 한다.

숫자를 응답으로 받아야 할 경우 가장 좋은 방법은 질문을 반복하거나 범위를 줄여가는 것이다. 예를 들어 "지난 달에 며칠 동안 ㅇㅇ을 하셨나요?"라는 형태의 질문에 대해 응답자가 제대로 답을 하지 못한다면, 면접원은 한 달의 반인 15일을 이용해서 "15일보다 많은가요? 적은가요?"라고 물은 후, 응답자가 "그보다 적어요."한다면, "그럼 7일보다는 많은가요? 적은가요?"하는 식으로 점점 그 범위를 줄이는 것이다. 예컨대, "10일인가요?" 등의 직접적인 프로빙은 피하되, "추측해서 말씀하셔도 됩니다." 등의 말은 응답자로부터 적절한 답을 이끌어 낼 수 있다.

이외에도 응답자가 "잘 모르겠다.", "답하고 싶지 않다."라고 응답할 경우, 면접원은 최소 한 번의 프로빙을 하는 것이 원칙이다. 응답자의 "잘 모르겠다."라는 응답은 ① 답을 하는 데 좀 더 많은 시간이 필요하다 ② 이런 개인적인 것에 대해 응답하고 싶지 않다 혹은 ③ 이 질문에 대한 답이 무엇인지를 정말 잘 모르겠다를 뜻한다고 한다.[6)]

면접원은 응답자가 "잘 모르겠네요."라는 응답을 할 때 어떤 뜻으로 한 것인지를 잘 관찰하여, 그 의미가 위의 3가지 중 무엇인지를 잘 파악해야 한다. 만약 "아… 잘 모르겠는데…."라고 응답했다면, 이것은 응답자가 질문에 답하는 데 시간이 더 필요하다는 표현일 수 있고, 이럴 경우에는 "천천히 생각해 보세요."라든지, 질문을 멈추고 응답을 기다리는 것이 적절한 프로빙이 될 것이다. 만약 응답자가 대답을 꺼려하는 분위기가 감지된다면 "여기에는 옳고 그른 답이 있는 게 아니예

---

6) http://www.samhsa.gov/data/sites/default/files/NSDUHmrbFIManual2016.pdf

요."라든지 "귀하의 응답은 어느 누구에게도 알려지지 않는다는 거 기억하시죠?" 등의 프로빙이 효과적일 수도 있겠다. 하지만, 만약 응답자가 정말 질문에 대한 답을 모른다면, 이러한 프로빙은 전혀 도움이 되지 않는다. 그러므로 이런 경우에는 "아시는 한도 안에서 대답해 주세요."라고 프로빙을 하되, 이 다음에도 유사한 질문에 비슷한 반응을 보이는 경우에는 더 이상의 프로빙 없이 "잘 모르겠다."를 응답으로 기록하여, 응답자가 조사를 계속해 나갈 수 있도록 도와야 한다고 훈련하고 있다.

또, 응답자가 답하기를 거절한다거나 답을 아예 하지 않는 경우, 면접원은 우선 응답의 비밀 보장에 대해 말해 응답자를 안심시킨 후 답을 얻기 위한 시도를 하거나 좀 더 시간을 두고 기다려야 한다. 하지만 응답자가 완강하게 응답을 거절할 경우 면접원은 "응답 거절"을 응답으로 기록하여 응답자의 거절한 권리가 행사될 수 있도록 존중하여야 한다. 이 경우, 거절의 정황을 알 수 있는 내용을 메모함으로써, 차후 설문의 개발과 개선에 사용될 수 있도록 교육한다.

일반적인 프로빙의 원칙은 다음과 같다.

① 반복 프로빙(repetition probe)에는 3가지(질문의 반복, 응답 보기의 반복, 응답의 반복) 종류가 있다. 만약 응답자가 질문의 의미를 이해하지 못했다면, 질문을 반복해야 한다. 대부분의 응답자는 질문을 한 번 더 들은 후, 질문의 의미를 제대로 이해하게 된다. 이와 유사하게 보기를 한 번 더 읽어주게 되면, 응답자는 주어진 보기 중에서 응답을 골라야 한다는 사실을 깨닫게 된다. 만약 응답이 너무 애매모호할 경우, 응답 내용을 한 번 더 반복한다. 예를 들어, 응답자의 현재 결혼 상태에 대해 물었는데, "저는 지금 자유로운 상태예요."라는 응답을 한다면 "자유로운 상태요?"라고 반복해 질문하는 것이 효과적인 프로빙일 수 있다.

② 응답자가 좀 더 나은 정보를 제공해야 한다는 것을 보여 주기 위해 잠시 멈

추고 기다려라. 이는 침묵의 프로빙(silent probe)이라고도 불린다.

③ 프로빙은 반드시 중립적이어야 하고, "예." 혹은 "아니요." 등의 단답식 응답이 가능한 프로빙을 해서는 안 된다. 가장 흔하게 쓰이는 중립적인 프로빙(neutral probe)은 "무슨 뜻인가요?", "좀 더 말씀해 주세요.", "그 밖에 또 없나요?" 등이 있다. 만약 응답이 명확치 않거나, 논리적으로 말이 되지 않는다 하더라도 응답자에 대해 따지고 든다는 인상을 주지 않도록 해야 한다. 좀 더 명확한 응답을 얻기 위한 프로빙으로는 "예를 좀 들어 주시겠어요? 좀 더 구체적으로 말씀해 주시겠어요? (몇 시간, 몇 일, 몇 주 등의) 구체적인 숫자로 말씀해 주시겠어요? ㅇ나 ㅇ 중에 무엇을 고르시겠어요? 이 질문에는 예 혹은 아니오로 답하셔야 합니다." 등이 있다.

④ 긍정 혹은 강화의 프로빙(affirmation or reinforcement probe)은 응답자를 격려하며, 면접원이 더 많은 정보를 원한다는 사실을 알려준다. 침묵의 프로빙과 마찬가지로 면접원은 고개를 끄덕인다던가 "네.", "아." 등의 짧고 긍정적인 말을 한 후 잠시 쉼으로써 응답자가 더 자세한 정보를 제공할 수 있도록 격려할 수 있다. 이러한 프로빙의 예로는 "본인이 아는 한도 내에서 말씀해 주시면 됩니다. 귀하의 응답은 어느 누구에게도 알려지지 않는다는 것을 기억하시죠? 여기에는 옳고 그른 답이 있는 게 아니예요. 천천히 생각해 보세요. 이 질문의 해석은 본인에게 달려 있어요. 저희는 그냥 ㅇㅇ님이 어떻게 생각하는지를 알고 싶어요." 등이 있다.

(3) 응답 그대로 기록하기

앞서 (1)의 쓰여진 질문 그대로 읽기(p. 59)에서 이전 질문에 기반해 면접원이 응답자에게 질문을 직접하지 않고, 답을 유추해 기록하는 경우에 대해 언급하였는데, 이는 다른 형태로도 나타날 수 있다. 예를 들어, 면접원이 " '이웃의 대부분이 나를 모른다'라는 말에 어떻게 생각하시는지 전혀 동의하지 않음, 동의하지 않는 편, 동의하는 편, 강하게 동의함 혹은 의견 없음 중 골라주세요."라는 질문을 하게 된다면, 응답자는 "아니요. 많은 이웃이 저를 알아요."라고 응답할 수 있다. 만약 면접원이 "이건 이중 부정이니까, 전혀 동의하지 않음이네요."라고 한다면 이 인터뷰는 표준화된 원칙을 위배한 것이 되는데, 응답이 응답자로부터 직접 나온 것이 아니기 때문이다. 이런 경우 면접원은 중립적 프로빙으로 "답해 주셔서 감사합니다만 주어진 보기 중에서 답을 골라주시겠어요?"를 시도하고, 응답 보기를 다시 읽어주어야 한다. 즉, 응답은 응답자가 직접 선택한 것이어야 하며, 응답자의 응답을 면접원이 해석해서는 안 된다. 만약 여러 응답자들이 반복하여 어떤 질문을 이해하지 못한다면 이것은 질문의 구조나 사용된 어휘나 어구 등 질문 자체의 문제일 수 있으므로, 실사 관리자에게 알려 질문을 다시 점검할 수 있도록 해야 한다.

'응답 그대로 기록하기'는 주어진 보기가 없는 개방형(open-ended), 즉 주관식 질문의 경우 특히 더 중요하며, 응답자의 답이 주어진 보기에 해당되지 않은 기타에 속할 경우 '응답 그대로 기록하기'의 중요성은 더욱 커진다. 면접원은 보기에 속하지 않은 응답자의 실제 답을 자세히 기록함으로써, 이후 설문의 개발과 개선에 중요한 정보를 제공하게 된다. 이럴 경우, 응답의 기록은 핵심 용어 위주로 이루어져야 한다. 예를 들어 응답자가 자신의 정치적 의견을 피력하면서 "제가 생각하기에 저는…" 등의 말을 쓴다면, 실질적인 내용을 포함하지 않은 문구 등은 기록할 필요가 없다. 중요한 것은 그 응답자의 정치적 의견을 정확히 전달하는 단어의 기록이다.

응답을 그대로 기록하는 원칙에 하나의 예외가 있는데, 이전 질문에서 드러난 사실과 배치된 정보를 응답자가 답할 경우이다. 예를 들어, 면접원이 이전 질문에서 입원 치료에 대해서 언급했는데, 이후 "지난 달, 병원에서 며칠 동안 입원해 치료를 받으셨습니까?"라는 질문에 대해 "0"이라 대답한다면 이것은 응답자가 이 질문이나 앞선 질문을 오해했거나 잘못 대답한 것일 수 있다. 이러한 경우, 앞서 언급한 중립적인 프로빙을 통해 면접원은 설문 과정에서 정확한 응답을 얻을 수 있도록 해야 한다.

(4) 응답 내용에 개인적 반응하지 않기

다음의 표준화된 인터뷰 원칙은 응답에 대해 긍정적이든 부정적이든 어떤 식으로도 반응하지 않는 것이다. 면접원의 무반응은 면접원이 응답자에 대해 판단한다는 인상을 최소화하며, 이를 통해 응답자가 사회적으로 바람직한 응답(socially desirable response)이 아닌 정확한 응답을 할 수 있게 한다. 또 이러한 무반응은 응답자가 설문 조사에 포함된 모든 개별 문항을 똑같이 중요하게 응답할 수 있도록 한다.

예를 들어, 불법 의약품 사용이나 범죄 이력 등 민감한 질문을 들은 응답자는 보통 당황스러운 반응을 하게 된다. 면접원은 이러한 질문을 하기에 앞서 "이런 것을 안하시는 것을 알지만, 제가 물어봐야 해서요." 등의 설문지에 나와 있지 않은 말을 더하기도 하는데, 이러한 행동은 응답자가 자신의 상황에 맞는 정확한 응답을 하기 어렵게 만든다. 이렇게 질문에 앞서 덧붙여 하는 말뿐만 아니라, 응답자의 답에 대해 "정말요?", "무척 많네요." 등의 개인적인 반응은 응답의 정확성을 떨어뜨리게 되므로, 중립을 지킬 수 있도록 필요하지 않은 행동은 삼가도록 한다.

그런데 이러한 면접원의 무반응은 때로 비인간적으로 느껴질 수도 있다. 예를 들어, 어떤 응답자는 조사 도중에 개인적인 경험을 말할 수도 있고, 이러한 경험을 들은 후 인간으로서 면접원은 무언가 감정을 표현해야 할 중압감을 느끼게 된다. 예컨대, 응답자는 정신적인 혹은 육체적인 학대 경험과 그것을 경찰에 신고한 사실을 이야기할 수도 있다. 이러한 경우 "다행이네요.", "경찰에 신고하시길 잘 하셨어요." 등의 반응을 하는 것은 응답자에게 면접원이 자신을 평가하고 있다는 느낌은 크게 주지 않지만, 이후의 응답에 영향을 줄 우려가 있다. 그러므로, 이러한 반응보다는 "이런 정보를 알려주셔서 감사해요". "ㅇㅇ님의 솔직한 응답은 저희 조사에 정말 많은 도움이 됩니다." 등의 중립적인 반응을 보이는 것이 적절하다.

4) 면접원 교육

몇몇 연구자들이 면접원과 응답자 사이의 상호작용을 관찰한 후 그 행동에 대한 코드를 부여(behavior coding)하여 응답자들이 얼마나 이 표준화된 인터뷰 규칙을 잘 따르고 있는지를 연구하였다. 예를 들어 Brenner(1982)는 녹음한 전화 인터뷰 자료를 분석하여 30% 이상의 질문이 표준화된 인터뷰 규칙을 위반한 채 수집되었음을 밝혔으며, Dijkstra 등(1985)은 면접원이 질문을 변형하여 핵심에서 벗어난 내용을 질문함으로써 40% 이상의 질문과 응답이 신뢰할 수 없는 수준임을 보고하였다. 면접원이 표준화된 인터뷰 규칙을 제대로 따르지 않는다는 이러한 연구 결과는 여러 연구자들 사이에서 공통적으로 보고되었다(Houtkoop-Steenstra, 2000에서 재인용).

[표 3-2] 면접원의 질문과 프로빙 행동

행동	전체 질문 중 비중(%)
원칙대로 질문함	57.3%
약간 변형되어 질문함	6.4%
상당히 변형되어 질문함	12.7%
실수로 보기 카드를 보여 주지 않음	52.2%
실수로 질문을 하지 않음	5.0%
중립적이지 않은 프로빙	20.7%
불필요한 프로빙	20.5%

출처: Brenner, 1982

Fowler와 Mangione(1990)는 면접원이 설문 상황에서 응답자에게 적절한 반응을 하고자 하는 인간적인 배려가 표준화된 인터뷰를 막는 걸림돌이라고 주장했다. 또 다른 연구자들은 설문 문항에 내재한 문제가 면접원이 표준화된 인터뷰 원칙을 준수하며 면접을 진행하는 것을 방해한다고 주장하였다. 이러한 문제 제기는 주로 면접원 업무 성과의 측정 도구로 사용되었던 행동 코딩을 설문지 품질 개선을 위한 프리테스팅 도구로 그 활용도를 높였다. 행동 코딩에 대해서는 뒤의 4장 2절(p. 202)의 설문지 프리테스팅 방법에서 좀 더 자세히 다루었다.

이들 연구자들은 응답자가 설문 상황에서 정확히 어떤 역할을 수행해야 하는지를 이해하지 못함으로써, 표준화된 인터뷰가 이루어지지 않는다고 설명하였으며, 설문에 앞서 면접원이 응답자에게 표준화된 인터뷰 규칙에 대해 설명하기 위해 다음과 같은 문장을 읽어줄 것을 주장하였다.

"대부분의 사람들이 이런 인터뷰 상황에 처한 경험이 없으니까요. 제가 인터뷰 요령에 대해 설명하는 짧은 문단을 하나 읽어드릴께요. 저는 응답자들이 동일한 방식으로 설문에 응답하도록 하기 위해 설문지에 쓰인 그대로 질문을 읽을 거예요. ○○님은 2가지 종류의 질문에 답하셔야 하는데요. 첫 번째 질문은 본인의 생각을 주관식으로 답하시면, 제가 그걸 받아 적을테구요. 다른 종류의 질문은 제가 선택할 수 있는 보기들을 드릴테니 그중에서 가장 적절한 것을 골라주시는 거예요. 만약 질문의 뜻이 불명확하다거나 이해하기 어려우시면, 언제라도 제게 질문해 주세요(Fowler & Mangione, 1990, p. 51)."

물론, 이런 설명만으로 표준화된 인터뷰를 성공적으로 이끄는 것은 힘들겠지만, Cannell 등(1981)은 이것이 도움이 되었다는 발표를 했다.

몇몇 연구자들은 면접원의 교육과 면접원 효과가 조사 자료의 품질에 끼치는 영향에 대하여 연구를 진행하기도 하였는데 그 주요 주제는 교육의 기간과 면접원의 수, 교육의 내용 등이었다. 그렇지만 이와 같은 면접원 교육과 관련한 연구는 그 한계를 가지는데, 이는 교육에 참여할 면접원의 무작위(random) 할당과 그에 따른 인터뷰 케이스의 면접원 할당이 면접원의 이동 거리와 시간과 관련되어 있어 조사 경비를 증가시키는 직접적인 원인이 되므로, 현실적으로 완벽한 무작위 할당이 어렵기 때문이다.

면접원 교육 관련 연구 중 가장 대표적인 것이 Billiet과 Loosveldt(1988), Fowler와 Mangione(1990)의 연구이다. Billiet과 Loosveldt(1988)는 체계적인 면접원 교육을 받은 그룹과 최소한의 교육을 받은 그룹 간 실험을 통해, 면접원 교육이 수집된 설문 자료의 품질에 끼치는 영향을 살피는 연구를 수행하였다. 체계적 면접원 교육에는 3가지 요소(① 면접원으로서의 기본적인 업무 수칙 교육, ② 응답자로부터 정확한 응답을 얻기 위한 부정 혹은 긍정의 피드백과 프로빙 교육, ③ 적절한 혹은 부적절한 면접원 행동)에 중점이 맞춰졌으며, 면접원은 교육 내용과 관련한 비디오를 시청하기도 하고, 모의 인터뷰를 실시하기도 하였다. 총 교육 시간은 15시간으로 모두 5세션(각 세션당 3시간)으로 이루어졌다.

이에 반해, 최소한의 면접원 교육에는 기본적인 업무 수칙과 주어진 설문지에 대한 조사 요령 안내가 이루어졌으며, 총 3시간이 소요되었다. 분석 결과 체계적인 교육을 받은 면접원들은 무응답의 비율이 높을 것으로 예상되는 9가지 문항(소득, 저축액, 성관계 등) 모두에 대해 최소 교육만을 받은 면접원에 비해 항목 무응답 비율이 낮았으며, 교육집단 간의 차이는 6문항에서 통계적으로 유의하였다. 또 체계적인 교육을 받은 면접원이 그렇지 않은 면접원에 비해 주어진 질문과 안내를 정확히 읽고, 응답자에게 적절한 피드백과 프로빙을 한 것으로 보고하였다.

그뿐만 아니라 체계적인 교육을 받은 면접원이 수집한 응답의 품질이 그렇지 않은 면접원보다 높은 것으로 나타났다. 다음의 [표 3-3]에 나타나 있듯, 체계적 교육을 받은 면접원의 경우 개방형 문항에 응답을 제공한 응답자의 비율은 56.9%인데 비해, 최소한의 교육을 받은 면접원을 통해 응답을 제공한 응답자의 비율을 34.5%에 그쳤다. 또, 사회적으로 바람직하지 않게 여겨지는 신용 구매나 만취 경험 역시 체계적 교육을 받은 면접원을 통해 응답을 제공한 응답자의 비율이 그렇지 않은 경우보다 높은 것으로 드러났다.

[표 3-3] 면접원 교육 집단에 따른 응답 제공 비율

문항	교육 조건(%)		카이스퀘어 (x^2)	자유도 (df)	P
	체계적 교육	최소한의 교육			
불만 사항(개방형)	56.9	34.5	24.24	1	<.01
불만 사항(폐쇄형)	88.8	78.8	8.33	1	<.01
신용 구매 경험	34.2	21.4	8.94	1	<.01
만취 경험	17.8	15.4	0.52	1	유의하지 않음

출처: Billiet & Loosveldt, 1988

Fowler와 Mangione(1990)는 57명의 면접원을 4그룹으로 나누어 반나절부터 2일, 5일, 10일에 이르는 다양한 교육 기간과 내용을 갖고 면접원 교육을 실시한 후, 마지막에 모의 인터뷰를 통해 어떤 형태의 면접원 교육이 표준화된 인터뷰의 원칙을 가장 잘 지킬 수 있도록 하는 효과가 있는지 알아보는 연구를 수행하였다. 이들의 연구에 따르면, 적절한 프로빙이 가장 익히기 어려운 교육 내용이었으며, 교육 시간을 증가시킴으로써 가장 큰 효과를 볼 수 있는 영역으로 보고했다. 이들은 최소한의 '반나절' 교육을 받은 면접원도 어떻게 조사 참여에 대한 협조를 구하는지 등의 대인 관계에 관련한 업무는 처리할 수 있었는데, 업무와 관련된 전문적인 일처리는 부족했다. 이는 어쩌면 이러한 조사협조와 관련한 영역에 대한 전문 지식이 널리 알려지지 않고, 교육 내용 또한 체계적이지 못했기 때문일 수도 있다.

또 이 연구를 통해 Fowler와 Mangione(1990)는 짧은 교육을 수료한 면접원일수록 업무중심적이기보다는 대인중심적인 일처리로 조사 업무를 수행하였다고 보고하였으며, 10일에 이르는 장기간의 교육은 그 비용을 감안했을 때 그다지 큰 효과를 내지 못하는 것을 발견하였다.

[표 3-4] 면접원 교육 기간과 면접원 행동

행동의 빈도(수)	교육 기간			
	반나절	이틀	5일	10일
부정확하게 읽은 질문의 평균	21	7	14	6
직접 프로빙의 수 평균	8	5	5	3
프로빙이 필요할 때 프로빙하지 않은 평균	8	6	5	5
부정확한 개방형 질문의 응답 기록 평균	4	2	2	2

출처: Fowler & Mangione, 1990

2. 응답자에 기인한 측정 오차

면접원이 설문을 수행하는 과정에서 보이는 행동이나 고유한 특성을 통해 측정 오차를 간접적으로 일으킨다면, 응답자는 측정 오차를 일으키는 직접적인 원인 제공자이다. 응답자는 설문에 응답하는 과정 중에 고의로 혹은 무의식적으로 측정 오차를 일으키게 된다.

응답자에 의해 발생하는 오차를 살펴보기 전에 우선 응답자가 설문에 응답하는 과정에서 경험하는 인지 과정에 대해 이해할 필요가 있는데, 이는 응답자가 경험하는 인지 과정의 각 단계에서 발생하는 오차가 서로 다르기 때문이다.

설문 응답의 인지적 과정에 대한 응답에는 여러 가지 이론이 존재한다(Cannell, Miller, & Oksenberg, 1981; Strack & Martin, 1987; Sudman, Bradburn, & Schwarz, 1996; Tourangeau & Rasinski, 1988). 하지만 여러 학자가 공통적으로 ① 설문 문항의 이해(comprehension), ② 응답 관련 정보의 상기(retrieval), ③ 정보 판단과 유추(judgment and estimation), ④ 설문의 응답(response) 등의 과정을 거친다고 동의하고 있다. 연구자에 따라 그 첫 단계인 설문 문항의 이해 단계 이전에 일상정보의 부호화(encoding) 단계를 추가하여 설문의 응답 과정을 총 5개의 단계로 보기도 한다(Hastie & Carlston, 1980; Kahn & Cannell, 1957).

이러한 일련의 인지 단계를 거치면서 응답자는 각종 측정 오차를 일으키는 주원인이 되는데, 응답자가 일으키는 오차는 응답자 혼자가 아닌 설문지와 면접원 그리고 자료 수집의 방법(mode)이 함께 서로 상호작용하면서 그 영향을 받아 발생하게 된다. 또, 응답자는 이러한 설문 응답 과정을 겪으면서 각 단계의 인지 과정이 까다로울 경우, 그 단계에 주어진 과업을 제대로 수행하지 못하기도 하고 혹은 특정 단계를 생략한 채 다음 단계로 넘어가기도 한다.

1) 정보의 부호화

설문의 응답 과정 중 첫 번째를 차지하는 정보의 부호화(encoding) 단계는 설문 조사와는 별개로 응답자가 일상생활에서 기억하는 정보와 관련한 것이다. 이 과정의 핵심은 응답자의 기억 속에 설문과 관련된 정보가 포함되어 있느냐 하는 것이다. 즉, 응답자의 기억에 포함되어 있지 않은 내용을 조사에서 묻는다면, 응답자는 설문에 제대로 된 응답을 할 수 없으므로 측정 오차가 발생하게 된다.

정보의 부호화가 설문 응답의 정확성에 끼치는 영향은 Lee 등(1999)의 연구를 통해 잘 알려져 있다. 미국의 예방접종 관련 정보는 미국의 질병관리본부(Center for disease control)이 주관하는 전국 면역 조사(NIS: National Immunization Survey)와 전국 보건 조사(NHIS: National Health Interview Survey)를 통해서 수집되는데, 여러 연구자들이 이 자료의 정확성에 대해 문제를 제기해 왔다(Gergen, Ezzati, & Russell, 1988; Goldstein, Kviz, & Daum, 1993; Hawe et al., 1991; Kalsbeek et al., 1991; Killewo et al., 1991; McKinney et al., 1991).

Lee 등(1999)은 예방접종과 관련된 응답의 오차가 설문 조사 시에 응답자가 정보를 잘 부호화하지 못한 때문인지, 아니면 다른 원인이 있는지를 규명하려고 하였다. 이는 예방주사가 그리 흔치 않은 병의 이름을 본따 만들어졌고, 접종이 한꺼번에 동시다발적으로 이루어지므로 접종 당시부터 어떤 예방접종을 했는지에 대해 제대로 알고 있는 사람이 별로 없을 것이라는 생각 때문이었다. 이를 살피기 위해 연구자들은 영유아 예방접종을 바로 마치고 나오는 성인들을 대상으로 그날 접종한 예방 주사에 대한 설문 조사를 실시하고, 접종 이후 10여 주가 경과한 시점에서 같은 내용의 조사를 반복한 후, 이 2가지 조사의 응답을 병원의 접종 기록과 대조함으로써 응답의 정확성을 살피는 연구를 수행하였다. 그 결과 설문의 응답 오차의 크기는 접종 직후나 접종 10주 후가 유사하다는 점이 발견되었으며, 이 오차의 크기는 응답자들의 사회·경제적 배경이나 설문 기법(달력 등을 이용하여 관련 정황을 떠올리게 한다든지, 예방접종의 종류를 나열한 보기 카드를 제시하는 등)의 영향을 받지 않는 것으로 드러났다.

그러므로 예방접종에 대한 응답자들의 응답 오차는 기억이나 다른 원인 때문이 아니라, 응답자들이 애시당초 예방접종에 대한 정보를 갖지 않았으므로 올바른 답을 할 수 없다는 것이다. 이 연구를 통해 연구자들은 예방접종과 같이 꼭 수집해야 하는 중요한 정보가 있다 하더라도, 정보의 부호화 단계에서 제대로 부호화되어 저장되지 않은 정보에 대한 설문 조사는 불가능하며, 이렇게 기억이 어려운 정보가 어떤 것인지를 규명하며, 이와 같은 정보를 수집할 경우에는 직접 설문을 통하여 질문할 것이 아니라 예방접종을 기록한 카드라든지 다른 자료 등을 참조해 정보를 수집해야 한다고 주장하였다(Lee et al., 1999).

머리 속에 존재하지 않는 정보에 대한 질문을 받는다면 응답자들은 어떻게 반응할까? "모른다."라고 응답하는 것이 가장 명쾌하고 간단한 해법일 수 있을 것이다. 그러나 Bishop과 Tuchfarber와 Oldendick(1986)이 보여 준 바와 같이, 응답자들은 존재하지 않는 가상의 이슈에 대한 설문에도 응답을 하는 경향이 있다고 한다. 여러 연구자들은 설문 조사에서 실제로 존재하지 않는 가상의 사실이나 존재에 대해 '모름'이라는 보기가 주어지지 않았을 경우, 응답자들은 자신이 모른다는 사실을 인정하지 않고, 주어진 보기 중 하나를 답으로 대충 선택하는 경향이 있다는 것을 보고했다(Hartley, 1946; Kolson & Green, 1970; Schuman & Presser, 1981). 특히 이러한 경향은 교육 수준이 낮은 집단에서 더 빈번히 일어난다고 보고되고 있다. 이는 교육 수준이 낮은 사람들의 경우 일반적으로 사회 문제에 대한 의견을 자발적으로 밝히지 않는 경향과 논리적으로 배치되는 것이다. Bishop 등(1986)은 고등 교육을 받은 사람의 경우 자신의 무지에 대해 당당하게 밝히는 경향이 있지만, 교육 수준이 낮은 집단의 경우 중류층으로 인식되는 면접원에게 체면을 잃지 않기 위해, 자신의 무지를 인정하지 않고 응답을 아무렇게나 선택한다고 설명하였다.

이렇게 자신의 무지를 숨기는 현상이 서구 문화권에서 수행된 연구에서 어렵지 않게 발견된다는 사실은 한국의 설문 조사에 큰 함의를 가질 수 있다. 왜냐하면, 서구의 문화권에 대비했을 때 중국, 일본, 한국 등으로 대표되는 동북 아시아의 유교권 국가에서는 교육에 대한 가치가 상대적으로 훨씬 더 높게 인식되며 많이 배운 사람이 존경받는 문화이므로, 이런 문화권에서 수행된 설문 조사에서 자신의 무지를 드러내는 것은 더욱 어려울 수 있기 때문이다. 이러한 환경에서 질문하는 사안에 대한 지식을 갖지 못한 응답자들은 모른다는 응답 대신 대충 응답을 찾을 확률이 더욱 높으며, 그로 인한 측정 오차는 더욱 커질 것임을 쉽게 예상할 수 있다. 하지만, 안타깝게도 설문 조사 방법론의 연구는 대부분 유럽과 북미를 중심으로 수행되어 왔기 때문에, 동북 아시아를 비롯한 다른 문화권에서 발생하는 이러한 오차의 존재나 크기에 대해서는 알려진 바가 거의 없다.

이외에도 정보가 기억 속에 저장된 상황과 회상 상황이 일치할 경우 회상률이 높은 것으로 알려져 있다(Bower, Monteiro, & Gilligan, 1978; Eich, Weingartner, Stillman, & Gillin, 1975; Godden & Baddeley, 1975). 예컨대, Godden과 Baddeley(1975)는 잠수부들에게 해변 혹은 20피트 아래의 바다에서 단어를 학습하도록 한 후, 둘 중 하나의 상황에서 학습한 단어를 회상하게 하였는데, 학습과 회상 상황이 같았던 경우 회상률이 더 높았다는 연구 결과를 발표하기도 하였다. 또 설문에 사용된 문구나 단어가 정보가 기억되던 상황을 떠올리는 데 도움을 주는 경우 설문의 응답이 더 정확해 진다는 연구도 있다. 이러한 이유로 Biderman 등(1986)은 전국 범죄 조사(NCS: National Crime Survey)에서 단순히 응답자가 폭행을 당한 경험이 있는지를 묻는 것 대신, 기억을 돕기 위해 '총이나 칼, 가위 등의 무기를 들거나 혹은 야구 배트, 후라이팬, 의자나 막대를 휘두르거나 혹은 돌이나 병, 접시 등을 던지고 뜨거운 물을 붓는다든가' 등의 문구를 포함하여 응답자들에게 '폭행'에 대한 단서를 제공하기도 하였다.

이러한 연구들은 정보가 기억된 물리적 · 정신적 · 정서적 상황이 회상률에 영향을 끼치며, 응답자들의 상기를 돕기 위해 어떻게 설문 문항을 작성해야 할지에 대해 유용한 정보를 제공한다.

2) 질문의 이해

설문의 응답 과정 중 두 번째 인지 단계는 질문의 이해(comprehension) 단계로서, 실제 설문 조사의 과정에서 응답자가 설문 문항과 관련 안내 사항을 이해하고, 문제의 핵심이 무엇인지를 파악하는 과정, 즉 설문에서 답하기 위해 필요로 하는 정보를 규명해 내는 단계이다(Tourangeau, Rips, & Rasinski, 2000). 이 이해 단계는 감각(sensory), 어휘(lexical), 구문(syntactic), 의미(semantic), 실용(pragmatic) 등의 하위 이해 단계를 가지며, 이 단계에서 질문에 쓰여진 어휘 자체와 구문, 문장 내에서의 쓰임, 질문의 맥락 등 각 설문을 둘러싼 다른 요소를 총동원한 해석이 이루어진다. 그라이스의 대화의 원칙(Grice's maxim)은 설문의 이해를 위해 응답자들이 어떤 실용적인 유추를 해내는지 좋은 실마리를 제공한다(Grice, 1975).[7)]

---

7) 그라이스가 제안한 대화의 4원칙은 ① 양의 원칙(maxim of quantity), ② 질의 원칙(maxim of quality), ③ 적절성의 원칙(maxim of relation), ④ 태도의 원칙(maxim of manner)인데, '양의 원칙'은 대화에 참여하는 화자는 꼭 필요로 하는 정보를 중복되지 않게 제공하는 것이며, '질의 원칙'은 거짓이 아닌 진실을 말하며, '적절성의 원칙'은 대화의 주제와 관련된 말을 하며, '태도의 원칙'은 그 정보의 전달이 간단하고 명확해야 한다는 것이다. 이 원칙이 질문의 해석에 어떻게 응용되는지는 설문지 기인 오차 중 2) 설문지 구조와 관련한 측정 오차 (1) 문항의 배치와 맥락 효과(p. 103)의 내용을 참조하길 바란다.

이 단계의 핵심은 응답자가 연구자의 의도대로 질문 문항을 이해하는가이며, 응답자와 연구자 사이에 이해의 불일치가 문제를 일으키는 주원인이다. 그러나 응답자가 의도한 바대로 응답자를 이해시키는 문제는 간단해 보이지만 생각처럼 쉽지 않다.

여러 연구에서 응답자들이 아주 간단해 보이는 단어조차 설문자의 의도대로 이해하지 못함을 보여 주었다. 예를 들어, Belson(1981)은 평일(weekday)라는 말을 들었을 때, 어떤 응답자들은 "월, 화, 수, 목, 금, 토"라는 토요일을 포함한 날이라고 생각했는가 하면, 다른 응답자들은 토요일을 제외한 월요일에서 금요일만을 평일이라고 생각했다고 한다. 또 쉽게 쓰이는 아동(children)이란 말 역시 정확히 몇 세에서 몇 세까지가 아동을 뜻하는지 응답자들에 따라 다른 해석을 보였다. 예컨대, 어떤 응답자들은 아동이라는 단어를 보고 8세 미만을 생각하였지만, 어떤 응답자들은 19세 미만의 미성년을 모두 아동으로 생각하였고, 어떤 응답자들은 학생들을 모두 아동으로 생각하기도 하였다. 이외에도 의사(doctor)라는 단어에 대해 어떤 응답자들은 카이로프랙터(chiropractor)나 치과의사(dentist), 한의사(herbal doctor)도 포함했는가 하면, 어떤 응답자들은 이런 단어들은 의사의 범주에서 제외시키기도 하였다. 또 지난 몇 년 동안(over the last few years)이라는 문구를 두고, 59명의 응답자 중 7명은 '3년 이상'으로 생각한 반면, 19명의 응답자들은 '7년 이상', 11명의 응답자들은 '10년 이상'으로 해석함을 보여 주기도 하였다. 이외에도 설문 조사에 흔히 사용되는 '얼마나 자주(often)'라는 단어 역시 응답자들에 따라 그 해석의 범위가 달랐다.

Suessbrick 등(2000)은 "생애를 통틀어 적어도 100개 이상의 담배를 피우셨습니까?"라는 질문에 대해 응답자들의 해석을 살펴보았는데, 약 과반 정도의 응답자들만이 설문 설계자가 의도한 바대로 질문을 이해하였고, 어떤 응답자들은 마리화나 혹은 시가를 피우는 것 역시 담배를 피우는 것에 포함했는가 하면, 어떤 응답자들은 조금 피다 만 담배라든지, 직접 담뱃잎을 이용해 조제한 담배는 제외하는 등 그 해석이 다양했다고 한다.

이렇듯 흔히 어렵지 않을 것이라고 생각하는 단어나 일상에서 사용되는 문구조차도 개인마다 다르게 정의될 수 있기 때문에(Belson, 1981; Mathiowetz & Wunderlich, 2000; Tourangeau et al., 2006), 연구자가 의도한 대로 응답자가 질문을 이해할 것이라고 가정하는 것은 커다란 측정 오차를 불러 일으키게 된다. 그러므로 지나치게 복잡하거나 긴 문항, 모호한 개념, 일반인에게 익숙하지 않은 용어, 또는 명확하지 않은 정량 단위를 사용하는 질문이 응답자의 설문 이해에 어떤 영향을 끼칠지는 자명하다. 연구자들은 이러한 문제를 해결하기 위해 문항에 대한 설명을 첨부하는 방법에 대한 연구도 수행하였는데, 이 역시 그 설명을 어떠한 방식으로 보여 주는지 등에 따라 응답에 다양한 영향을 끼치는 것으로 알려졌다(Conrad & Schober, 2000; Couper et al., 2004).

그뿐만 아니라 인지 과정 중 조사에 대한 응답자의 전반적인 관심도 및 집중도에 따라 문항의 이해 수준이 달라질 수 있으며, 면접원이 있는 조사의 경우는 면접원의 질문 전달 방식에 따라 역시 응답자의 이해가 달라질 수 있다. 물론, 면접원이 없는 경우는 질문에 대한 이해가 온전히 응답자에게 달려 있으므로 면접원이 존재하지 않는 자기기입식 조사에 발생하는 측정 오차가 일반적으로 더 큰 것으로 알려져 있지만 말이다.

이외에도 특정 질문 문항에 대한 해석은 이 질문 앞에 선행하거나 뒤따라 오는 질문에 따라 달라지게 되는데, 이는 대비 효과(contrast effect)와 동화 효과(assimilation effect)로 불리며, 이에 대한 논의는 뒤의 3절 설문지에 기인한 측정 오차(p. 98)에서 좀 더 자세히 다루었다.

3) 정보의 인출

설문 응답의 세 번째 과정은 응답자가 설문에 답하기 위해 적합한 정보를 인출하는 단계(retrieval)이다. 이 단계에서는 장기 기억(long-term memory)으로부터 설문의 문항과 관련한 정보를 추출해 내는 인출 활동 즉, 적절한 회상 전략을 선택하고 기억을 끌어낼 수 있는 단서를 찾아 구체적인 기억을 상기하며, 유추를 통해 단편적인 기억을 조합해 내는 활동을 모두 포괄적으로 포함한다(Tourangeau et al., 2000).

기억의 체계와 구조에 대한 이해는 응답자가 더 쉽고 정확하게 대답할 수 있는 설문을 설계하는 데 도움이 되는데, 이는 설문에서 질문하는 내용이 응답자의 기억 속에 정보가 저장된 방식이나 내용과 일치할 경우 응답의 정확성을 더욱 높일 수 있기 때문이다.

우선 기억은 단기 기억과 장기 기억으로 구분할 수 있다. 전화를 걸기 위해 그 번호를 기억하는 것이나 문장을 들은 뒤 그 문장을 기억하는 것 등 잠시 동안 두뇌 속에 활성화되는 단기 기억에 반해, 장기 기억은 시간이 지남에 따라 퇴색이 가능하기는 하지만 상대적으로 영구적인 기억이다. 단기 기억의 지속 기간은 15초에서 30초 정도로 대부분의 성인의 경우 약 7개의 항목을 한번에 기억할 수 있는 것으로 알려져 있다(Atkinson & Shiffrin, 1971; Miller, 1956). 예컨대 설문의 보기로 주어진 항목의 수가 여러 개가 있다면 이전의 설문에서 들었던 보기들은 장기 기억으로 저장되지만, 방금 전에 들었던 보기는 단기 기억으로 저장된다(Atkinson & Shiffrin, 1968).

장기 기억에는 사람들이 의식적으로 회상이 가능한 외현 기억(explicit memory)과 스스로 어떤 것에 대해 기억한다는 것을 인지하지 못하지만, 과거의 경험이 이후 행동 수행에 영향을 끼치는 암묵 기억(implicit memory)으로 구분된다. 또 외현 기억은 일화 기억(episodic memory)과 의미 기억(semantic memory)으로, 암묵 기억은 절차 기억(procedural memory), 점화(priming), 고전적 조건화(classical conditioning), 비연합 학습(nonassociate learning)으로 구분된다(Baars & Gage, 2012; Tulving & Schacter, 1990).[8)]

이 중 설문 조사에서는 질문하는 내용은 대부분 개인적으로 경험한 사건들에 관한 일화 기억으로 어떠한 사건이 언제 어디서 일어났으며, 그 사건과 관련한 감정 등을 묻게 된다. 그런데, 설문에서 요구하는 정보가 평생 동안의 음주량과 같이 정확하게 기억하기 어려운 내용이거나 지난 1년간 도보 횟수 등 일상에서 빈번히 일어나는 내용의 경우, 상기의 과정은 응답자에게 큰 부담이 되어 측정 오차에 직접적 영향을 미친다(Cannell et al., 1965; Sudman & Bradburn, 1973). 반면에 지난 1주일간 음주량이나 혹은 지난 1년간 응급실을 방문한 횟수 등 짧은 기간에 대한 상기나 혹은 드물게 일어나는 활동에 대한 질문은 대부분의 응답자가 충분히 처리할 수 있다.

우선 설문에서 묻는 시점이 응답에 끼치는 영향을 살펴보자. 사건의 발생 시점과 설문 조사의 시점에 관하여, 응답자는 그 경과 기간이 길수록 사건에 대해 잘 기억하지 못하는 것으로 알려져 있다. 많은 설문 조사 방법론 연구자가 병원 방문이나 음식 섭취 등에 대한 보고를 점검하여, 시간 경과에 따라 설문 응답의 정확성이 감소하는 경향을 보고하였다(Loftus et al., 1992; Means et al., 1989).

그런데 실제로 이러한 사건의 세부 사항을 제대로 기억하지 못하는 것은 경과한 시간 자체라기보다는 경과 시간 동안 사람들이 여러 유사 사건들을 경험하게 되고, 이런 유사 사건의 기억이 이전 사건의 상기를 방해하기 때문이라고 한다(Gillund & Shiffrin, 1984). 이 중에서 가장 유명한 것이 Baddeley와 Hitch(1977)가 2개의 럭비팀을 대상으로 진행한 연구로 한 시즌 동안 본인이 치른 럭비 경기가 몇 경기인지를 회상하는 연구인데, 이 연구를 통해 일부 게임에 참여하지 않은 선수들(즉, 유사 사건의 경험 정도가 낮은 집단)의 회상률이 더 높다는 사실이 증명되었다. 이는 일상의 경험을 통해서도 쉽게 이해될 수 있다. 예를 들어, 식료품

8) 일화 기억은 개인이 특정 시간과 장소에서 경험한 과거 사건에 대한 기억을 일컬으며, 의미 기억은 대상 간의 관계나 단어의 의미 간 관계 등 지식과 사실에 대한 기억이다. 절차 기억은 행위나 기술 및 조작에 대한 기억으로 자전거 타기나 기타 연주 등에 대한 기억이며, 점화는 최근 자극에 노출된 결과로 어떤 단어나 대상 등의 자극이 더 잘 생각나는 현상을 일컫는다. 고전적 조건화는 조건화된 자극으로 무조건적 반응을 하는 것을 말하며, 비연합 학습은 익숙해짐(habituation)과 민감화(sensitization) 형태로 나타나는데, 시계의 초침 소리 등에 반응하지 않고 일상을 영위해 갈 수 있는 것은 습관화의 예이며, 전쟁에 참가했던 사람들이 비행기가 지나가는 소리만 들려도 과하게 반응하는 것이 민감화의 예이다.

의 구입과 같은 반복적인 구매에 대한 회상은 어려울 수 있지만, 자동차의 구입과 같은 일회성으로 발생하는 사건은 오래 전에 발생했다 하더라도 그 회상이 상대적으로 쉽다는 것이다. 즉, 아무리 오래 전에 발생한 사건이라고 하더라도 그 사건이 인생에 큰 의미를 가지며 다른 사건과 구별되는 특별한 사건이라면, 그 경과 시간과는 독립적으로 쉽게 회상이 가능하다.

어떤 사건이 발생한 시점을 묻는 질문과 더불어 특정 기간 동안 어떤 사건이나 행동이 얼마나 자주 발생했는지에 대한 질문 역시 설문 조사에서 흔히 사용하는 질문이다. 이러한 질문에서 묻고 있는 특정한 기간을 참조 기간(reference period)라고 하는데, 이 참조 기간은 지난 2주, 지난 한 달, 지난 3개월, 지난 한 해 등, 설문의 설계자가 비교적 쉽게 결정할 수 있는 부분이다. 참조 기간 역시 많은 연구를 통해 질문의 참조 기간이 길수록, 응답의 정확성이 감소하는 것으로 알려져 있으며, 연구자들은 이러한 현상의 원인으로 시간 경과에 따른 망각 혹은 참조 기간의 증가에 따라 발생된 상기해야 하는 사건의 수의 증가, 또 그에 따라 증가하는 오차 가능성을 들고 있다(Neter & Waksberg, 1964; Sudman & Bradburn, 1973).

그뿐만 아니라 기억을 상기하기 위해 소요되는 시간 역시 설문 보고의 품질과 관계한다고 알려져 있다(Sudman et al., 1996). 단순히 더 긴 질문을 하는 것조차 응답자들에게 그 사건에 대해 생각할 수 있는 시간을 더 줄 수 있으므로, 자료의 품질을 높인다는 다소 놀라운 연구 결과도 보고되어 있다(Bradburn, Sudman, & Associates, 1979; Cannell, Oksenberg, & Converse, 1977; Laurent, 1972).

또, 응답자들은 설문을 알리는 편지나 안내장, 면접원이 한 말 혹은 설문에 포함된 문구 등 다양한 자료를 통해 문맥을 유추하고 정보를 상기하게 된다. 이 중 설문을 소개하는 도입부와 이전 설문 내용의 효과는 연구자들의 관심 주제 중 하나인데, 이런 정보에 따라 설문의 응답이 달라지기도 하고, 더욱 빨리 설문에 응답하기도 하기 때문이다. 심리학자들은 이러한 효과를 점화(priming)를 통해 설명한다. 점화 이론에 따르면, 기억(memory)은 서로 연결된 개념의 연결체로 간주된다. 그래서 한 물체, 예컨대 '커피'에 대한 개념이 활성화되면, 이는 '차'나 '청량음료' 등의 다른 개념으로 번져 나가 관련한 사물들에 대한 회상을 이끌어낸다. 그래서 이러한 적절한 실마리를 질문에 포함한다면 설문 응답에 필요한 과업을 돕게 되고, 응답을 위한 시간도 단축된다는 것이다. 예컨대 Tourangeau와 Rasinski와 D'Andreade(1991), Judd 등(1991)은 밀접하게 관련되었거나 혹은 전혀 관련이 없는 등 주제 간 관련도가 다른 설문을 배치하고, 이러한 이전 설문의 내용이 바로 뒤따르는 설문의 응답에 끼치는 영향을 살펴보았는데, 이전 설문의 주제 연관성에 따라 뒤따르는 본 설문의 응답 속도가 달랐으며, 두 설문의 주제가 밀접히 관련될수록 이후 질문의 응답 속도가 빨라졌다고 한다.

또 Conrad와 Brown과 Dashen(2003)은 사건의 범주와 속성에 대한 회상 시험을 통해, 사건이 기억된 체계 그대로 질문될 경우 더욱 쉽게 회상이 가능함을 보였다. 이들은 응답자들에게 장미, 혈액, 의자, 보라색 등 일반적인 단어들을 암기하게 한 후, 그 단어들을 '꽃'과 같은 분류형 범주(taxonomic category) 혹은 '빨간색' 등의 속성(property)에 따라 회상할 것을 요청하였다. 응답자들은 주어진 단어를 속성보다는 범주에 따라 암기하는 경향이 있으므로, 회상의 요청 역시 응답자들이 주어진 정보를 저장한 구조와 동일하게 상기하는 요청을 할 경우 더 성공적인 회상이 가능하였다.

이외에도 쉽게 생각해 볼 수 있는 예가 수량에 대한 질문이다. 숫자를 묻는 질문은 여러 방식으로 이루어질 수 있는데, 응답자가 가장 익숙한 단위를 사용해 질문할 경우 응답의 품질이 향상된다. 예컨대, 근로 소득에 대해 묻는 질문의 경우 응답자가 자신의 응답 단위를 시간, 주, 월, 년 등으로 선택 가능하도록 하는 것은 응답 오차를 줄이는 것으로 알려져 있다. 이는 대부분의 응답자들이 보통 주급, 월급, 연봉 등 자신이 소득을 받는 형태에 맞춰 소득 정보를 갖고 있기 때문에 그것과 다른 단위로 질문이 주어진다면 이를 전환하는 작업이 쉽지 않으며, 또 그 전환 과정에서 계산상의 오류가 발생할 수도 있기 때문이다.

이렇듯 정보의 상기와 추출은 주어진 질문에 포함된 단어나 그 표현 방식 혹은 질문 문항이 묻고 있는 사건의 성격 등에 따라 상기된 정보의 품질이 결정된다. 이외에 설문 조사의 인지 과정 중 정보의 상기 단계에서 발생하는 것으로 알려진 대표적인 오차로 망원경 현상과 경계 효과가 있다.

(1) 망원경 현상

먼저 망원경 현상(telescoping)에 대해서 알아보도록 하자. 보통 정보의 회상에 대해 대부분 망각을 통한 오류만을 생각하게 되지만, 실제보다 부풀려 정보를 보고하는 과다 보고(over-reporting) 역시 정보의 상기와 관련한 큰 문제 중 하나이다. 연구자들은 망원경 현상을 통해 이러한 설문의 과다 보고 현상을 보여주었다.

망원경 현상은 실제로 주어진 참조 기간이 아닌 다른 시점에 사건이 발생했다고 생각하여 보고하는 현상인데, 전진 망원경(forward telescoping) 현상과 후진 망원경(backward telescoping) 현상으로 구분할 수 있다. 이 망원경 현상은 주로 "지난 6개월 동안 의사를 방문한 것은 몇 번입니까?" 등의 주어진 기간 동안 발생한 특정 행동의 빈도 등을 묻는 질문에서 주로 관찰된다.

전진 망원경 현상은 주어진 참조 기간의 시작 시점에 대한 확신이 없어 응답자가 주어진 기간 이전에 발생한 사건을 포함하여 보고하는 현상이다. 후진 망원경 현상은 그 반대의 현상으로 주어진 기간의 종료 시점에 대한 확신이 없어 응답자가 실제 사건의 발생 시점보다 그 전에 사건이 발생했다고 보고하는 현상이다.

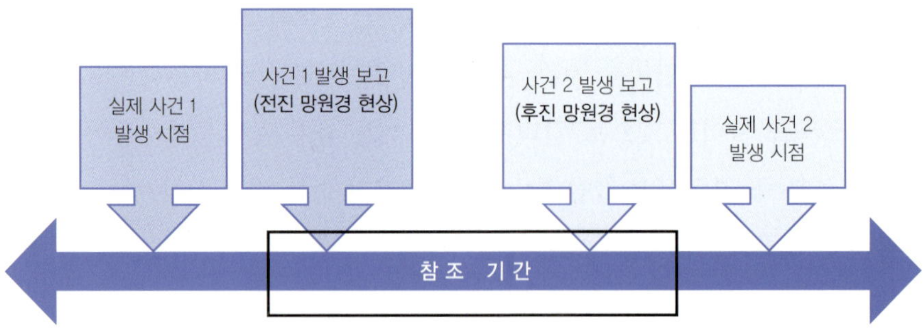

[그림 3-1] 전진 망원경 현상과 후진 망원경 현상의 이해

이 망원경 현상은 Neter와 Waksberg(1964)가 여러 가지 다른 참조 기간에 걸쳐 동일한 소비자의 구매 행동을 조사하는 소비자 지출 조사(CES: Consumer Expenditure Survey) 분석을 통해 널리 알려졌다. 이 연구자들은 소비자 지출 자료를 분석한 결과 소비자들이 지속적으로 이전 조사 기간 동안에 이루어진 구매 활동을 이번 조사 기간 동안 구매한 것으로 보고하는, 즉 실제 시점보다 더 최근에 발생한 것으로 착각하여 이를 포함해 설문에 응답하는 전진 망원경 현상을 보고하였다.

설문 조사에서는 전진 망원경 현상, 즉 어떤 사건이 실제 일어난 것보다 더 최근에 발생한 것처럼 여기는 현상이 주로 빈번하게 발생되기는 하지만 후진 망원경 현상 역시 드물게 관찰되고 있다. Ferguson과 Martin(1983)은 응답자들에게 지금으로부터 5년 전에 발생한 널리 알려진 공적인 사건들이 각각 언제 발생했는지를 묻는 첫 번째 설문 조사를 실시하고, 약 60일이 지난 이후 두 번째 설문 조사에서는 지난 번 조사에 참여한 날짜가 언제인지를 물었다. 이들은 이 연구를 통해 비교적 최근에 발생한 사건인 설문 조사 시기에 대해서는 실제 날짜보다 더 전의 날짜를 추측하는 후진 만원경 현상이, 상대적으로 오래 전에 발생한 공적인 사건에 대해서는 실제보다 더 최근에 발생한 것으로 추측하는 전진 망원경 현상이 나타남을 보고하였다.

이러한 망원경 현상을 줄이기 위해 추천되는 설문의 기법 중 하나가 경계 짓기(bounding)이다. 이것은 이전에 조사된 정보에 의존하기 때문에 의존적 인터뷰(dependent interview)라고도 한다(Neter & Waksberg 1964). Sudman과 Finn과 Lannom(1984)은 이전 달에 발생한 사건에 대해 먼저 물은 후, 이번 달에 대한 사건을 물을 경우 이번 달에 발생했다고 보고한 사건의 수가 감소함을 보고함으로써 의존적 인터뷰 기법의 효과를 검증하였다.

이러한 의존적 인터뷰는 동일 가구를 대상으로 분기별로 같은 내용을 질문하는 종단형 설문 조사에 사용될 수 있는데, 실제 관심 질문은 '2016년 4/4분기'에 관한 질문이라 하더라도, 이전 2016년 3/4분기에 답한 응답과 연결하여, 본 질문 뒤에

"참고로 이전 조사에서 OOO라고 응답하셨습니다."라고 알려주는 것이다. CATI나 CAPI 등 컴퓨터의 발달을 통해 개발된 전자 설문지(electronic instrument)는 응답자의 이전 조사의 응답을 비교적 간단히 현재 조사의 설문에 연결하여 설문의 일부로 질문할 수 있게 하였고, 그로 인해 망원경 현상으로 인한 응답의 오차를 감소시키는 데 공헌하게 되었다.

그뿐만 아니라 Loftus와 Marburger(1983)는 개인적으로 의미가 큰 사건이라든지, 역사적 사건(landmark event)[9)]을 상기시키고 이를 참조 기간에 포함하여 질문을 함으로써 망원경 현상으로 인한 응답 오차를 줄일 수 있다고 보고하였다. 이와 유사하게 Means 등(1991)과 Belli 등(2007)은 응답자에게 개인의 인생사의 중요한 사건들을 기록하게 한 사건 역사 달력을 활용하여 응답의 정확성을 높인 사례를 보고하기도 하였다.

사건 역사 달력

사건 역사 달력(event history calendar)은 짧은 혹은 긴 기간 동안 발생한 개인의 기억에 대한 자료를 수집하는 데 사용되는 방법으로 상당히 구조화된 접근 방식이지만 응답자 개인의 경험을 회상의 단서로 이용하여 유연하게 사용할 수도 있다.
사건 역사 달력은 개인의 자전적 기억이 사건의 발생 순서와 종류에 따라 저장된다는 이론에 착안하여 개인적으로 중요한 인생의 사건을 먼저 회상하고 이를 기준으로 과거에 발생한 자질구레한 사건이나 경험을 회상할 수 있도록 통합하여 자료 품질의 향상을 꾀한다. 사건 역사 달력을 통해 수집된 자료의 정확성과 유용성 및 사용 사례는 여러 연구를 통해 소개되었다(Belli, 1998; Belli, Shay & Stafford, 2001; Martyn & Belli, 2002; Yoshihama et al., 2005).

9) Loftus와 Marburger(1983)은 워싱턴 주 거주민들을 대상으로 한 설문 조사에서 역사적 사건(landmark event)으로서 미국 워싱턴 주의 세인트 헬렌즈 화산의 폭발을 이용하였다. 세인트 헬렌스 화산은 미국 워싱턴 주에 위치해 있는 화산으로, 1980년 5월 18일 화산이 폭발하여 수증기와 그 재가 11마일까지 분출하였다. 산 주변의 울창했던 숲이 초토화되었으며, 인근 도시는 약 600피트의 화산 분출물로 뒤덮였다고 한다.

(2) 경계 효과

응답자가 명확한 날짜나 시간을 제공할 필요가 없을 때조차도, 시간에 따른 사건의 배치 역시 설문 조사의 응답에 큰 영향을 끼치는데 종단 조사나 패널 디자인으로 설계된 설문 조사에서 쉽게 관찰되는 경계 효과(seam effect)가 이러한 현상의 좋은 예이다.

[표 3-5] 1984 SIPP 소득 및 기타 변수의 월별 변동폭

변수	월별 변동폭(%)			
	참조 기간 내 첫째 달 - 둘째 달 차	참조 기간 내 둘째 달 - 셋째 달 차	참조 기간 내 셋째 달 - 넷째 달 차	전 참조 기간 넷째 달 - 새 참조 기간의 첫째 달 차
결혼 상태	0.3	0.3	0.3	0.7
고용 상태	5.0	5.0	5.4	10.2
개인 소득	4.6	6.3	6.4	16.3
총 가구 소득	5.5	5.4	5.7	17.9

출처: Young, 1989

예를 들어 소득 및 프로그램 참여 설문 조사(SIPP: Survey of Income and Program Participation)에서는 1년에 3번 동일한 응답자들을 대상으로 조사를 실시하는데, 각 조사에서 응답자는 이전의 4개월 동안 참여한 경제 활동이나 소득 등에 대해 응답하게 된다. 즉, 6월에 이루어진 조사는 지난 2월에서 5월까지의 고용 상태와 소득에 대해서 질문하고, 그 다음번 조사인 9월 조사에서는 지난 6월에서 9월까지의 고용 상태와 소득에 대해 질문하는 것이다. 이러한 조사의 경우 흔히 관찰되는 문제점은 응답자가 각각의 조사에서 대답하는 기간, 즉 지난 6월 조사에서 보고한 2월에서 5월 사이의 변동의 폭과 그 다음번 9월 조사에서 보고하는 6월에서 9월 사이의 설문 항목에 대한 변동의 폭은 크지 않지만, 서로 다른 시점에서 조사되는 바로 이웃한 달의 변동 폭, 즉 이 경우 5월과 6월 사이의 변동 폭이 상대

적으로 크다는 것이다.

이러한 경계 효과 역시 망원경 효과를 줄이는 데 사용되는 의존적 인터뷰 기법을 통해 이전 조사 기간에서 응답자가 제공한 답을 상기시킴으로써, 어느 정도 감소시킬 수 있다고 한다.

4) 정보의 판단과 유추

이전의 인지 단계에서 필요한 정보를 상기한 응답자는 과연 이 정보가 설문에 적합한 답이 맞는지를 판단하는 정보의 판단과 유추 단계(judgement and estimation)에 이르게 된다. 이는 상기된 정보 자체가 설문에 주어진 응답과 일치하여 딱 들어맞는 경우가 많지 않기 때문이다. 예컨대, 응답자는 지난 6월, 8월, 9월에 의사를 방문한 사실을 기억해 냈지만, 설문 문항은 지난 6개월간의 의사를 방문한 것에 대해 묻는다면, 이 기억을 바탕으로 의사를 방문한 횟수를 더하여 설문에 적합한 응답을 제공하는 것이다. 이러한 과정에서 응답자는 상기한 정보를 결합하거나 보충하게 되는데, 다음에 제시된 5가지가 그 판단의 주요 형태이다(Tourangeau et al., 2000).

① 상기된 정보의 완전성과 정확성에 관한 판단
② 상기된 정보에 근거한 유추
③ 상기된 정보 사이의 부족한 부분을 채우기 위한 판단
④ 상기된 개별 정보의 통합을 통한 일반적 판단
⑤ 상기된 정보에 대한 조정

예를 들어, 어떤 기간 동안 발생한 특정 행동의 횟수를 묻는 설문 문항이 있다고 하자. 응답자는 주어진 설문 문항에 답하기 위해서 설문에서 언급된 행동의 횟수를 직접 세어 설문에 답할 수도 있지만 평균적으로 그 사건이 일어나는 빈도를 설문의 참조 기간에 적용하여 답할 수도 있고 막연한 느낌을 수량화하여 답할 수

도 있다. 문헌에 따르자면 자전적 사건(autobiographic event)의 보고는 직접적인 회상보다는 유추나 기억의 조합인 경우가 많다(Bradburn, Rips, & Shevell, 1987)고 하며, 이러한 과정에서 응답자들은 정확한 추정치를 이끌어내기도 하지만, 동시에 많은 오류를 범한다고 한다.

수량과 관련된 설문의 응답을 할 때 응답자들은 몇 가지의 추정 전략을 사용한다고 알려져 있는데, 이 중 가장 기본이 되는 것이 열거(enumeration) 전략이다. 이것은 개별 사건을 회상하고 이를 일일히 세는 것으로, 행동의 횟수를 묻거나 "회사의 종업원 수가 몇 명이냐?" 등의 수와 관련된 질문에서 응답자들이 주로 사용하는 것으로 알려져 있다(Sudman & Bradburn, 1974). 하지만, 이러한 열거를 통한 응답은 망각으로 인한 누락(omission) 오류와 망원경 현상 때문에 측정 오차에서 자유롭지 못하다.

응답자들은 이러한 열거 전략과 함께 일주일에 1번, 한 달에 1번의 비율과 같은 사건의 발생 빈도를 이용해 설문에 응답하기도 하는데, 응답자들은 사건이 빈번하게 많이 발생하여 개별 사건을 일일이 세는 것이 힘들 때 이러한 추정 전략을 주로 사용한다고 한다. 또, 응답자들은 유사한 사건들이 정기적으로 일어나는 경우 열거가 아닌 추정에 근거한 응답 전략을 사용한다고 한다(Blair & Burton, 1987; Burton & Blair, 1991; Menon, 1993). 예컨대, Blair와 Burton(1987)은 6가지의 서로 다른 행동에 대해 질문한 후, 응답자들이 그 설문에 어떻게 응답했는지를 질문함으로써 응답자들의 28%가 열거 전략, 56%는 추정 전략, 나머지 9%는 열거와 추정을 함께 이용하는 등의 각기 다른 전략을 사용함을 발견하였다. 이러한 응답 전략의 선택은 설문의 내용에 따라 달라졌는데, 질문하는 행동의 빈도가 잦고 질문에 포함된 참조 기간이 긴 경우, 추정 전략을 더 자주 사용함을 발견했다. 그뿐만 아니라, 설문에 사용된 문구 역시 응답 전략의 선택에 영향을 끼쳐, 설문이 "얼마나 자주(how often) ○○○를 했습니까?"의 형식일 경우 추정 전략의 사용 경향이 높은 반면, "몇 번이나(how many times) ○○○를 했습니까?"로 질문할 경우 직접 회상 후 발생 빈도를 세는 열거 전략을 사용하는 경향이 높았다고 한다.

[표 3-6] 참조 기간에 따른 응답자들의 설문 응답 전략

참조 기간	열거를 사용해 응답(%)	추정을 사용해 응답(%)
2주	56	36
2개월	25	54
6개월	4	76

출처: Blair & Burton, 1987

Menon(1993) 역시 설문의 내용에 따라 응답자들이 사용하는 응답 전략에 대한 연구를 수행하였는데, 보통 응답자들은 설문에서 묻고 있는 사건이 얼마나 유사한지, 그 사건이 얼마나 정기적으로 일어나는지에 따라 서로 다른 응답 전략을 선택한다고 한다. 아래의 [표 3-7]에서 제시되었듯이, 사건의 유사성과 정기성이 높은 경우 대부분의 응답자(89.5%)가 추정에 근거한 응답 전략을 선택하지만, 사건이 발생이 비정기적이고 개별 사건들이 유사하지 않을 경우 추정에 근거한 응답 전략을 선택하는 비율은 24.1%로 급격히 감소하였다.

[표 3-7] 사건의 유사성과 정기성에 따라 추정 전략을 이용한 응답 비율

사건의 성격	유사함(%)	유사하지 않음(%)
정기적	89.5	62.5
비정기적	44.7	24.1

출처: Menon, 1993

그러면 참여자들이 사용한 응답의 전략은 응답의 정확성에 어떤 영향을 끼칠까? 설문 참여자들의 응답의 정확성은 그들이 사용한 응답 전략보다는 질문의 성격에 따라 다른 것으로 알려져 있다. 일반적으로 열거 전략을 사용한 응답자들은 망각으로 인해 실제보다 낮은 수를 보고하는 경향이 있으며, 추정 전략을 사용

한 응답자들은 어떤 빈도로 정기적으로 이루어지는 사건이라 하더라도 예외가 발생하여 그 수가 줄어들기 마련인데, 이러한 예외를 감안하지 않고 응답하기 때문에 실제보다 더 높은 수를 보고한다고 한다(Burton & Blair, 1991). 예컨대, 지난 6개월 동안 몇 번이나 학부모 회의에 참여했는지를 묻는 질문이 있다면, 응답자들은 학부모 모임이 격주로 매주 화요일마다 있으니까 6개월 동안 한 달에 두 번이라고 생각하고, 이를 곱해 12라고 응답하게 된다. 이러한 과정에서 응답자들을 보통 아이가 아파서 모임을 빠진 경우라든지, 고장난 자동차를 수리하기 위해 빠진 경우 등의 일회적 사건을 감안하지 못하고 이를 그대로 포함하여 실제보다 높은 수를 보고하게 된다는 것이다.

몇몇 연구자들은 사건의 횟수를 묻는 설문의 정확성을 높이기 위해 사건을 하위의 사건으로 분해(decomposition)하는 전략의 효과를 살펴보는 연구를 수행하기도 하였다. 여기에서 말하는 분해란 "하루 몇 번 간식을 먹습니까?"라는 질문 대신 혹은 이 질문에 더하여 "오전에 간식을 먹은 횟수는? 점심과 저녁 식사 사이에 간식을 먹은 횟수는? 저녁 식사 후 잠들기 전까지 간식을 먹은 횟수는?" 등을 따로 나누어 사건을 좀 더 작은 단위로 잘라 질문하는 것이다. 이렇게 분해하여 질문하기는 사건의 구체적인 정황을 기억할 수 있도록 도움을 준다면 좀 더 정확한 응답이 가능하지 않을까 하는 믿음에서 출발하였으나, 자칫 실제보다 높게 보고하는 과대 추정(overestimation)을 이끄는 것으로 드러났으며, 특히 정기적으로 발생하는 사건에 대한 설문에는 응답의 정확성을 높이는 효과가 없는 것으로 드러났다(Belli et al., 2000; Fiedler & Armbruster, 1994; Meno, 1997).

이외에도 응답자들은 실제의 사건 발생 빈도는 높지만, 이를 일일이 회상하여 세기는 쉽지 않고, 또 사건의 발생이 정기적이지 않아 어떤 빈도로 사건이 발생하는지에 대해 정보가 부족할 경우 자신들의 일반적인 인상에 근거해 설문에 응답한다고도 한다. 즉, "그런 일은 절대 발생하지 않는다." 혹은 "그런 일은 비일비재하다."라는 질적인 정보를 보기에 주어진 숫자로 즉 '0', '1' 등으로 전환하여 응답한다는 것이다. 이러한 전환 과정에서 응답자들은 설문에 언급된 단어나 보기 등 단서에 의존해 추정을 하게 되고, 이러한 추정의 결과는 설문 인지 과정의 다음 단계인 설문의 응답 단계에서 영향을 미치게 된다.

5) 설문의 응답

응답자가 질문의 의도를 이해하고 그와 일치하는 기억을 상기하고, 상기된 정보가 설문을 응답하는 데 적합한지에 대한 판단을 모두 성공적으로 마치면, 응답자는 판단된 정보를 설문 문항이 요구하는 답변 형식으로 변형하고 전달하는 마지막 인지 과정인 응답 단계(response)에 도달하게 된다. 응답자는 이 단계에서 주어진 응답 보기를 참고하여 자신의 응답을 수정하기도 하는데, 그런 이유로 이 단계는 응답 형식의 변형과 편집(formatting and editing responses) 단계로 불리기도 한다(Sudman et al., 1996). 또, 어떤 연구자들은 이 단계에서 응답을 주어진 척도나 보기에 견주어 적절한 응답을 찾아내는 단계(mapping)와 이전 인지 단계에서 판단한 응답을 기존 응답과의 일관성이나 사회적인 용인 가능성(acceptability) 등에 의해 편집 (Editing)하는 두 개의 단계로 구분하기도 한다.

이 단계에서 응답자는 주어진 응답의 형식(format), 예를 들어 주관식 질문 혹은 개방형 질문인가, 객관식 혹은 폐쇄형 질문인가, 폐쇄형 질문 중에서도 리커트 척도 등의 방향성을 가진 척도를 사용하는가 혹은 다지선다형의 범주화된 보기를 사용하는가 등에 따라 다양한 형태의 측정 오차를 일으키게 된다(Couper et al., 2004).

이러한 측정 오차는 바로 이전의 인지 단계인 정보의 판단과 유추 단계와 상호 유기적으로 작용하여, 이전의 인지 과정에서 확신 없이 응답에 도달한 경우 주어진 보기나 응답의 형식에 따라 더욱 큰 영향을 받는 것으로 알려져 있다. 이렇게 주어진 보기의 효과를 잘 나타내 주는 대표적인 연구가 Schwarz와 Hippler와 Deutsch와 Strack(1985)의 텔레비전 시청 시간에 대한 연구이다. 이들은 하루 몇 시간이나 텔레비전을 시청하는지를 묻는 질문에 대해 낮은 빈도와 높은 빈도로 구성된 2가지 세트의 보기를 이용하여 응답자들의 반응을 살펴 보았다.

아래의 [표 3-8]에 제시되었듯이, 연구자들은 낮은 빈도의 보기를 사용하였을 경우 하루에 TV를 2시간 반을 초과하여 시청한다는 비율은 16.2% 수준이지만, 높은 빈도의 보기를 제시하였을 경우 2시간 반을 초과해 시청한다는 응답 비율이 40%에 육박함을 보였다. 이러한 현상은 질문에서 묻는 내용에 대해 확신이 없는 응답자들이 주어진 보기를 전체 응답자들의 TV 시청 시간의 분포라고 가정하여 이를 참고해 자신의 응답을 선택하여 발생한 결과로 해석된다.

[표 3-8] 주어진 보기에 따른 응답의 분포 차이

낮은 빈도의 보기를 제시한 경우	%	높은 빈도의 보기를 제시한 경우	%
30분 미만	7.4	2시간 반 미만	62.5
30분에서 1시간	17.7	2시간 반에서 3시간	23.4
1시간에서 1시간 반	26.5	3시간에서 3시간 반	7.8
1시간 반에서 2시간	14.7	3시간 반에서 4시간	4.7
2시간에서 2시간 반	17.7	4시간에서 4시간 반	1.6
2시간 반 초과	16.2	4시간 반 초과	0.0

출처: Schwarz et al., 1985

또 이러한 주어진 보기의 효과는 응답자들은 주어진 설문에 대답하기 위해 얼마만큼의 정보를 가지고 있고, 자신의 답을 얼마나 확신하는지에 따라 영향을 받는 것으로 나타난다. Schwarz와 Bienias(1990)는 위의 연구에서 사용한 것과 유사한 서로 다른 빈도를 가진 2가지 종류의 보기를 사용하여 자신에 대해 응답한 설문 자료와 대리 응답한 자료를 비교하였는데, 대리 응답을 한 응답자의 경우, 주어진 보기에 따라 변화하는 크기가 더 크다는 사실을 밝혔다. 또, Menon과 Raghubir와 Schwarz(1995)는 정기적으로 발생하는 사건에 비해 그 사건의 발생이 정기적이지 않은 경우 이러한 보기의 효과가 더 크다는 사실을 밝혔다. 이들은 비정기적인 사건의 경우 응답을 위해 동원할 수 있는 정보가 적기 때문에 응답자들이 주어진 보기를 설문에 답하기 위한 정보로 이용하였고, 그러므로 보기에 더 큰 영향을 받는 것으로 설명하였다.

그러나 이와 같은 주어진 보기의 효과는 좀 더 효율적인 정보의 단서가 주어질 경우 줄어들거나 사라지는 것으로 밝혀졌다. 예를 들어, Chassien과 Strack와 Schwarz(1986)는 지난주에 방영된 TV 프로그램을 응답자들에게 제시한 후, 하루 TV 시청 시간에 대한 질문을 했는데, 이 경우 응답자들은 TV 프로그램을 통해 자신이 시청한 프로그램이 무엇인지를 상기할 수 있었으므로, 주어진 보기의 영향을 덜 받았다고 한다(Sudman, Bradburn, & Schwarz, 1996, 재인용). 이렇게 주어진 보기나 설문의 문구가 어떻게 설문 조사 참여자들의 응답에 영향을 끼치는지는 3장 3절 설문지에 기인한 측정 오차(p. 98)에서 계속해서 다루도록 하겠다.

이와 더불어 이 단계에서 주목해야 할 것은 응답자가 고의적으로 사실에 배치되는 응답을 하는 현상이다. 응답자들은 다양한 이유로 사실과 다른 응답을 하는데, 가장 흔하게 관찰되는 현상이 응답자가 사회적으로 바람직한 방향으로 자신의 응답을 바꾸는 사회적 바람직성(social desirability) 현상이다(Phillips & Clancy, 1972).

이 현상은 응답자가 응답에 대해 생각한 내용을 자아상에 대한 염려 등으로 설문의 응답을 고르기 직전에 바꾸기 때문에 발생한다고 간주된다. 연구자들은 민감한 주제에 대한 설문에 대해 응답자들이 사회적으로 바람직하지 않는(socially undesirable) 행동이나 태도 등을 인정하지 않는 현상을 보여주는 실증 연구를 통해 사회적 바람직성의 존재를 증명하였다(Bradburn et al., 1979; Sudman & Bradburn, 1974). 사회적 바람직성의 영향을 받는 민감한 설문으로 알려진 내용으로는 재산, 소득, 세금, 빚 등 경제 활동에 관한 것과 성생활, 환각제 사용, 음주운전, 탈세, 범죄 행동, 성금이나 기부, 봉사 활동 등이 있다. '성금이나 기부 활동 등이 왜 민감한 질문이지?'라고 반문할 수도 있을 것이다. 그런데 지난 1년간 불우이웃 돕기 성금을 낸 적이 있는지에 관한 문항이 조사에서 질문한다면, 응답자는 실제로는 성금을 내지 않았더라도 체면을 생각해서 성금을 냈다고 답할 수 있기 때문에, 사회적 바람직성으로부터 자유롭지 않으며, 그러므로 사회적 바람직성으로 인한 측정 오차는 일반적으로 응답자와 면접원이 직접 대면하는 조사에서 더 큰 것으로 보는 것이 정설이다.

예를 들어 음주나 흡연, 개인 파산의 경험, 금품이나 향응, 편의 제공과 같은 부패 경험 등 사회적으로 나쁘게 인식되는 것에 대해 응답자들은 사실과 반하여 과소 보고하는 것으로 알려져 있다. 반면, 사회적으로 긍정적으로 인식되는 것들인 도서관 카드 보유, 교회 출석, 선거 참여, 지역사회 활동 참여, 성금, 안전 벨트 준수 등과 같은 것들에 대해서는 과대 보고를 한다고 한다(Bradburn et al., 1979; Lemmens, Tan, & Knibbe, 1992; Patrick et al., 1994; Presser & Stinson, 1998; Stulginskas, Verreault, & Pless, 1985).

한국은 집단주의 문화의 최극단으로 분류되는 타인의 시선에 대해 의식하는 문화적 특징을 가진다(Hofstede, 1991; Hofstede, Hofstede, & Minkov, 2010). 이러한 한국의 문화적 환경은 서구 개인주의 문화권에 비해 사회적 바람직성 경향이 더 크게 나타날 가능성을 가진다. 실제로 심수정 등(2003)은 고등학생들 631명 대상을 대상으로 흡연에 대한 설문 조사를 실시하고, 이를 소변 검사 결과와 대조를 통해 설문에서 보고된 흡연율이 과소 보고된 사실을 밝혔다. 설문을 통해 보고된 남자 고등학생 1, 2, 3학년의 흡연율은 각각 14.9%, 20.4%, 22.5%인 반면, 소변 검사 결과에 따른 흡연율은 각각 26.6%, 38.0%, 29.6%인 것으로 나타났다. 특히, 설문 조사를 통해 보고된 실업계 여고 2학년생의 흡연율은 22.6%였으나, 소변 검사를 통한 흡연율을 46.6%로 거의 2배가 넘는 차이를 보였다. 이러한 큰 차이는 한국에서 여성, 특히 고등학생의 흡연을 바라보는 사회적으로 부정적인 시각 탓에 여고생들이 자신의 응답을 사회적으로 바람직한 방향으로 편집한 것으로 설명된다.

Schaeffer(2000)는 민감한 설문이라는 것은 응답자들에 따라 다른 주관적인 것일 수 있다고 지적하였다. 예를 들어, 범죄를 저지른 적이 없는 사람에게 감옥 수감 여부를 묻는 질문은 전혀 민감하지 않을 수 있지만, 경험자에게는 굉장히 민감한 질문일 수 있다는 것이다. 반면, 소득이나 금융 정보 등은 모든 응답자를 막론하고 공통적으로 금기시되는 민감한 질문이며, 이러한 질문의 경우 응답자의 응답 즉, 개인 정보가 외부로 유출되느냐의 여부가 사안의 민감도를 결정하게 된다. 그러므로 이와 같은 질문에 대한 응답의 정확성은 면접원의 존재 여부나 자료 수집 방법에 따라 큰 영향을 받지 않는 것으로 본다.

민감한 사안에 대한 응답의 정확성을 높이기 위해 고안된 조사 방법으로는 임의 응답 기법(randomized response technique)이 있다(Warner, 1965). 이는 응답자들이 동전 등과 같은 임의 선택을 결정하는 기구의 결정에 따라 다양한 질문 중 하나를 응답하는 것이다. 즉, 응답자들은 동전을 던져서 동전의 앞면이 나오면 그 응답 분포가 알려진 민감하지 않은 질문(예: ㅇㅇ님은 4월에 출생하셨습니까?)에 응답하고, 동전의 뒷면이 나오면 민감한 질문(예: ㅇㅇ님은 낙태를 한 경험이 있습니까?)에 응답하는 것이다. 응답자만이 임의 선택의 결과를 알고, 연구자들은 개별 응답자가 무슨 질문에 답을 하는지 모르므로 응답자들은 더 정직하게 질문에 답할 수 있다는 것이다. Lensvelt-Mulders 등(2005)은 38개의 연구들을 분석하여 이러한 임의 응답 기법이 사회적 바람직성 현상을 상당히 줄인다는 결과를 발표하였다. 하지만, 대부분의 응답자들이 임의 응답 기법에 대한 과정에 대해 정확한 이해를 하지 못해 주어진 지시사항을 제대로 따르지 못한 경우도 있었다.

Holbrook와 Krosnick(2010)은 민감한 행동에 대한 정확한 조사를 위해 고안된 기법인 항목 계산법(ICT: Item Count Technique)을 이용하여 최근 선거의 참여 여부를 묻는 연구를 수행하기도 하였다. 항목 계산법은 개별 설문 문항에 대해 직접적인 답이 아니라, 여러 가지 설문을 준 후 그중에서 자신에게 해당하는 설문 문항이 몇 개인지를 물어 관심 사항에 대한 답을 얻고자 하는 기법이다. 여러 가지의 질문 중 관심 사항을 포함하는 설문지와 그렇지 않은 2세트의 설문지를 이용하여 그 차이를 통해 관심 사항의 응답을 알아보게 되는데, 이 기법에서는 응답자들은 개별 문항에 대한 답이 아닌, 해당하는 문항에 대한 합을 숫자로 표현하기 때문에 응답자들의 자아상에 대한 염려로 인한 사회적 바람직성의 영향에서 비교적 자유로울 수 있다(Droitcour et al., 1991; Miller, Harrel, & Cisin, 1986; Tsuchiya, Hirai, & Ono, 2007). Holbrook과 Krosnick(2010)은 이 연구 결과로 전화 조사의 경우 항목 계산법을 사용함으로써 사회적 바람직성의 영향이 감소하였으나, 인터넷 조사에서는 유의미한 차이를 발견하지 못했다.

사회적 바람직성에 기인한 설문 응답자의 응답 편집 성향을 줄이기 위해 가장 흔하게 사용되는 방법은 사회적으로 바람직하지 않은 행동을 정당화하는 문구를 이용하는 것이다. 예를 들어, Presser(1990)는 응답자들이 선거에 참여할 수 없는 이유를 나열한 문구를 포함하거나 포함하지 않은 2가지 종류의 질문을 이용하여 지난 선거의 참여 여부를 물었다. 그는 전자의 문구(선거에 불참하는 여러 사유들)가 응답자들이 자신이 선거에 참여하지 않은 사실을 쉽게 인정할 수 있게 도울 것이라고 생각하였으나, 응답자들의 선거 참여율은 문구의 유무에 따른 차이를 보이지 않았다. 그러나 Holbrook과 Krosnick(2010)은 유사한 문구 "선거에 대한 이야기를 하다 보면, 많은 사람들이 사전 선거 등록을 하지 못했거나, 아프거나 혹은 시간이 없어서 선거를 할 수 없었다고 합니다."를 삽입하여 투표 여부를 물었을 때 더욱 정확한 자료가 수집되었다는 보고를 하는 등 설문 문구가 측정 오차에 끼치는 영향에 대한 실험 결과는 혼재한 상태이다(Abelson, Loftus, & Greenwald, 1992; Presser, 1990).

이외에도 Belli 등(1999)은 [표 3-9]에 제시되었듯이 '예/아니오'의 양자택일의 질문을 복수의 보기 중에서 응답을 선택하는 택일형으로 전환함으로써 투표 조사에서 더욱 정확한 응답을 얻을 수 있었다고 보고하였다. 또, Krosnick와 Presser(2009)는 민감한 사안에 대한 질문에 '모름'을 응답 보기로 제시하지 않을 것을 추천하는데, 이는 사회적으로 바람직하지 않은 응답을 할 응답자들이 자신의 응답을 '모름'으로 위장하는 경향이 있기 때문이다.

[표 3-9] 사회적 바람직성의 영향을 줄이기 위한 투표 설문의 보기

- ☐ 나는 11월 5일 선거에 투표를 하지 않았다.
- ☐ 나는 선거하는 것을 고려했으나 결국 하지 못했다.
- ☐ 나는 보통 투표를 하지만, 이번에는 하지 못했다.
- ☐ 나는 11월 5일 선거에 투표했다.

응답자들은 만약 설문이 잘 기억나지 않은 행동이나 사실, 전혀 생각해 보지 않은 사안에 대한 의견이나 태도를 묻는 것이라면, 모든 자원을 동원하여 응답을 하려 해도 적당한 응답을 찾지 못할 수 있다. 이러한 상황에서 응답자들은 상황적 정보를 실마리로 어떻게든 응답하기 위해 노력하게 된다. 이 과정에서 주로 이들이 이용하게 되는 정보는 설문지 상에 나타난 문구나 설문의 위치, 설문에 포함된 응답 보기 등이다. 이러한 단서들은 초두 효과(primacy effect), 최신 효과(recency effect), 만족절충(satisficing) 및 묵인 편향(acquiescence bias) 등으로 알려진 각종 다양한 측정 오차를 일으키게 되는데, 이러한 오차들은 어떤 조사 자료 수집 방법을 사용했는지, 설문지를 어떻게 설계했는지에 따라 그 오차의 크기가 달라진다. 그러므로 이러한 오차들은 3장 4절의 자료 수집 방법에 기인한 측정 오차(p. 145)에서 좀 더 자세히 다루었다.

이외에도 응답자의 인지 능력과 인지 과정상의 참여도와 흥미는 전 인지 단계를 통틀어 측정 오차에 영향을 미치게 된다. 또 표본에 선택된 본인이 설문에 참여할 것인가(self-respondent) 아니면 부모라든가 부부, 자녀와 같은 가구에 거주하는 다른 사람이 대신해 응답할 것인가(proxy-respondent)에 따라서도 응답이 달라진다(Lee et al., 2004; Macarthur et al., 1997; Menon et al., 1995; Moore, 1988; Schwarz & Wellens, 1997; Todorov & Kirchner, 2000).

예를 들어 Todorov과 Kirchner(2000), Lee 등(2004)은 대리 응답자가 설문에 참여했을 경우, 표본으로 선택된 개인이 가진 겉으로 드러나지 않는 장애에 대해 훨씬 낮게 보고하는 현상을 발견하기도 하였다. 그러나 대리 응답자와 표본 개인의 관계와 친밀도에 따라 응답의 차이가 없을 수도 있다(Elliot et al., 2008).

설문 응답 과정을 설명하는 기타 이론 – 만족절충(satisficing)

연구자는 응답자가 설문 조사에 참여할 때 고품질의 응답을 제공하기를 기대한다. 하지만 조사 참여에 필요한 '시간'이라는 명백한 비용을 이미 부담하고 있는 응답자가 대부분 의미 있는 보상이 주어지지 않는 설문 조사에 참여하면서, 최선의 응답을 찾기 위한 복잡다단한 일련의 인지적 과정을 거칠 것인가 하는 것은 의문이다.

Cannell 등(1981)은 이러한 현실을 직시하고 설문의 응답 과정을 ① 면밀한 설문 응답의 이해와 선택 경로와 ② 면접의 부대 상황(situation)에 기반한 경로의 2가지로 구분하였다. 즉, 응답자는 앞에서 기술한 복잡한 인지 과정을 겪기도 하지만, 때로는 면접원의 외모라든지 조사의 상황과 같은 피상적인 정보에 근거한 설문 응답을 제공하기도 한다는 것인데, 이는 Krosnick과 Alwin(1987)의 만족절충 모델(satisficing model)로 발전되었다.

Krosnick과 Alwin(1987)은 설문 응답에 있어서 최선을 선택하는 사람(optimize)과 그 설문에 답이 될 수 있는 수준의 응답을 선택하기 위해 최소한의 노력을 하는 사람으로 구분하였다. 이후 이들은 Simon(1957)이 만족(satisfy)과 희생(sacrifice)을 결합하여 만든 만족절충의 원칙(satisficing criterion)을 설문 응답 상황에 응용하여, 만족절충 모델을 제안하게 된다. 이 모델에 따르자면 만족절충형 응답자(satisficing respondent)는 질문을 완벽히 이해하기 위한 숙고와 광범위한 정보 처리 과정을 희생하는 대신, 단지 그럴듯해 보이는 만족할 만한 수준의 응답을 선택하기 위한 인지 과정을 겪는다는 것이다. 그래서 이들은 응답에 충분할 정도로만 질문을 이해하며, 응답을 위해 관련한 모든 정보를 상기하는 수고 대신, 응답을 하기에 꼭 필요한 정보만을 상기한다고 한다. Krosnick(1991)은 이러한 만족절충형 응답의 유형으로 '모름'을 선택하는 경향 혹은 주어진 보기 중 첫 번째로 혹은 가장 마지막으로 제시된 보기 중 그럴 듯한 응답을 선택하는 경향, 문항의 내용과 관계없이 동의하는 응답을 고르는 경향, 동일한 척도를 가진 일련의 질문에서 똑같이 응답하는 경향 혹은 폐쇄형 질문에서 주어진 보기 중 무작위로 답을 선택하는 행위 등을 제시하였다.

이런 만족절충형 응답의 발생 가능성은 주어진 질문의 난이도(task difficulty), 응답자의 능력(respondent ability)과 응답자의 동기(respondent motivation)에 의해 결정된다고 알려져 있다. 질문의 난이도는 질문 해석과 정보 상기, 회상된 정보 조작의 난이도 등 질문 자체가 가진 난이도와 면접원이 질문을 읽는 속도나 조사 당시 환경의 산만함 등 조사가 수행되는 환경이나 방식에 영향을 받는다. 응답자의 능력은 응답자가 얼마나 능수능란하게 복잡한 인지 과정를 수행해 내는지에 영향을 받으며, 응답자의 동기는 질문하고 있는 주제가 얼마나 응답자가 관심있어 하는 것인지, 조사의 결과에 대한 믿음이나 응답자의 피로 수준 등에 따라 달라지는 것으로 본다(Krosnick & Presser, 2009).

3. 설문지에 기인한 측정 오차

이번에는 설문지로 인해 발생하는 측정 오차에 대하여 알아보자. 앞서 기술하였듯 응답자는 측정 오차를 일으키는 주원인이기는 하지만, 측정 오차의 크기는 자료를 수집하는 데 사용되는 설문지와 조사를 돕는 면접원의 영향을 받게 된다. 즉, 설문 응답 과정을 충분히 이해한 연구자가 응답자의 인지 부담을 최소화한 설문지를 설계하고, 면접원이 표준화된 인터뷰 규칙을 지키며 조사를 수행한다면 측정 오차는 상당 부분 줄일 수 있다. 이 절에서는 설문지의 구성에 따라 어떻게 응답자의 인지 부담이 변화하는지, 설문지에 기인한 여러 가지 종류의 측정 오차에 대해 살펴본다.

1) 설문지의 길이와 측정 오차

(1) 개별 질문 문항의 길이와 측정 오차

개별 질문의 길이가 측정 오차에 끼치는 영향에 대해서는 2가지 상반된 가설이 존재한다. 첫 번째 가설은 긴 질문에서 측정 오차가 줄어들 수 있다는 것이다. 질문이 길 경우 응답자가 질문을 이해하는 데 도움을 줄 수 있는 정보를 더 많이 포함하며 질문에 더 주의를 기울일 수 있고 응답하는 시간을 더 할애하는 것이 가능하다는 것이다. 두 번째 가설은 한정된 시간 동안 조사를 완료하려면 긴 질문을 빨리 읽게 되므로, 짧은 시간 동안 전달되는 정보의 양은 응답자의 정보 처리 용량을 넘겨 혼란을 가중시킬 수 있어 측정 오차를 증가시킨다는 것이다(Groves, 1989).

Matarazzo 등(1963)은 취업 인터뷰 자료를 분석하여 면접원의 질문이 평균 5초였을 경우 지원자의 응답이 약 30초였던데 반해, 면접원의 질문이 15초였을 경우 지원자의 응답이 1분이 넘어선다는 사실을 보고하여 질문의 길이가 응답자의 행동에 어떤 영향을 끼칠 수 있는지에 대한 실마리를 제시하였다.

Bradburn 등(1979)은 본 질문을 하기에 앞서 부가적인 문장을 추가하여 질문 길이와 측정 오차의 영향에 대한 연구를 수행하였다. 예를 들어, "술의 종류를 막론하고 귀하는 작년에 취할 정도로 술을 마신 적이 몇 번이나 됩니까?"라는 본 질문 앞에 "사람들은 때로 빈 속에 술을 마시기도 하고, 자칫 너무 많이 마셔 술에 취하기도 합니다."라는 문장을 더해 질문하였다. 이 결과 긴 질문을 받은 응답자 그룹이 짧은 질문을 받은 응답자 그룹보다 높은 수치의 음주 행동을 보고하였으며, 이 수치는 주류 판매 세금을 통해 집계된 음주 기록과 더욱 가까운 수치였다고 한다.[10)]

또 Laurent(1972)는 짧은 문장과 긴 문장으로 구성된 질문에 대한 응답을 응답자의 의료 기록과 대조하여 질문의 길이와 응답의 정확성 간의 관계를 연구하였다. "청각 문제를 경험한 적이 있으십니까?"라고 짧게 질문했던 경우에 반해, "이 목록의 마지막 질문은 청각에 관한 것으로, 저희는 청각장애와 관련 정보를 찾고자 합니다. 귀하는 청각 문제를 경험한 적이 있으십니까?"라고 길게 질문한 경우, [표 3-10]에서 보여 주듯이 긴 질문의 경우 응답자와 의료 기록 간의 일치도가 더 높았다.

[표 3-10] 질문 길이에 따른 만성 질환에 대한 의료 기록과 설문 응답과의 일치 비율

일치 비율	짧은 질문	긴 질문	차이
응답자 보고와 의료 기록 공통 질환 보유 vs. 의료 기록 기준 질환 보유 = A / (A + B)	.537	.622	.085**
응답자 보고와 의료 기록 공통 질환 보유 vs. 응답자 보고 기준 질환 보유 = A / (A + C)	.477	.516	.039
응답자 보고와 의료 기록 공통 질환 보유 vs. 응답자 보고 혹은 의료 기록 기준 질환 보유 = A / (A + B + C)	.338	.392	.054*

** 0.05 수준에서 유의, 단측 검증　　* 0.10 수준에서 유의, 단측 검증

(만성 질환 보유 여부)		의료기록	
		예	아니오
응답자	예	A	C
	아니오	B	D

출처: Laurent, 1972

위의 연구들은 흥미있는 결과를 제시하였지만, 질문의 길이와 측정 오차에 대한 연구는 많은 연구가 축적되지 못한 상태이다. 더불어 개별 질문 길이의 증가는 전체 설문 조사의 길이에 직접적인 영향을 주게 되므로, 개별 질문의 길이 자체가 주는 단편적인 영향뿐만 아니라 설문지의 전체 길이가 조사의 응답에 끼치는 영향을 동시에 고려하는 것 역시 필요하다.

(2) 전체 설문지의 길이와 측정 오차

응답자가 생각하는 설문 주제의 중요성이나 흥미에 따라 조사의 소요 시간 자체는 설문의 응답을 저해하는 요인이 되지 않는다는 연구도 존재한다(Bradburn, 1977). 그렇지만 대다수의 연구자들은 설문에 참여하기로 결정하는 데에는 적정 수준의 동기가 필수적이며, 응답자의 참여 동기는 조사의 소요 시간이 길어질수록 저하된다고 보고 있다. 즉, 설문 참여에 대해 흥미를 갖고 응답을 시작한 응답자에게도 긴 조사는 짧은 조사에 비해 더 큰 인지적 부담과 노력을 요구하므로, 이들의 참여 동기는 줄어들며, 이에 따라 설문의 품질 역시 낮아진다는 것이다(Galesic, 2006; Sudman & Bradburn, 1974).

설문지의 길이와 품질에 대한 실증 연구를 살펴보면 설문지의 길이가 설문 응답에 끼치는 효과가 미미하다는 결과를 보인 연구는 소수인 반면(Clancy & Wachsler, 1971; Linsky, 1975; Yu & Cooper, 1983), 대다수의 연구가 설문 길이의 증가와 수집된 자료의 품질 간 부의 상관관계를 보고하고 있다(Deutskens et al., 2004; Galesic & Bosnjak, 2009; Helgeson & Ursic, 1994; Herberlein & Baumgartner, 1978; Herzog & Bachman, 1981; Johnson et al., 1974; Kraut et al., 1975; Krosnick et al., 2002; Sahlqvist et al., 2011; Yammarino et al., 1991).

10) 연구자들은 이 실험을 통해 긴 질문이 설문 조사의 정확성을 올린다고 주장하였으나, 길어진 질문 이외에 부가된 문장의 내용 역시 음주 행동을 인정하기 쉽게 할 수 있는 환경을 제공한 것으로 보인다.

예컨대, Clancy와 Wachsler(1971)은 동일한 질문 문항을 조사의 시작 시점과 시작 후 25분이 경과한 종료 시점에 배치한 전화 조사 자료를 분석하여 설문 응답에 큰 차이가 없음을 보고하였으며, Sudman과 Bradburn(1974)은 역시 설문 시간이 응답에 미치는 효과는 미미하다는 유사한 연구를 내놓았다.

또 Burt와 Schappert와 Hing(2003)은 의사를 대상으로 한 페이지와 두 페이지의 분량의 설문 조사에서 한 페이지의 짧은 설문지를 사용한 경우의 응답률이 67.6%로 두 페이지 설문지의 응답률 61.9%보다 더 높았으나, 수집된 자료의 품질에는 큰 차이가 없음을 밝혔다. 이들은 수집된 자료의 품질을 비교하기 위해 짧은 설문지와 긴 설문지에 공통으로 포함된 29개 질문에 대한 개별 문항의 항목 응답률을 비교하였는데, 단지 2개의 문항에서만 응답률에 유의미한 차이가 있었으며, 긴 설문지의 항목 응답률이 짧은 설문지의 응답률보다 높은 예상 외의 결과를 보였다.

하지만 대다수의 연구들은 이에 반하는 긴 설문지는 설문 응답 품질의 저하를 가져온다는 결과를 발표하였다. 이 실증 연구들은 보통 설문지의 초반과 후반부에 포함된 동일한 질문에 대하여 이들 응답에 소요되는 시간, 항목 무응답률, 유사 응답 간 일치도, 개방형 질문의 응답 길이, 격자형 평정 척도(grid rating scale)에 대한 응답 분산, 행정 기록 등 준거 자료가 있을 경우 이와 대조를 통해 산출된 응답의 정확성을 측정하여 이를 품질 척도로 사용하였다(Backor, Golde, & Nie, 2007; Deutskens et al., 2004; Galesic & Bosnjak, 2009; Herzog & Bachman, 1981; Johnson et al., 1974; Kraut et al., 1975).

구체적으로 Kraut 등(1975)은 168문항으로 구성된 설문지의 응답을 분석하여 설문 후반부에 배치된 문항일수록 극단의 보기를 선택하는 현상이 줄어들고, 중간 보기의 선택 비율이 증가함을 보고하였으며, Johnson 등(1974)은 역시 18문항으로 구성된 설문지를 이용한 실험을 통해 개방형 질문을 후반에 제시했을 경우, 그 응답 비율이 초반에 제시했을 경우에 비해 현저히 떨어지는 현상을 보고하였다.

그뿐만 아니라 Herzog와 Bachman(1981)은 고등학교 3학년생들을 대상으로 총 6종류의 설문지(5개의 짧은 설문지와 1개의 긴 설문지)를 이용하여 설문지의 길이와 응답의 품질을 점검하는 연구를 실시하여 한 줄 응답(straight-line)[11] 경향이 설문지 길이가 긴 경우 더욱 빈번하게 발생한다는 것을 발견하였다. 한 줄 응답 경향은 문항 간 상관계수에도 영향을 끼쳐 설문 후반에 위치한 문항일수록 문항 간 상관계수를 증가시키는 효과를 일으키기도 하였다.

설문의 소요 시간 증가에 따른 수집된 자료의 품질 저하 현상은 전통적인 형태의 자료 수집 방법뿐만 아니라, 온라인으로 수집된 자료에서도 관찰된다. Deutskens 등(2004)은 인터넷 조사 자료를 분석하여 설문지가 길어질수록 '모름' 응답의 비율과 응답을 시작했으나 끝까지 마치지 못한 조사(semi-completed questionnaire) 비율이 증가함을 보고하였다. 또, Galesic와 Bosnjak(2009)는 인터넷으로 수집한 설문 조사 결과를 분석하여 설문지의 길이가 길수록 개별 질문의 항목 무응답의 비율이 높아지고, 개방형 질문에서 응답의 길이가 짧아지는 반면 응답의 분산은 줄어드는 사실을 보고하였다.

이러한 경향은 한국에서 실시한 조사에서도 재현되었다. 김영진과 이홍철(2005)은 인터넷 상에서 실시한 청량음료 음용 실태 및 태도에 관한 연구에서 평균 완료 시간 12.5분의 짧은 설문지와 33.8분의 긴 설문지를 이용하여, 수집된 자료의 품질을 비교하였다. 이들은 사전 응답과 사후 응답을 비교해 응답 일치도라는 응답의 품질 척도를 고안해 긴 설문지를 이용한 집단의 응답 일치도가 짧은 설문 집단의 응답 일치도보다 유의미하게 낮은 사실을 보고하였다.

또, 김권현 등(2015)은 동일 질문을 설문지의 서로 다른 위치(초반과 후반)에 배치한 후 문항의 위치에 따른 응답의 품질을 비교한 연구를 실시하였다. 응답의 평균은 문항의 위치에 따라 일관성 있는 형태를 보이지 않으나, 후반에 배치된 설문의 경우 항목 무응답의 비율과 응답의 표준 편차가 커지며, 후반부에 위치한 개방

11) 동일 척도를 가진 일련의 문항이 연속적으로 반복된 문항에서 응답자들이 동일한 응답을 계속하여 마치 한 줄로 직선을 긋는 것과 같은 응답 형태를 일컫는다.

형 질문의 경우 응답 길이가 짧아지는 사실을 보고하였다. 이들은 또 같은 연구에서, 설문지의 길이가 증가함에 따라 응답의 정확성과 성실성이 낮아지며, 이러한 경향은 설문의 소요 시간이 약 20분 정도인 경우에는 뚜렷하지 않지만, 소요 시간이 약 50분 정도로 길어졌을 경우 뚜렷해진다는 사실을 보고하였다.

이러한 연구 결과를 종합해 보면, 설문 설계자는 응답자의 흥미 수준을 계속적으로 유지할 수 있는 범위 안에서 설문지를 구성해야 할 것이다. 만약 부득이한 이유로 설문 소요 시간이 1시간을 넘게 된다면, 핵심 설문은 초반 30분 이내에 제시하여 고품질의 자료를 얻을 수 있도록 하는 것이 좋을 것으로 보인다.

2) 설문지 구조와 관련한 측정 오차

(1) 문항의 배치와 맥락 효과

일반적으로 질문 문항의 배치는 설문지 전체의 흐름에 맞게 자연스럽고, 공통된 주제를 가진 질문 문항들을 함께 배치하는 것을 추천한다. 이는 설문 응답에 필요한 인지적 부담을 덜어 주기 위한 것인데, 유사 주제의 질문에 반복적으로 노출된 경우 응답자가 기억(memory)으로부터 관련 정보를 인출하는 과업이 용이해질 수 있기 때문이다. 이러한 주장은 여러 실증 연구를 통해 뒷받침되었다. 예컨대 여러 가지 문항으로 구성된 성격평가척도 자료분석의 결과, 선행 질문된 문항의 수가 증가할수록 응답자들은 해당 질문의 의도를 더 잘 파악할 수 있어 질문에 더 쉽게 응답하였으며, 그 결과 질문 간에 상관관계도 높아졌다는 연구 결과가 있다 (Knowles, 1988; Knowles & Byers, 1996). 또 Couper와 Traugott와 Lamias(2001), Tourangeau와 Couper와 Conrad(2004)는 인터넷 조사에서 질문 문항들이 한 화면에 한 개씩 제시되었을 경우보다 한 화면에 한꺼번에 제시되었을 경우, 문항 간 상관계수가 더 커지는 사실을 보고하기도 하였다.

이외에도 공통 주제의 질문을 함께 하는 것이 측정의 정확성을 높이는 데 도움을 준다는 결과도 보고되었다. 예를 들어, Cowan과 Murphy와 Wiener(1978)는 범죄에 관한 일련의 태도 질문을 한 이후 범죄 피해 경험을 묻는 질문을 할 경우, 응답자들이 범죄 피해 경험을 유의하게 높은 수준으로 보고한다는 것을 밝혀 내었다. 또 Todorov(2000)는 시각과 관련된 병력에 관한 질문을 한 후 법적인 시각장애 유무를 질문할 경우, 다른 병력에 대해 질문했을 때보다 법적 시각장애인이라는 답변이 높아짐을 보고하였다.

이렇게 유사한 주제의 질문을 모아서 한꺼번에 하는 것이 일반적으로 장려되고 있기는 하나, 이는 상황에 따라 맥락 효과(context effect)로 알려진 또 다른 형태의 측정 오차를 발생시키기도 한다. 이 맥락 효과는 설문지의 구조에 의한 측정 오차 중 가장 대표적인 오차인데, 질문 문항이 설문지 내에 어떻게 배치되어 있는지에 따라 설문의 응답이 달라지는 현상을 일컫는다.[12)]

연구자들은 해당 질문에 선행하는 혹은 후행하는 문항을 변화시키는 실험을 통해, 맥락 효과의 존재를 증명해왔다. 이러한 맥락 효과는 특히 설문의 문항이 모호하거나 설문에 포함된 내용이 응답자에게 익숙하지 않은 경우 더욱 두드러지는 것으로 알려져 있다(Martin et al., 1990; Strack, 1992; Sudman & Bradburn, 1974; Tourangeau & Rasinski, 1988) 맥락 효과가 어떻게 발현될지는 예측이 어렵지만, 대부분 유사한 주제의 문항들을 질문할 때 나타나는 것으로 알려져 있고(Tourangeau, Singer, & Presser, 2003), 그 영향 역시 바로 옆에 인접한 문항들로 한정되는 경향이 있다(Smith, 1988).

맥락 효과 연구의 효시라 할 수 있는 것이 Hyman과 Sheatsley(1950)의 연구인데, 이는 30여 년이 지난 후 Schuman과 Presser(1981)에 의해 재현되기도 하였다. 이들

---

12) 맥락 효과는 비단 질문이 설문지에 배치된 순서에만 국한되는 것은 아니다. 면접원이 응답자에게 조사의 목적을 어떻게 소개하는지, 조사 당시의 응답자의 의견이나 주변 사람의 존재, 면접원의 특징, 조사 당시의 날씨조차도 넓은 의미의 맥락 효과로 간주된다. 하지만, 이 장은 설문지에 기인한 측정 오차에 초점을 맞추므로 질문 항목의 순서에 초점을 맞추어 맥락 효과를 다루었다.

연구에서는 "미국인 기자의 공산주의 국가 파견을 허용하는가?"와 반대로 "공산주의 국가 기자의 미국 파견을 허용하는가?"에 대한 2가지 질문의 순서를 바꾸어 배치하는 실험을 통해 질문 순서에 따라 응답 내용이 확연히 달라진다는 것을 보여주었다. 즉, 미국 기자의 공산주의 국가 파견에 대한 동의 여부를 먼저 물은 후 공산주의 국가 기자의 미국 파견에 대한 지지율을 물을 경우, 지지율은 75% 수준으로 1950년에서 1981년이라는 약 30여 년의 기간 동안 동일한 수준에 머물렀다. 하지만, 공산주의 국가 기자의 미국 파견이라는 질문을 미국 기자의 파견이라는 응답의 표준이 제시되지 않은 채 첫 번째로 질문했을 경우 지지율은 이전 연구에서는 36%, 후속 연구에서는 55%라는 낮은 수치로 이 질문이 두 번째로 제시되었을 때와는 큰 차이를 보인다.[13] Schuman(1992)은 설문 문항의 진실은 설문 작성자의 의도에 의해 결정되는 것인데, 응답자들이 질문 순서에 따라 상호 호혜의 원칙(norm of reciprocity)에 따라 응답하기 때문에 이러한 맥락 효과가 발생한다고 주장하였다(Tourangeau et al., 2000, 재인용).

유사한 예로, 미국의 제42대 대통령 빌 클린턴(Bill Clinton)에 대한 평가 역시 그 이전에 질문된 내용이 대통령직에서 불명예스럽게 물러나야 했던 리처드 닉슨(Richard Nixon)에 대한 것인지, 위대한 대통령으로 추앙받는 에이브러햄 링컨(Abraham Lincoln)에 대한 것인지에 따라 달라지는 것으로 보고되었다. 이는 응답자들이 이전의 질문을 통해 응답의 표준을 마련하여 다음 응답의 근거로 사용하는 맥락 효과가 발생했기 때문이라는 것이다(Carpenter & Blackwood, 1979).

질문 문항 간에 나타나는 맥락 효과는 2가지로 구분될 수 있다. 그 첫 번째는 본 질문 응답의 변화이다. 예컨대, "OO님은 태아가 심각한 결함을 가지고 태어날

---

13) 공산주의 국가 기자의 미국 파견에 대한 지지율이 36%에서 55%로의 변화한 것은 두 연구가 수행되었던 기간 동안 발생한 정치적 변화, 즉 공산주의에 대한 두려움에 대한 시대적 감소를 반영하는 것으로 해석된다.

확률이 있을 경우, 합법적으로 허용된 인공 중절을 지지합니까?" 이후에 "OO님은 기혼 여성이 더 이상 아이를 낳고 싶지 않을 경우, 합법적으로 허용된 인공 중절을 지지합니까?"를 질문한다면, 첫 번째의 질문은 뒤 따르는 기혼 여성의 인공 중절 질문의 지지율을 낮추는 효과를 가지게 된다. 이는 방향성을 가진 맥락 효과(directional context effect)라고 불린다. 두 번째 형태의 맥락 효과는 이전 질문과 본 질문 간의 상관관계에 영향을 끼치는 맥락 효과이다. 예를 들어, 앞서 2가지의 낙태 질문에 대한 상관관계는 어떤 질문을 먼저 했는지에 따라 달라질 수 있다.[14] 이런 두 질문 간의 상관관계에 영향을 끼치는 맥락 효과는 상관적 맥락 효과(correlational context effect)로 칭한다(Tourangeau et al., 2000). 이러한 2가지 형태의 맥락 효과는 조건부 맥락 효과(conditional context effect)와 무조건부 맥락 효과(unconditional context effect)를 이해하는 데 큰 도움이 된다.

무조건부 맥락 효과는 응답자가 이전 질문에 어떻게 답했는지와 상관없이 동일한 효과를 가지는 경우를 칭하는데, Tourangeau 등(1989)의 연구가 그 좋은 예이다. 이 연구에서 국방비 지출에 관한 질문을 받기 전 한 집단은 구소련의 군사적 위협에 대한 일련의 질문을 받았고, 다른 한 집단은 군사비 지출 통제에 관한 일련의 질문, 또 다른 한 집단은 이런 주제와 전혀 관계없는 질문을 받았다. 연구 결과 응답자들은 소련의 군사적 위협에 대한 질문에 구체적으로 어떻게 응답했는지에 관계없이, 이 질문을 먼저 받은 응답자들은 다른 두 집단의 응답자에 비해 군사비 지출에 대한 높은 지지율을 나타내었다. 즉, 소련의 군사적 위협이 대단하지 않다고 느낀 응답자에게조차도, 이러한 질문의 노출은 국방비 지출에 대해 호의적인 응답을 하도록 만들어, 모든 응답자의 응답이 한 방향으로 이동하게 되는 방향

14) 이 2가지 질문을 사용한 설문 조사에서 기혼 여성에 대한 질문이 먼저 제시되었을 경우 낙태에 대한 지지율은 60.2%였으나, 결함이 있는 태아에 대한 질문이 먼저 제시되었을 경우 기혼 여성에 대한 낙태 지지율은 49.2%로 떨어졌다(Schuman & Presser, 1981).

성을 가진 맥락 효과를 일으키게 된다.

이와 대조적으로 조건부 맥락 효과는 응답자들이 이전 질문에 어떻게 응답했는지에 따라 이전 질문이 이후 질문에 끼치는 효과의 방향이나 크기가 정해지는 방향성을 가진 것이다. 그러므로 조건부 맥락 효과의 경우, 맥락 효과는 서로 다른 방향으로 발생할 수 있으며 이전의 질문과 본 질문 간의 상관관계에 영향을 끼치는 상관적 맥락 효과를 일으키게 된다(Smith, 1986).

(2) 동화 효과와 대조 효과

동화 효과(assimilation effect)는 선행 문항의 영향으로 이후에 제시된 문항의 응답이 선행 문항과 유사하게 응답되는 현상을 일컫는다. 응답자가 익숙하지 않거나, 애매모호한 질문을 해석할 때 선행한 질문의 내용과 유사할 것이라고 추론하여 응답하는 현상이 가장 흔히 나타나는 동화 효과의 예이다(Herr, Sherman, & Fazio, 1983; Martin, 1986; Schuman & Presser, 1981; Strack, Schwarz, & Wanke, 1991; Tourangeau et al., 2000; Tourangeau & Rasinski, 1988; Troupe, 1986).

예컨대 Tourangeau와 Rasinski(1988)는 다소 애매한 용어인 '재정 통제 법안'에 대한 의견을 묻기 위해 서로 다른 구조의 설문지를 사용한 실험을 통해 동화 효과의 존재를 증명하였다. 아래의 [표 3-11]에 제시된 바와 같이 재정 통제 법안(Monetary Control Bill)에 대한 의견을 인플레이션과 관련한 항목들과 함께 물었을 경우, 응답자들은 재정 통제 법안을 인플레이션을 막기 위한 법안으로 해석하고 상대적으로 높은 비율(27.5%)의 찬성 의사를 밝혔다. 하지만, 인플레이션 항목들이 설문지 전체에 골고루 산재한 설문지를 이용해 재정 통제 법안에 대한 의견을 물었을 경우에는 상대적으로 낮은 비율(8.8%)로 이 법안에 찬성을 표시하였으며, 그 법안에 대해서 잘 모르겠다고 응답한 경우도 앞의 경우(55%)보다 훨씬 높았다(71.2%).

[표 3-11] 맥락과 익숙하지 않은 문제의 해석

맥락: "재정 통제 법안의 문구에 찬성합니까 혹은 반대합니까?"에 대한 응답			
	찬성한다	반대한다	잘 모르겠다
인플레이션 관련 항목들과 함께 질문됨	27.5%	17.5%	55.0%
인플레이션 항목들이 산재되어 질문됨	8.8%	20.0%	71.2%

출처: Tourangeau & Rasinski, 1988

이외에도 Strack 등(1991)은 등록금이 무상인 독일 대학생을 대상으로 개념이 명확하지 않은 '교육 기부금'에 대한 찬성 여부를 묻는 질문을 하였다. 이 문항은 미국의 대학 등록금을 묻는 문항 혹은 스웨덴 정부의 학생에 대한 재정적 지원을 묻는 문항 바로 뒤에 위치하였다. 분석 결과 스웨덴 정부의 지원 문항 뒤에 위치했을 경우 '교육 기부금'에 대한 찬성율이 훨씬 높았다. 이는 미국에서의 대학 등록금을 묻는 문항을 먼저 본 응답자들은 이 교육 기부금을 등록금과 같은 자신들이 부담해야 하는 것으로 해석한 반면, 스웨덴의 정부 지원 문항을 이 질문 문항에 앞서 본 응답자들은 교육 기부금을 자신들에게 주어지는 혜택으로 해석하였기 때문이다.

위에 설명한 동화 효과는 질문의 해석 과정에서 발생한 효과인데 반해, 정보의 인출이나 판단 과정에서도 동화 효과는 발생한다. 정보의 인출 과정에서 발생하는 동화 효과의 대표적인 연구는 Tourangeau 등(1989)의 연구이다. 이들은 이전의 질문을 답하는 과정에서 상기된 정보가 이후의 질문에 미치는 영향을 알아보기 위해 동일한 질문 앞에 서로 다른 주제의 질문을 하는 실험을 수행하였다. 구체적으로, 한 응답자 집단에게는 저소득층에 대한 정부의 책임과 관련된 일련의 질문을 한 뒤 복지와 관련된 질문을 물었고, 다른 응답자 집단에는 같은 질문을 하기에 앞서 경제적 개인주의에 대해 질문하였다. 연구 결과는 사회 복지에 대한 질문에 앞서 저소득층에 대한 정부 책임에 대한 질문에 응답한 사람들은 경제적 개인주의에 대한 질문을 먼저 받은 사람들보다 사회 복지에 대한 높은 지지를 보였다.

더불어 앞서 맥락 효과의 효시로 언급한 Hyman과 Sheatsley(1950), Schuman과 Presser(1981)의 공산주의 국가의 기자 파견에 대한 연구도 이전에 제시된 질문이 응답자의 이후 응답에 영향을 끼친 판단 과정에서 발견되는 동화 효과의 예이다.

대비 효과(contrast effect)는 어떤 문항을 이웃한 문항과는 다른 것으로 해석하는 현상으로 서로 이웃한 문항과 유사하게 질문에 응답하는 동화 효과와 반대되는 개념이다. 가장 흔한 형태의 대비 효과는 어떤 동일한 주제에 관련해 하위 개념으로 간주되는 구체적인 문항이 일반적인 문항보다 앞서 제시되었을 때, 응답자가 뒤에 제시된 일반 문항을 해석할 때 앞서 제시된 내용을 제외하고 응답하는 형태로 관찰된다.

연구자들은 결혼 만족도나 이성 관계 만족도를 인생 전반의 만족도와 함께 질문한다든지, 일반적인 운전자와 초보 운전자 혹은 국가의 경제와 지방의 경제 등 같은 주제이지만 일반적인 문항이 구체적인 문항을 포함할 수 있는 짝으로 구성된 문항을 질문하는 방식으로 대비 효과의 존재를 증명해 왔다(Kalton, Collins, & Brook, 1978; Mason et al., 1995; Schuman & Presser, 1981; Schwarz, Strack, & Mai, 1991; Smith, 1986; Tourangeau, Rasinski, & Bradbunn, 1991).

예를 들어, Schwarz 등(1991)은 일반적인 질문(예: 인생 전반에 대한 만족도)과 구체적인 질문(예: 결혼 생활에 대한 만족도)의 질문 배치를 바꾸는 실험을 통해 응답자들이 어떻게 주어진 질문을 다르게 해석하는지를 보여 주었다. 먼저 결혼 만족도를 인생 전반의 만족도보다 앞서 질문했을 경우, 결혼 만족도와 인생 전반의 만족도 사이의 상관계수는 0.32였다. 그러나, 질문의 순서를 바꾸어 일반적인 인생 만족도를 먼저 질문하고 결혼 만족도를 이후에 질문한 경우 두 질문 간의 상관관계는 0.67로 증가하였다. 연구자들은 결혼 만족도-인생 만족도의 순서의 질문이 제시될 경우, 응답자들이 결혼 만족도가 앞에서 이미 질문되었으므로 뒤따르는 일반적인 인생의 만족도는 결혼을 제외한 인생의 다른 측면에 대한 만족도로 해석하고 질문에 응답하는 대비 효과가 발생하여 상관계수가 낮아진 것으로 설명하였다. 또 반대로 전반적인 인생 만족도가 먼저 질문된 경우에는, 선행하는 질문이 뒤따라 나올 질문을 아우르는 상위 개념으로, 뒤의 질문은 선행 질문의 하위 개념으로 해석하여 상대적으로 높은 상관계수가 나온 것으로 설명하였다.

그렇다면 맥락 효과는 왜 발생하는가? 우선 질문의 해석 과정에서 발생하는 맥락 효과에 대해 생각해 보자. 연구자들은 맥락 효과의 발생 원인에 대해 사람들이 일상대화에서 상황 정보를 이용해 화자의 진정한 의미를 파악해 가는 것과 같이, 설문 조사의 상황에서도 역시 질문의 의미를 파악하기 위해 질문의 위치, 즉 맥락을 사용하여 뜻을 해석하기 때문에 맥락 효과가 발생한다고 생각한다.

위의 예에서 제시된 바와 같이 인생의 만족도에서 큰 부분을 차지하는 결혼 만족도와 인생 전반의 만족도를 함께 질문하는 것은 그라이스의 대화의 규칙 중 양의 법칙으로 설명 가능하다. Grice(1975)는 대화의 4가지 원칙을 주장하였는데, 그 중 양의 법칙은 화자는 대화 시 유용하고 중복되지 않은 정보를 전달하여야 한다는 것이다. 이 법칙에 따르자면 응답자들은 뒤에 나오는 인생 만족도에 대한 질문을 해석할 때 결혼 만족도에 대한 질문에 이미 답했으므로, 여기에서 말하는 인생 만족도는 결혼 만족도를 제외한 만족도일 것이라고 해석해 응답에 중복을 피한다는 것이다. 이러한 주장은 Schwarz 등(1991), Tourangeau 등(1991)이 일반적 행복을 묻는 질문에 대해 '모든 것을 다 고려하였을 때' 혹은 '결혼을 제외하고' 등의 질문 내용을 명확히 하는 문구를 덧붙였을 때와 이러한 문구가 없을 때에도 거의 유사한 응답이 얻어진다는 사실을 보고함으로써 실증적으로 입증되었다.

Schwarz 등(1991)은 이후 제시된 일반적 질문의 해석이 앞서 제시된 구체적 질문의 수에 따라 달라진다는 사실도 추가로 보고하였다. 즉, 응답자들이 설문과 일상 대화 상황 간의 차이를 인식하여 질문을 해석할 때 항상 일상의 대화 원칙을 적용하지는 않는다는 것이다. 응답자들이 인접 질문들 간에 관련이 있다고 여길 때에는 일상의 대화 원칙을 적용함으로써 대비효과가 발생하기는 하지만, 문항 간 배치가 설문지 구성 중의 우연한 결과로써 인접 질문 간 관련이 없다고 판단하게 되면, 더 이상 일상의 대화 원칙을 적용하지 않아 대비 효과가 발생하지 않는다는 것이다. 그러므로, 설문지를 구성할 때에는 응답자가 문항 간의 관계에 대해서 명확히 알 수 있도록 돕는 화제 전환용 문장(transitional statement)이 필요하며, 개별 질문 역시 해석의 여지가 없도록 명확하게 쓰여져야 한다.

정보의 인출 혹은 판단 과정에서 발생하는 맥락 효과는 응답자가 선행한 질문을 답하는데 활성화된 작업 기억이 후속 질문에 끼치는 영향 때문에 발생하는 것으로 간주된다. 즉, 어떤 질문을 답하기 위해서는 특정 정보를 인출하고 그 후, 인출한 정보를 포함하거나 제외하는 등의 일련의 인지 과정을 겪게 되는데, 그 과정 동안 특정 정보는 작업 기억 내에서 활성화되어야 한다는 것이다. 이러한 작업 기억의 용량은 개인적으로 차이가 있으며 주로 노화에 따라 작업 기억의 용량이 줄어들므로, 맥락 효과는 전반적으로 나이가 증가함에 따라 그 크기가 줄어드는 것으로 알려져 있다(Tourangeau et al., 2000).

예컨대, Knäuper(1998)는 Schuman과 Presser(1981)가 수집한 응답자의 주관적 사회계층 평가 응답을 분석하여 나이가 많은 응답자가 젊은 응답자에 비해 관찰되는 맥락 효과의 크기가 작다는 사실을 발견하였다. 이 연구는 한 집단에는 교육과 직업에 대한 질문을 한 후 사회계층을 평가하게 하였으며, 다른 한 집단에는 사회계층을 평가한 후 교육 수준과 직업을 물었다. 연구자들은 교육과 직업은 객관적 사회계층을 나타내는 대표적 변수이므로 교육과 직업을 먼저 질문한 집단의 경우, 앞서 평가한 교육과 직업에 상응하는 방향으로 주관적 사회계층을 평가하여 높은 정적인 상관관계, 즉 동화 효과가 발생할 것으로 예상하였다. 그러나 18~54세 사이의 상대적으로 젊은 집단의 응답자들에게는 이러한 동화 효과가 관찰되었으나, 55세 이상의 나이가 많은 집단에게서는 이 효과가 발견되지 않았다.

이후 Knäuper 등(2003)은 30세 미만의 젊은 응답자와 70~80세 사이의 응답자들의 작업 기억(working memory)을 측정하고, 더불어 노동과 낙태에 관련한 질문을 해 질문의 맥락 효과를 점검하였다. 연구 결과, 고령의 응답자라 하더라도 젊은 응답자와 유사한 수준의 작업 기억을 가진 노인 응답자의 경우 젊은 응답자와 유사한 수준의 맥락 효과가 발생하였으나, 작업 기억 용량이 적은 노인 응답자에게서는 이러한 맥락 효과가 존재하지 않았다. 유사한 결과가 낙태에 대한 태도를 묻는 실험에서도 재현되어 젊은 응답자에게서 크게 나타났던 대조 효과(contrast effect)는 응답자의 나이가 증가할수록 그 크기가 점진적으로 감소하였으며, 55~59세의 응답자에게서는 경계 범위의 유의성을 보이고, 그보다 나이가 많은 응답자 집단에서는 유의하지 않았다.

이러한 경향은 응답자가 질문에서 묻는 주제에 대해 태도가 얼마나 강한 정도인지, 즉 결정화(crystalization)로도 설명이 가능하다. 예컨대, 나이가 많은 응답자의 경우 질문에 관련한 정보나 의견이 이미 존재하거나 고정되어 있어 작업 기억(memory)으로 즉시 활성화되므로 주어진 상황에 따라 응답이 달라지는 맥락 효과로부터 자유롭다는 것이다.

(3) 내용 효과

동화 효과나 대조 효과에 비해 상대적으로 덜 알려지기는 하였으나, 설문 구조와 관련하여 발생하는 현상으로 내용 효과(content effect)가 있다. 이는 설문에 포함된 질문의 내용이 조사 전체의 내용과 관련성이 낮을 경우 발생하는 것으로 알려져 있다. 예컨대 Langlet(2000)은 인구 조사와 보건 조사에서 장애에 관한 질문을 하였을 때, 각각 다른 통계치가 산출된 점을 보고하였다. 또, 미국 상시 인구 조사(CPS: Current Population Survey)를 통해 조사된 건강보험 가입자 수가 다른 보건 조사와 비교했을 때 과소 추정되는 경향 역시 내용 효과의 한 예이다. 미국 상시 인구 조사에서 건강보험 가입자 수가 과소 추정되는 이유는 첫째, 상시 인구 조사의 전체적인 조사 내용이 건강보험과는 거리가 있는 고용과 경제 활동이 중심이다. 둘째, 건강보험과 관련된 내용이 설문의 끝부분에서 조사되기 때문에 선행되는 고용 관련 문항들이 보험 문항에 영향을 끼쳐 건강 보험 가입자수가 과소 추정될 수 있다(Call, 2003; Pascale, 2001).

(4) 질문 구조에 따른 학습 효과와 측정 오차

일반적으로 설문 조사 자료의 품질은 응답자의 조사 참여의 동기 수준이 높고,

설문의 응답 절차에 대해서도 익숙해지는 조사의 초기에 가장 높은 것으로 알려져 있다. 그런데, 이 설문 절차에 대한 학습은 자료 품질의 향상과 항상 연결되어 있는 것은 아니며, 응답자의 학습은 때로는 자료 품질의 저하를 가져오기도 한다. 그 좋은 예가 분기형 질문(gate question)에서 발생하는 측정 오차이다.

분기형 질문이란 응답자가 그 문항에 어떤 답을 선택하느냐에 따라 관련한 세부 문항을 더 질문할지 여부 등 이후 질문의 경로를 정하는 질문을 일컫는다. 이러한 분기형 설문은 여러 가지 주제를 가진 조사에서 폭넓게 응용되어 쓰인다. 예컨대, 보건 조사에서 지난 6개월간, "○○님은 한평생 담배를 피운 적이 있으십니까?"라는 질문에 "예."라고 답한 응답자는 그에 관련한 다른 여러 질문들인 "처음 담배를 피운 것은 언제였습니까? 지금은 담배를 피우십니까? 하루 평균 담배를 몇 개비나 피우십니까? 아침에 일어나 가장 처음 담배를 피우는 것은 언제 쯤입니까? 담배를 끊고자 시도했던 경험이 있으십니까?" 등의 수많은 질문을 받는 반면, "아니요."라고 답한 응답자는 관련한 질문을 모두 피할 수 있어 조사를 빠르고 좀 더 손쉽게 마칠 수 있게 된다.

연구자들은 분기형 질문이 설문 조사의 뒤에 위치할 경우, 응답자가 추가 질문을 회피하는 방향으로 분기형 질문에 응답하는 경향이 있음을 보고하였다(Duan et al., 2007; Gfroerer, Lessler, & Parley, 1997; Jensen, Watanabe, & Richters, 1999; Kreuter, McCulloch, & Presser, 2011; Lucas et al., 1999). 이는 응답자들이 앞선 설문의 경험에 근거해 분기형 질문에 "예."라고 응답하면, 일련의 질문에 응답해야 한다는 사실을 학습함으로써 조사 시간과 자신의 인지적 부담을 줄이기 위해 자신의 응답을 고의로 바꾸기 때문이라고 파악한다.

예를 들어, Gfroerer 등(1997)은 약품 남용에 대한 전국 가구 조사(NHSDA: National Household Survey on Drug Abuse)의 예비 조사(field test)에서 분기형 질문을 개별 약품 섹션의 초반에 질문하고, 이 응답에 따라 음주, 마리화나, 흡입제 등 관련 섹션 전체를 완전히 건너뛸 수 있는 설문지(skip version)와 그렇지 않은 설문지(non-skip version) 2개를 이용하여 응답자들의 학습 효과와 측정 오차를 비교하였다. [표 3-12]에 제시된 바와 같이, 이들은 분기형 질문이 개별 약물 섹션의 초기에 포함되어 응답자들이 뒷 질문을 피할 수 있는 요령을 학습 가능한 설문지를 이용한 집단의 경우, 다른 집단에 비해 여러 약물의 사용 경험이 전반적으로 낮은 것으로 나타났다.

[표 3-12] 설문지 사용 그룹 간 약물 사용 경험률 - 1992 NHSDA 1/4분기 데이터

약물 종류	건너뛸 수 없는 설문지 (non-skip version)	건너뛸 수 있는 설문지 (skip version)
담배	70.9%	67.7%
진정제	4.2%	4.8%
신경 안정제	5.6%	5.0%
각성제	6.8%	6.7%
진통제	6.1%	6.0%
술	82.1%	80.6%
마리화나	32.8%	27.9%
흡입제	5.1%	4.5%
코카인	12.0%	7.5%
환각제	8.0%	6.1%
헤로인	0.9%	0.7%

출처: Gfroerer et al., 1997

이런 학습에 따른 응답의 고의 편집 현상은 온라인 조사에서도 나타난다. Peytchev와 Couper와 McCabe와 Crawford(2006)는 스크롤을 통해 다음 문항을 미리 볼 수 있는 음주 관련 인터넷 조사에서 자신의 선택에 따라 어떤 질문을 답해야 할지 경로 관찰이 가능할 경우, 이동 경로가 드러나지 않았던 조사에 비해 질문을 피하는 방향으로 응답을 선택하는 경향이 있음을 밝혔다.

[표 3-13] 학습 효과로 인한 측정 오차를 줄이기 위한 분기형 질문의 설계

피해야 할 설문 설계의 예	바람직한 설문 설계의 예
섹션 1. 흡연 문 1. ㅇㅇ님은 한평생 담배를 피운 적이 있으십니까? [흡연 질문 1 = "예"이면 아래를 질문할 것] 문 2. 처음 담배를 피운 것은 언제였습니까? 문 3. 지금 현재 담배를 피우십니까? … 등	**섹션 1. 스크리닝(screening)** S1. ㅇㅇ님은 한평생 담배를 피운 적이 있으십니까? S2. ㅇㅇ님은 한평생 술을 10잔 이상 마셨습니까? S3. ㅇㅇ님은 한평생 한 번이라도 마리화나를 사용한 적이 있으십니까?
섹션 2. 음주 문 1. ㅇㅇ님은 한평생 술을 10잔 이상 마셨습니까? [음주 질문 1 = "예"이면 아래를 질문할 것] 문 2. ㅇㅇ님은 술을 마실 때 평균 몇 잔 정도를 마십니까? 문 3. ㅇㅇ님은 얼마나 자주 술을 마십니까? … 등	**섹션 2. 흡연(S1 = '예'일 경우만 질문할 것)** 문 1. 처음 담배를 피운 것은 언제였습니까? 문 2. 지금 현재 담배를 피우십니까? … 등
섹션 3. 마리화나 문 1. ㅇㅇ님은 한평생 한 번이라도 마리화나를 사용한 적이 있으십니까? [마리화나 질문 1 = "예"이면 아래를 질문할 것] 문 2. ㅇㅇ님이 처음 마리화나를 사용한 때는 언제입니까? 문 3. ㅇㅇ님이 가장 마지막으로 마리화나를 사용한 때는 언제입니까? … 등	**섹션 3. 음주(S2 = '예'일 경우만 질문할 것)** 문 1. ㅇㅇ님은 술을 마실 때 평균 몇 잔 정도를 마십니까? 문 2. ㅇㅇ님은 얼마나 자주 술을 마십니까? … 등
	섹션 4. 마리화나(S3 = '예'일 경우만 질문할 것) 문 1. ㅇㅇ님이 처음 마리화나를 사용한 때는 언제입니까? 문 2. ㅇㅇ님이 가장 마지막으로 마리화나를 사용한 때는 언제입니까? … 등

그러므로 분기형 질문을 반복하여 질문해야 할 경우에는 이들 질문을 함께 묶어 한꺼번에 미리 질문함으로써 응답자가 자신의 응답에 따라 질문의 경로가 바뀐다는 사실을 인지하지 못하도록 하여 측정 오차를 줄여야 한다. [표 3-13]은 이러

한 분기형 질문을 포함한 설문 설계의 예를 보여 준다. 예컨대, 3개의 섹션(흡연, 음주, 마리화나)으로 이루어진 설문지가 있다면, 왼쪽의 피해야 할 설문 설계의 예에 드러난 바와 같이 각 섹션의 도입부에 분기형 질문을 한다면 응답자는 자신의 응답 효과를 학습해 후속 질문을 피하는 방향으로 응답을 왜곡할 수 있다. 하지만, 오른쪽의 바람직한 설문 설계의 예에 드러난 바와 같이 각 섹션의 질문을 하기 전의 스크리닝 섹션에서 분기형 질문을 모두 한꺼번에 묻게 된다면, 응답자가 "아니요."라고 응답한 경우 해당 섹션의 존재 자체를 인지하지 못하므로 응답자는 자신의 응답과 질문 경로의 관계를 파악할 수 없어, 분기형 질문에서 발생가능한 응답의 고의 편집으로 인한 측정 오차를 예방할 수 있다.

3) 설문의 유형과 디자인에 따른 측정 오차

설문 조사에 사용되는 질문은 크게 주어진 보기 중에서 응답을 선택하는 폐쇄형 질문(close-ended question)과 주어진 보기 없이 자유롭게 자신의 응답을 서술하는 개방형 질문(open-ended question)으로 구분된다.[15] 폐쇄형 질문은 주어진 보기 중 오직 하나의 답을 고르는 택일형(single choice) 질문과 여러 개의 답을 선택하는 것이 허용되는 다지선다형(multiple choice) 질문으로 구분된다. 또 폐쇄형 질문에는 나열된 명목 척도 간에 응답을 선택하는 질문이 있는가 하면, 응답자가 일정한 방향성과 서열을 가진 보기를 사용해 질문에서 서술된 내용과 어울리는 응답을 고르는 평정형 척도를 사용하는 질문도 있다. 이 장에서는 이러한 질문의 형태에 따라 발생하는 다양한 형태의 측정 오차에 대해 살펴 본다.

15) 흔히 일상에서 객관식, 주관식 질문이라고 불린다.

(1) 개방형 질문의 측정 오차

개방형 질문을 사용할 것인가, 폐쇄형 질문을 사용할 것인가는 설문의 목적에 따라 결정된다. 예컨대, 폐쇄형 질문은 질문에서 묻고 있는 사안에 대해 응답자들이 주로 어떤 선택을 하는지가 비교적 잘 알려진 경우 응답자들의 인지 부담을 감소시키고, 개방형 질문을 사용할 경우 수반되는 자료 수집 이후 발생하는 코딩(coding) 작업을 피할 수 있는 장점을 가진다. 또 마케팅 조사 등에서는 브랜드의 파워를 다각도에서 파악하기 위해 인지도가 높은 상위 브랜드를 보기로 제시하는 폐쇄형 질문을 사용하기도 하고, 보기를 전혀 제시하지 않는 개방형 질문을 사용하기도 하는 등 설문의 목적에 따라 질문의 형태가 결정되기도 한다.

설문 연구자들은 응답의 단위가 비교적 분명한 경우 개방형 질문을 많이 사용하는데, 이는 폐쇄형 질문과 비교해 많은 장점은 가진다. 예를 들어 나이를 묻는 질문에 개방형 질문인 "○○의 나이는 어떻게 되십니까?"를 사용하면 수많은 응답 보기를 나열할 필요가 없고, 응답 보기의 배열이나 내용과 관련한 측정 오차를 줄이는 동시에 간단하게 폐쇄형 질문과 동일한 수준의 정보를 얻을 수 있다. 그러나 개방형 질문을 사용할 경우, 응답자들은 자신이 질문을 제대로 이해하고 정확히 응답하고 있음에도 불구하고 그 사실을 인지하기 쉽지 않고 또 폐쇄형 질문처럼 빨리 응답을 제공하지도 못하기 때문에 '모름'을 응답하는 경우가 더 빈번하다고 한다(Krosnick & Presser, 2009). 그렇지만, 응답자가 '모름'을 쉽게 선택할 수 없도록 하는 환경에서 수집된 개방형 질문의 응답은 폐쇄형 질문의 응답보다 더욱 신뢰할 만하며, 더 자세한 정보를 준다는 연구가 보고되고 있다(Mondak, 2001).

이러한 개방형 질문 역시 측정 오차로부터 자유롭지 않고 개방형 질문 고유의 한계를 가지기도 한다. 이중 가장 빈번하게 관찰되는 현상은 응답자가 숫자를 묻는 질문에 정확한 수치 대신 어림(rounding)을 해 보고하는 현상이다. 가장 널리 알려진 어림 보고 현상의 예는 인구 통계학 조사에서 나이를 주로 5의 배수로 보고하는 연령 편중 현상(age heaping)이며(Shryock, Siegel, & Stockwell, 1976), 이외에도 응답자들의 어림 보고 현상은 여러 설문 조사에서 발견되고 있다(홍민기 외,

2014; Bachi, 1951; Huttenlocher, Hedges, & Bradburn, 1990; Jobe et al., 1997; Kennickell, 1996; O'Grada, 2006; Schaeffer & Bradburn, 1987; Tourangeau & Smith, 1996, 1998).

예를 들자면, Jobe 등(1997)은 시카고 성인을 대상으로 한 조사에서 평생 동안 성관계를 한 사람의 숫자를 묻는 설문 결과를 분석하여 응답 분포의 편중 현상을 보고하였다. 이들은 응답 분포가 5의 배수에서 심한 편중을 보였으며, 10명 이상과 성관계를 한 응답자의 경우 62%에 달하는 응답자가 5의 배수로 설문에 응답하였다고 했다. Tourangeau와 Smith(1996, 1998)은 역시 평생 동안 성관계를 한 사람에 대한 자료를 분석한 결과 응답의 대부분이 5의 배수이며, 응답 간 거리가 점점 더 커지는 5, 10, 15, 25, 50, 100의 형태임을 보고하였다. 또 Schaeffer와 Bradburn(1987)는 가족 구성원을 돌보는 스트레스를 0에서 1,200에 이르는 직선 척도를 따라 표시하는 방식으로 응답자들이 스트레스 수준을 어떻게 수량화하는지를 살펴보았는데, 그 결과 거의 95%에 달하는 응답이 100의 배수임을 보고하였다.

그뿐만 아니라 Huttenlocher 등(1990)은 몇 차례의 설문 조사를 통해, 이전의 설문 조사에 참여한 것이 며칠 전이었는지 묻는 질문을 하였는데 그 응답이 7의 배수 혹은 30의 배수에 편중한 현상을 발견하였다. 이는 설문 응답자들이 한 주를 구성하는 7일과 한 달을 구성하는 30일을 이용해서 참여 시기를 어림한 것을 보여 주는 것이다. 흥미로운 것은 Jobe 등(1997), Tourangeau와 Smith(1996, 1998)의 연구에서 성관계를 한 사람의 숫자가 10명 이상으로 많았던 응답자에게서 5에 배수로 된 어림 응답이 많았던 것과 같이, 이 연구에서도 마찬가지로 설문에 참여한 시기가 오래될수록 어림값을 사용한 응답자가 많았다는 사실이다. Huttenlocher 등(1990)은 이러한 사실을 두고 자신의 응답에 대해 확실한 숫자를 회상하는 것이 어려울 경우 응답자들은 어림값을 사용하며, 이는 자신의 응답이 정확하지 않음을 알려주는 신호라고 주장하였다. 또 홍민기 등(2014)은 소득에 대해 응답하지 않으면 다음 조사 항목으로 이동할 수 없도록 응답을 강제한 CAPI(Computer

Assisted Personal Inteviewing) 조사 집단과 종이 설문지를 사용한 PAPI(Paper and Pencil Interviewing) 조사 집단 간의 연간 가구 근로 소득을 비교하여 CAPI 집단의 소득의 편중률이 더욱 높게 나타나는 현상을 보고하기도 하였다.

Kennickell(1996) 역시 소비자 재정 조사(Survey of Consumer Finances)에서 수집한 소득과 자산 자료를 분석하여, 많은 수의 응답자가 이러한 질문에 정확한 답을 할 수 없었으며, 2만 달러에서 3만 달러 사이 등의 범위로 응답한다는 사실을 보고하였다. 또 차나 집의 가치를 묻는 질문의 경우 실제 자산을 처분하지 않는 한 정확한 값을 계산해 내기 어려우므로 어림값이나 범위로 주어진 응답이 좀 더 정확하고 효과적인 응답일 수 있다고 주장하기도 하였다.

그러나 대부분의 연구자들은 이러한 응답 분포의 편중 현상이나 어림치 응답 현상에 대해 응답자가 정확한 정보를 찾는 데 어려움이 있거나, 정확한 응답을 제공하는 것에 대한 부담으로 응답을 기피해 발생하는 것으로 본다. 예를 들어, Jobe 등(1997)의 평생 동안 성관계를 한 사람의 숫자를 묻는 질문에 대해 사회적 통념상 너무 많다고 여겨지는 숫자를 정확히 답할 경우 발생가능한 당황스러운 상황을 피하기 위해 자신의 답이 정확치 않다는 인상을 주려고 고의적으로 어림하여 응답한다는 것이다. 더불어 Huttenlocher 등(1990)은 이러한 어림 응답을 할 경우 응답자들이 올림(round up)을 하기보다는 대부분 내림(round down)을 하는 경향이 있어 측정에 편향이 발생할 수 있음을 지적하기도 하였다.

또 하나의 흥미로운 연구 결과는 개방형 질문 응답을 위해 주어지는 공란의 크기가 응답에 미치는 영향이다. Couper 등(2001)은 개방형 질문의 공란 크기를 조정하는 인터넷 조사를 수행하였는데, 긴 공란과 짧은 공란을 이용해 수집한 응답을 비교했을 때, 길이가 짧은 공란의 경우 공란을 그냥 비워두는 항목 무응답의 비율이 더 높았다고 한다. 하지만, 긴 공란이 주어졌을 경우에는 '모름'이라고 응답을 써놓는 경우가 더욱 많았으며, 숫자만으로 응답해야 함에도 불구하고 4와 5 사이라고 적는 등 적절치 않은 응답을 한 비율 역시 높아졌다고 한다.

(2) 폐쇄형 질문의 측정 오차

폐쇄형 질문에서는 개방형 질문과는 다른 형태의 측정 오차가 발생한다. 폐쇄형 질문에서 발생하는 측정 오차 중 대표적인 것이 응답 보기의 순서 효과(response order effect)인데, 이는 말 그대로 보기가 제시되는 순서가 응답자의 선택에 영향을 끼치는 현상을 일컫는다. 이 보기의 순서 효과는 방향성을 가진 평정형 척도뿐만 아니라 다지선다형의 범주형 보기를 가진 폐쇄형 질문에서도 관찰된다. 응답 보기의 순서 효과는 앞에서 살펴본 만족절충 현상(p. 97)과 연관되어 응답에 영향을 미치는 것으로 알려져 있으며(Bishop et al., 1988; Krosnick & Alwin, 1987; Tourangeau et al., 2004), 자료 수집 방법에 따라 그 방향이 달라지는 경향을 보인다. 그래서 응답 보기의 순서 효과는 뒤의 3장 4절 3) 자료 수집 방법과 관련 오차(p. 162)에서 좀 더 자세히 다루도록 한다.

이와 더불어 폐쇄형 질문에서 응답자가 자신이 선택한 답에 확신이 없을 때 주어진 보기를 참조하여 이를 전체 응답의 분포를 유추해 질문에 응답함으로써 발생하는 측정 오차가 있다. 하지만, 이 역시 앞의 3장 2절 응답자에 기인한 측정 오차의 5) 설문의 응답(p. 90)에서 다루었으므로, 이 장에서는 위 2가지 문제를 제외한 평정형 척도와 관련한 문제를 주로 서술할 것이다.

① 평정형 척도 – 몇 점의 척도를 사용할 것인가?

응답자가 주어진 진술(statement)에 대한 동의 정도나 의견의 강도를 숫자를 이용하여 밝히는 방식의 평정형 척도(rating scale)는 설문 조사에서 가장 빈번히 사용되는 척도 중 하나이다. 평정형 척도는 문항의 보기를 그대로 둔 채 질문 내용만을 변화함으로써 다양한 주제에 대한 의견이나 태도를 손쉽게 측정할 수 있다. 이러한 편리성 때문에 평정형 척도는 많은 설문 조사에서 폭넓게 사용되고 있으며, 이 척도를 처음 제안한 심리학자 렌시스 리커트(Rensis Likert)의 이름을 본따 리커트 척도(Likert scale)라고 불리기도 한다(Likert, 1932). 이 평정형 척도는 보통 5점 척도나 7점 척도가 가장 빈번하게 사용되지만, 2점에서 3점, 4점, 10점에 이르기까지 다양한 점수의 척도가 사용되고 있으며, Miller(1982)의 연구에는 101점 척도를 사용하기도 하였다.

여건이 허락하는 한 다점의 척도를 사용하는 것이 일반적이다. 이는 척도의 크기가 클수록 응답의 분산이 커져 자료 분석에 용이하기 때문이다. 하지만, 10점 이상의 척도를 사용한다고 해서 더 좋은 결과나 새로운 정보가 제시되는 것은 아니기 때문에(Andrews, 1984), 필요 이상으로 큰 척도를 사용하는 것은 바람직하지 않다.

척도의 크기에 따라 문항의 신뢰도 및 타당도가 어떻게 달라지는지에 대한 연구 결과는 다양하다. Bendig(1954)는 2점, 3점, 5점, 7점, 9점 척도에서 모두 비슷한 수준의 신뢰도를 발견했고, 다른 연구자들도 2점에서 7점, 2점에서 19점에 이르는 척도를 두고 유사한 결과를 보고하고 있다(Birkett, 1986; Jacoby & Matell, 1971; Komorita & Graham, 1965; Masters, 1974; Matell & Jacoby, 1972).

Givon과 Shapira(1984)의 연구에 따르자면, 2점에서 7점 척도로 늘어나는 과정에서 척도의 점수가 커질수록 신뢰도가 증가하며, 11점 척도까지 응답의 신뢰성도는 계속 증가하지만, 7점을 넘어선 이후 신뢰도의 증가폭은 크지 않다고 한다. 또, Jacoby와 Matell(1971)은 다점 척도(2~19점)를 2점 및 3점 척도로 변환한 후 척도 사이의 신뢰도와 타당도를 비교했는데, 그 결과 원 척도를 사용한 경우에 비해 신뢰도와 타당도가 다소 낮아졌지만, 그 감소 정도가 통계적으로 유의한 수준은 아니었다고 한다. 따라서 이들은 척도의 수를 줄이는 것이 신뢰도나 타당도에 부정적인 영향을 미치지는 않는다고 보았다. 그런가 하면, 5점까지는 신뢰도가 증가하지만 그 이상의 척도를 사용한다고 해서 신뢰도가 증가하지 않는다거나(Jenkins & Taber, 1977; Lissitz & Green, 1975) 7점까지는 척도 크기에 따라 신뢰도가 증가한다는 결과도 있다.

여러 문헌 연구에 따르자면 대체로 7점 척도가 최적의 척도임을 시사한다. 하지만, 이 결론은 응답자에게 척도가 시각적으로 제공되는 조사 환경에서 도출된 것으로, 조사가 음성으로 이루어지는 전화 조사 등에서 7점 척도의 사용은 바람직하지 않을 수 있다. 연구자들은 여러 자료 수집 방법을 사용해야 하는 조사(예컨대 우편 조사, 전화 조사, 인터넷 조사를 병행하여 자료를 수집하는 조사 등)의 경우, 동일한 문항을 고집하는 것보다 자료 수집 방법의 특성을 고려하여 문항을 조정할 것을 권고하기도 한다. 예컨대, [표 3-14]에 제시된 바와 같이 어떤 조사에서 우편 조사와 전화 조사를 통해 자료를 수집한다면, 우편 조사에서는 한 질문 문항으로 조사를 하되, 전화 조사에서는 한 질문을 두 문항으로 분리하는 가지치기(branching) 방법을 사용하는 것이다. 또, Krosnick과 Berent(1993)는 전화 조사에서 7점 척도를 사용하는 것보다 이러한 가지치기를 통해 2문항을 질문할 때 질문 소요 시간이 더 짧다는 것을 보고하기도 하였다.

[표 3-14] 우편 조사를 변환한 전화 조사용 가지치기(branching)의 예

<table>
<tr><th>우편 조사</th><th colspan="2">전화 조사</th></tr>
<tr><td rowspan="2">본인의 건강에 대해 어떻게 평가 하십니까?
1. 아주 나쁘다
2. 상당히 나쁜 편이다
3. 나쁜 편이다
4. 보통이다
5. 좋은 편이다
6. 상당히 좋다
7. 아주 좋다</td><td colspan="2">본인의 건강에 대해 어떻게 평가하시는지 나쁘다, 보통, 좋다 중에서 골라 주십시오.
1. 나쁘다 2. 보통이다 3. 좋다</td></tr>
<tr><td>[위의 질문에서 1 = '나쁘다'를 대답한 경우]
본인의 건강이 나쁘다고 하셨는데요, 얼마나 나쁜지 말씀해 주세요.
1. 아주 나쁘다
2. 상당히 나쁜 편이다
3. 나쁜 편이다</td><td>[위의 질문에서 3 = '좋다'를 대답한 경우]
본인의 건강이 좋다고 하셨는데요, 얼마나 좋은지 말씀해 주세요.
1. 아주 좋다
2. 상당히 좋다
3. 좋은 편이다</td></tr>
</table>

② 평정형 척도 – 중간 응답 보기를 응답을 포함시킬 것인가?

평정형 척도에서 몇 점 척도를 사용할지를 결정하는 데에는 중간 응답 보기의 포함 여부 역시 고려되어야 한다. 예컨대, 특정 상품의 사용 만족도를 묻는 설문에서 '아주 만족한다', '만족하는 편이다', '만족하지도 불만족하지도 않는다', '불만

족하는 편이다', '아주 불만족한다'의 5점 척도를 사용한다면 '만족하지도 불만족하지도 않는다'가 중간 응답 보기이다.

연구자들은 중간 보기를 척도에 포함시킴으로써 응답자들이 주의 깊게 설문에 답하지 않고, 대충 응답하게 하는 만족절충 성향을 증가시킬 수 있다는 점을 우려해 왔다. 이러한 만족절충형 응답 성향은 인지 능력이나 질문 사안에 대해 약한 태도를 견지한 응답자들에게 더 크게 발생하는 경향이 있으므로, 중간 응답이 보기로 포함될 경우 설문의 측정 오차가 특정 집단의 경우 더욱 편향될 수 있다는 것이다. 그런데, 이러한 우려에 대한 실증 연구 결과는 혼재되어, Kalton과 Roberts와 Holt(1980), Narayan과 Krosnick(1996), O'Muircheartaigh와 Krosnick과 Helic(1999), Schuman과 Presser(1981)는 중간 보기 선택 성향을 인지 능력의 대리 변수인 교육 수준과 관련이 없음을 보고하였고, O'Muircheartaigh 등(1999)은 해당 질문사안에 대한 지식수준 역시 중간 보기 선택 성향과 관련이 없음을 밝혔다. 하지만 Bishop(1990), Krosnick과 Schuman(1988), O'Muircheartaigh 등(1999)은 중간 응답을 선택하는 성향이 질문 문항에 대해 무관심할수록, 또 강한 태도가 형성되지 않은 응답자일수록 커짐을 보였다.

중간 보기가 측정 오차에 끼치는 영향 외에 주목해야 할 점은 중간 보기를 포함할 경우 그 척도의 신뢰성과 타당성이 증가한다는 사실이다(O'Muircheartaigh et al., 1999). 이들 연구자들은 구조 방정식 모형을 이용하여 중간 보기를 포함하지 않은 경우 오히려 응답자들이 주어진 보기 중 아무 보기나 임의로 선택한 사실을 발견하였다. 그뿐만 아니라 Schuman과 Presser(1981)은 실제의 의미를 가진 응답 - 다음의 [표 3-15]에 제시된 '쉬워져야 한다'와 '어려워져야 한다' 간의 비율이 65~70% 수준으로 중간 응답 보기의 존재를 응답자에게 알려줬을 때와 그렇지 않을 때 사이에 큰 차이가 없다는 사실을 보고하였다.

[표 3-15] 중간 보기의 유무에 따른 응답의 분포

	중간 보기의 존재를 질문에 명시하지 않음	중간 보기를 명확히 질문에 제시
	이 나라의 이혼이 현재보다 더 쉬워져야 한다 혹은 어려워져야 한다고 생각하십니까?	이 나라의 이혼이 현재보다 더 쉬워져야 한다 혹은 어려워져야 한다고 생각하십니까? 혹은 현 상태로 유지되어야 한다고 생각하십니까?
쉬워져야 한다	28.9%	22.7%
어려워져야 한다	44.5%	32.7%
현행대로 유지	21.7%[16)]	40.2%
모름	4.9%	4.3%

출처: Schuman & Presser, 1981

이를 통해 연구자들은 중간 보기를 포함하는 것이 실제로 중도의 의견을 가진 응답자가 본인의 의견과 가장 유사한 보기를 선택할 수 있는 기회를 주므로 중간 보기를 생략하여 이들의 응답을 다른 보기로 강요하는 것보다 중간 보기를 포함하는 것이 바람직하다고 제언하였다.

③ 평정형 척도 – 척도에 부여하는 점수와 이름표(label)는?

몇 점의 평정 척도를 사용할 것인지와 중간 보기의 포함 여부를 결정하였다면 그 다음으로 결정해야 하는 것은 각각의 척도값(value point)에 어떤 점수와 이름표를 붙이는가이다.

여러 연구에 따르자면, 평정형 척도의 개별 점수에 부여된 이름표가 존재할 경우 척도의 신뢰도가 높다고 한다. 예를 들어, 5점 척도에 사용되는 5개의 점수에

16) 폐쇄형 보기 중에 '현행 유지'가 제공되지 않았음에도 불구하고 응답자가 직접 이러한 응답을 한 비율

대해 1점에 '나쁨', 2점에 '나쁜 편', 3점에 '보통', 4점에 '좋은 편', 5점에는 '좋음'이라는 그 점수에 상응하는 뜻을 말로 풀어쓴 이름표(verbal label)를 붙인 척도가 1점에 '나쁨', 5점에 '좋음'이라는 일부 점수에 대해서만 이름표를 붙인 척도보다 신뢰도가 높다는 것이다(Krosnick & Berent, 1993). 설문의 응답자들 역시 이렇게 말로 의미를 풀어쓴 척도에 더 큰 만족을 나타내었다(Dickinson & Zellinger, 1980).

그렇지만 질문을 작성하다 보면 평정형 척도에 쓰인 모든 다점의 척도에 적절한 이름표를 붙이기가 곤란한 경우가 있다. 예를 들어 5점이나 7점 척도까지는 점수에 대응하는 설명을 붙이는 것이 가능하지만, 10점 척도를 사용한다고 하면 10점에 각각 맞아 떨어지는 이름표를 달기가 힘들어진다. 그래서 실제 조사에는 10점 중 일부에 대해서만 이름표를 달고 나머지는 숫자만 제시하기도 하는 경우도 쉽게 찾아볼 수 있다. 그런데 설문에서 질문하고 있는 사항이나 주어진 척도의 의미가 무엇인지를 해석하는 데 곤란을 느끼는 응답자들은 질문을 구성하는 여러 정보, 예컨대 보기의 순서나 보기에 부여된 숫자 등의 부수적인 정보를 이용해 질문을 이해하고 응답을 시도한다고 한다. 그러한 과정에서 척도에 부여된 점수는 설문 응답에 영향을 끼치기도 하는데, 이는 뒤에 나오는 평정형 척도와 응답 편향에서 더욱 자세히 다루도록 하겠다.

④ 평정형 척도와 응답 편향

우선 평정형 척도와 같이 서열을 가진 보기를 가진 질문에 어떻게 응답하는지에 대한 이론을 살펴보자. 평정형 척도의 응답 과정으로 가장 광범위하게 받아들여지는 것은 Parducci의 범위 빈도 모델(range frequency model)이다(Parducci, 1965, 1974).

이 모델에 따르자면, 응답자들은 자신의 판단을 주어진 보기로 변환하는 과정(mapping)에서 범위의 원칙(range principle)과 빈도의 원칙(frequency principle)에 의존한다고 한다. 범위의 원칙은 가장 최극단의 사실과 주어진 보기 중 가장 최극단의 보기로 치환되며, 이 극단의 보기가 나머지 보기의 의미를 규명하는 기준

점(anchor)으로 사용된다는 것이다. 또 빈도의 원칙은 응답자는 개별 보기가 같은 비율로 분포한다고 가정하여 질문에 응답한다는 것이다. 즉, 평정형 척도의 경우 개별 척도의 점수는 같은 빈도로 발생한 것이며, 그러므로 응답의 분포는 [그림 3-2]에 제시된 것과 같이 사각형 형태라는 것이다. 하지만, 이러한 이론적인 분포는 아래에 설명할 여러 가지 응답 편향 등으로 왜곡되어 실제로 나타나지 않는다(Tourangeau et al., 2000).

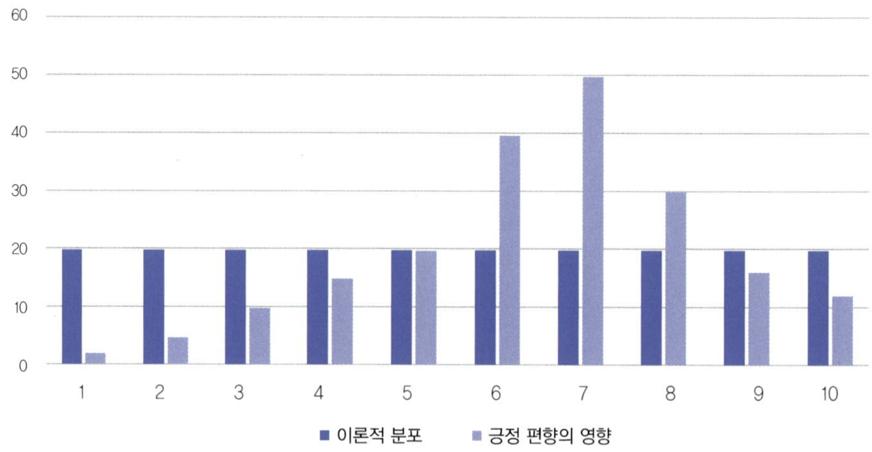

[그림 3-2] 평정형 척도의 이론적인 분포

Parducci의 이론에서 설명한 사각형 형태의 응답 분포를 막는 요소로는 긍정 편향(positivity bias), 척도의 레이블링 효과(scale labeling effect), 인지적 참조점(cognitive reference point), 응답 축소(response contraction) 경향 등이 있다.

그 첫 번째로 긍정 편향은 관용 편향(leniency bias)이라고도 불리는데, 사람들이 타인을 평가할 때 긍정적으로 평가하는 경향이 있다는 것이다. 이러한 경향은 직원 업무 평가나 정치인의 평가, 대학생의 교수 평가 등의 자료에서 흔히 관찰되어 왔다(Lau et al., 1979; Sears, 1983). 긍정 편향이 왜 존재하는지에 대한 원인은 확실히 규명되지 않았으나, 일반적으로 사람들이 긍정적인 인간관계를 선호하는 경향이나 타인이 나를 평가할 때도 긍정적으로 봐주었으면 하는 희망의 발로에서 혹은 면접원 등의 타인에게 부정적인 사람으로 비춰지고 싶지 않은 욕망에서 비롯하는 것으로 설명된다.

두 번째로 이론적 응답 분포의 왜곡을 가져오는 척도의 레이블링 효과는 Schwarz 등(1991)의 실험을 통해 널리 알려졌다. 이 연구자들은 동일한 11점 척도에 동일한 이름표를 사용하되, 한 척도에는 −5점에서 5점을, 다른 척도에는 0점에서 10점을 사용하여 응답자에게 인생의 성공 정도를 점수로 평가하도록 하였다. 응답자들은 이 척도를 다르게 받아들여, 0에서 10점 척도의 경우 가장 낮은 값인 '0'에 대해서 '성공하지 못함'으로 해석한 데 비해, −5에서 5점 척도의 경우 가장 낮은 값이 '−5'에 대해서는 '절망적인 실패'로 해석하여, 음의 값을 사용하는 척도의 경우 응답의 분포가 전반적으로 오른쪽, 즉 양의 점수로 이동한 결과를 보였다. 이는 후속 연구를 통해 여러 차례 재현되어 응답 척도에 붙여진 숫자가 설문 응답에 끼치는 영향이 일관성 있게 증명되었고, 음의 숫자는 양의 숫자보다 더 극단적인 의미를 가진다는 것이 밝혀졌다(Schwarz, Grayson, & Knäuper, 1998; Schwarz, Knäuper et al., 1991; Tourangeau, Couper, & Conrad, 2007).

인지적 참조라는 것은 수직이나 수평의 선, 서로 다른 색깔 등 시각 자극의 경우 이들이 가진 고유의 인지적인 의미가 설문의 응답에도 영향을 끼친다는 것이다. 이는 앞서 개방형 척도에서 발생하는 숫자의 어림현상에서 설명하였듯이, 7의 배수, 30의 배수 등이 특정 숫자가 숫자 고유의 의미 외에 일주일, 한 달이라는 다른 부수적 의미를 가지는 것과 같이, 척도 상에 왼쪽이나 위쪽에 위치하는 것이 설문 상황과 독립적인 고유한 의미를 가지기 때문에 발생한다. 이러한 인지적 참조로 인한 응답 효과는 인터넷 조사를 통해 활발한 연구가 진행되고 있다.

예컨대, Tourangeau 등(2007)은 보기에 부여된 음영이 설문 응답에 영향을 줄 수 있을 것이라고 생각하고, 같은 색상이지만 명암을 달리한 보기 척도와 색상(한 쪽은 파란색 명암, 다른 한 쪽은 노란색 등)과 명암을 모두 달리한 보기를 이용한 실험을 진행하였다. 연구 결과 이들은 양 옆의 척도가 서로 다른 색상과 명도일 경우 응답의 분포가 한쪽 방향(높은 척도)으로 이동하는 경향을 발견하였다. 그러나 이러한 색상의 효과는 각 척도의 점수에 상응하는 글로 쓰여진 이름표가 있을 경우 사라져 버렸다고 한다(Tourangeau et al., 2007). 이후 Toepoel과 Dillman(2008)은 응답자가 숫자 이름표(number label)보다는 글로 쓰인 이름표(verbal label), 색상보다는 숫자에 더 큰 의미를 두고 질문에 응답한다는 한 발 더 나아간 연구 결과를 발표하기도 하였다.

또 응답자들은 보기가 논리적으로 정연하게 배치되어 있다고 전제하고, 보기가 수평으로 제시된 경우 왼쪽에서부터 오른쪽으로, 수직으로 제시될 경우 위에서 아래로 정보를 처리한다고 한다. 그래서 제시된 보기가 이러한 정보의 처리 순서와 일치하지 않을 경우, 응답하기까지 걸리는 응답 시간(response time)이 증가하였다(Toepoel & Dillman, 2008; Tourangeau et al., 2004).

더 나아가 응답자들은 [표 3-15]에 제시된 바와 같이 물리적 근접성에 대해 개념상의 연관성을 부여해, 주어진 보기의 물리적 위치에 따라 서로 다른 선택을 하기도 한다. 구체적으로 개념상의 중간 보기가 시각적인 중간 보기와 일치하지 않은 불균등한 공간을 가진 척도의 경우([그림 3-3]에서 아래의 척도) 응답자의 63.4%가 "아마도 발생하지 않을 것", "확률이 아주 낮음", "전혀 발생하지 않음"을 선택한 반면, 균일한 공간을 가진 척도의 경우([그림 3-3]에서 위의 척도) 이러한 응답을 고른 응답자는 58.3%로 감소하였다. 또 다른 연구에서는 컴퓨터 화면 하나당 하나의 문항이 제시된 경우보다 하나의 화면에 복수의 문항이 제시된 경우 문항 간 상관계수가 더 높은 현상을 보고하였다. 이러한 연구 결과를 살펴보면, 얼핏 사소해 보이는 설문지 디자인이 어떻게 응답에 영향을 끼치는지를 쉽게 알 수 있다(Couper et al., 2001; Toepoel & Dillman, 2008; Tourangeau et al., 2004).

내년 한 해 동안, 너무 아파서 하루 종일 혹은 그 이상 병상에 누워 지낼 확률이 어느 정도라고 생각하십니까?						
확실히 발생함	확률이 아주 높음	아마도 발생할 것	발생 확률이 반 정도임 (개념상 중간 보기)	아마도 발생하지 않을 것	확률이 아주 낮음	전혀 발생하지 않음
○	○	○	○	○	○	○

내년 한 해 동안, 너무 아파서 하루 종일 혹은 그 이상 병상에 누워 지낼 확률이 어느 정도라고 생각하십니까?						
확실히 발생함	확률이 아주 높음	아마도 발생할 것	발생 확률이 반 정도임 (개념상 중간 보기)	아마도 발생하지 않을 것	확률이 아주 낮음	전혀 발생하지 않음
○	○	○	○	○	○	○

[그림 3-3] 척도간 공간이 균일한 경우와 균일하지 않을 경우

출처: Tourangeau et al., 2004

마지막으로 응답 축소 경향은 응답자들이 주어진 보기를 사용해 응답을 선택하기는 하지만, 극단의 보기를 피하는 경향을 가진다는 것이다. 이러한 경향은 응답자들이 척도의 중간값이 무엇인지를 미리 알고 있는 경우 자주 발생하며, 중간 보기 선택 성향(middle response style)과도 일맥 상통한다. 이러한 성향은 응답자가 속한 문화권에 따라 그 크기에 차이를 보이기도 하는데, 이 장의 뒤에 나올 4) 문화적 조정과 응답 성향(p. 133)에서 더욱 자세히 다루기로 한다.

(3) '모름' 보기와 측정 오차

설문의 보기 중 '모름'을 명시적으로 포함할 것인가 그렇지 않은가는 설문 설계

자들이 일상적으로 하는 의사 결정 중 하나이다. 대부분의 면접원이 수행하는 설문 조사에서 면접원들은 '모름'의 보기를 응답자에게 읽어주지 않도록 교육을 받는다. 이는 응답자들이 '모름' 보기가 존재한다는 사실을 알게 되면, 설문 문항에 대해 심각한 고민 없이 쉽게 이를 선택할 수도 있기 때문이다.

실제로 Schuman과 Presser(1981)를 포함한 연구자들은 '모름'이라는 보기가 주어졌을 때, 그렇지 않을 때에 비해 응답자들이 더 자주 '모름'을 응답으로 선택한다는 사실을 보고하기도 하였다. 이러한 사실을 감안하면, 설문지에 '모름'이라는 보기는 포함하지 말아야 할 것도 같다. 그런데, 또 다른 연구들에 의하면 응답자는 설문 조사에서 실제로 존재하지 않는 가상의 사실이나 존재에 대해서도 '모름'의 응답 보기가 주어지지 않으면 자신이 모른다는 사실을 인정하지 않고, 주어진 보기 중 하나를 대충 답으로 선택하기도 한다는 것이다(Bishop, Tuchfarber, & Oldenick, 1986; Hartley, 1946; Kolson & Green, 1970; Shuman & Presser, 1981).

이러한 연구를 고려하자면 '모름' 보기를 포함하는 것도 포함하지 않는 것도 각기 다른 종류의 측정 오차를 발생시키는 것 같다. 어떤 연구자들은 이러한 '모름' 보기의 포함 여부를 둘러싼 문제를 해결하기 위해, 관심 사안에 대한 본 질문 전에 "○○에 대한 의견이 있습니까?"라고 묻는 사전 필터 질문(filter question)을 제안하기도 하였다. 그러나 이러한 사전 질문에 "예."라고 응답한 사람들조차도 때로 본 질문에 '의견이 없다(no opinion)'라는 보기를 선택하기 때문에, 어떤 연구자는 "○○사안에 대해 본인의 의견을 형성할 수 있을 정도로 충분히 생각해 보셨습니까?"라는 더 까다로운 사전 필터 질문을 제안하기도 하였다.

그러나 Hippler와 Schwarz(1989)는 응답자들이 까다로운 사전 필터 질문을 보고 질문에 대한 해박한 지식을 요구하는 것으로 여겨, 자신의 솔직한 의견을 말하지 못해 오히려 '모름' 응답률을 높일 수도 있다는 사실을 보고하였다. 게다가 사전 필터 질문을 통해 수집된 자료가 그렇지 않은 자료보다 신뢰도가 더 높지도 않은 것으로 드러났다(Alwin & Krosnick, 1991; Krosnick & Berent, 1993; Krosnick et al., 2002; McClendon & Alwin, 1993; Poe et al., 1988).

그렇다면 응답자들은 왜 '모름'이라는 답을 선택하는가? 연구자들은 응답자들이 질문에서 묻고 있는 태도나 의견을 형성할 만큼의 충분한 정보나 경험이 없거나, 자신의 판단을 주어진 보기로 치환하는 어려움(예컨대, 자신의 의견은 중립적인데, 주어진 보기에는 그러한 응답 보기가 존재하지 않는 등) 때문에 혹은 질문 자체에 대한 이해의 어려움으로 인해 '모름'을 선택하는 것으로 보고 있다.

이러한 상황에 처한 응답자들은 질문에 답하기 위해 일련의 인지 과정을 거치는 대신, 만족절충형 응답(satisficing response)으로 '모름'을 선택하게 된다는 것이다(Krosnick & Presser, 2009). '모름'을 선택하는 경향은 응답자들의 조사 참여 동기가 약해지고 피로해지는 설문의 후반일수록, 이해가 어려운 질문일수록, 응답자들의 인지 능력이 낮을수록 더 자주 관찰된다는 사실은 이러한 만족절충형 응답 경향이 '모름' 응답의 선택 기제임을 뒷받침해 준다(Converse, 1976; Dickinson & Kirzner, 1985; Krosnick, 1999; Krosnick et al., 2002; Ying, 1989).

이러한 연구에 의하면, 응답자에게 '모름'이 선택 가능한 보기라는 사실을 드러내지 않고, 응답자가 자발적으로 '모름'을 선택할 경우 이를 응답으로 채택하는 방식이 합리적 설문 설계로 합의가 이루어졌다. 왜냐하면 '모름'이라는 응답은 위에 기술한 바와 같이 이해나 보기 선택의 어려움 등의 표현일 수 있으며, 진정 질문에 대한 답을 몰라서 '모름'이라고 하는 경우는 극히 일부에 지나지 않기 때문이다. Krosnick과 Presser(2009)는 만약 '모름' 응답의 존재를 모르고 주어진 보기 중 하나를 고른 응답과 진정으로 질문 사안에 대해 고민한 응답을 구분할 필요가 있을 경우, 의견이나 태도를 묻는 본 질문에 이어 선택한 응답의 강도를 묻는 후속 질문을 추가할 것을 제안하기도 하였다.

(4) 응답의 묵인 편향

묵인 편향은 평정형 척도에서 언급한 사람을 둘러싸고 발생하는 긍정 편향이 그 척도나 대상 범위를 확장해 발생하는 형태로 간주할 수 있다. 즉, 응답자들은 때로 내용과 관계없이 주어진 질문에 무조건적으로 수긍하는 답을 선택하기도 하는데(Holbrook, Green, & Krosnick, 2003; Krosnick & Fabrigar, 1998), 이런 경향을 일컬어 묵인 편향이라고 한다.

연구자들은 이 묵인 편향이 설문 조사 인터뷰라는 상호작용에서 면접원에게 좀 더 예의바르게 보이기 위해(Leech, 1983), 혹은 자신보다 사회적으로 높은 위치에 있는 사람의 권위에 대한 순응(Lenski & Legett, 1960)의 일환으로, 혹은 최적의 응답을 찾으려는 노력보다는 대충 질문에 답하고 넘어가려는 만족절충형 행동으로 발생하는 것으로 설명한다. 그뿐만 아니라 묵인 편향은 개인 혹은 개인이 속한 집단 문화에 따라 그 크기가 달라지는 것으로 간주되기도 하는데, 이는 바로 뒤에 나올 문화적 성향과 응답 조정 부분에서 다시 한번 논의하도록 하겠다.

수많은 연구들이 동일한 내용의 문장에 부정 어구를 삽입하여 정반대의 문항을 구성한 후, 이러한 문항에 대한 동의(agree)와 반대(disagree) 정도를 측정하는 방식으로 묵인 편향의 존재를 증명해 왔다. 이러한 연구에 따르자면 묵인 편향은 교육 수준이 낮거나(Ayidiya & McClendon, 1990; Narayan & Krosnick, 1996), 인지 능력이 낮은(Forehand, 1962; Hanley, 1959; Krosnick, Narayan, & Smith, 1996), 혹은 사회적으로 낮은 지위를 가진 응답자(Gove & Geerken, 1977; Lenski & Leggett, 1960)에게서 특히 크게 발생한다고 한다. 더불어, 질문 문항에 대한 지식이 부족하거나 강한 태도를 갖고 있지 않은 응답자(Krosnick, 1991; McClendon, 1991)에게서도 더욱 두드러지며 질문의 난이도(Gage et al., 1957; Hanley, 1962; Trott & Jackson, 1967)와 응답자 피로도와도 관련해 있어(Clancy & Wachsler, 1971), 질문 문항이 이해하기 어려울수록 설문의 길이가 길다든지 해서 응답자가 피로해 있을 때 더욱 빈번하게 발생하는 것으로 알려져 있다. 또 설문 조사 자료의 수집 방법 역시 묵인 편향에 영향을 끼쳐, 응답자와 면접원 간 상호작용의 강도가 큰 면접 조사보다는 전화 조사에서 더 자주 관찰된다고 한다(Calsyn, Roades, & Calsyn, 1992; Groves & Kahn, 1979; Holbrook et al., 2003).

이러한 묵인 편향의 발생 환경을 고려해 본다면, 가능한 한 쉬운 질문을 준비하고, 응답자가 주의를 기울여 응답할 수 있도록 동기를 부여하는 환경에서 조사를 실시한다면, 묵인 편향을 줄이는 데 도움이 될 수도 있겠다. 하지만, 이런 제반 조건을 실사 과정에서 체계적으로 실행하는 연구를 수행하기는 쉽지 않고, 그러므로 이를 밝혀낸 실증 연구도 존재하지 않는 실정이다.

묵인 편향을 감소시킬 수 있는 좀 더 실용적인 방법으로는 문항의 반은 긍정 형태로 나머지 반은 부정 형태로 제시하여 질문 내용을 역전(item reveral)하는 방법이 있으나, 이 또한 몇 가지 제약을 가진다. 예컨대, 대부분의 경우 질문 내용을 완전히 뒤집기 위해서는 부정형의 문구를 써야 하지만, 부정형의 문장은 응답자들의 인지 부담을 높여 묵인 편향 이외의 다른 종류의 측정 오차를 불러일으킬 수 있고, 응답자의 피로도도 역시 높이게 된다(Eifermann, 1961; Wason, 1961). 그러므로 묵인 편향을 줄이기 위해서는 “동의한다/반대한다” “진실이다/거짓이다” “예/아니오” 형태의 응답 보기를 피하고, 가능하면 주어진 문장을 응답자가 평가하고 이에 대한 점수를 부여하는 방식의 평정형 척도를 사용하는 것을 장려한다(Krosnick & Presser, 2009).

4) 문화적 조정과 응답 성향

설문의 응답 과정은 3절 2) 응답자에 기인한 측정 오차(p. 71)에서 살펴본 바대로 인지 심리학으로 설명할 수 있다. 문화는 인지와 인식의 기본적인 요소로서 사람이 생활하며 겪는 경험들을 인지적으로 정리하는 데 필요한 기본적 틀을 제공한다(Nisbett et al., 2001). 문화의 정의는 여러 가지가 있으나, 대체로 한 그룹의 사람들이 공유하고 습득하는 경험과 지식(shared and learned knowledge)이라는 정의로 모아진다(Goodenough, 1971; Hong, 2009; Shweder & LeVine, 1984). 국적이나 인종 혹은 언어를 문화로 생각할 수도 있는데, 국적이나 인종, 언어는 문화를 대리로 보여 주는 단위일 뿐, 정확한 의미의 문화와는 거리가 있다. 문화는 사람의 인지뿐만 아니라 행동이나 가치, 태도에도 큰 영향을 미친다. 또, 인지에 미치는 문화의 영향은 곧 설문의 응답 과정에도 문화의 영향이 크다는 것을 의미한다.

이러한 설문 조사 과정에서 발생하는 응답자들의 문화적 조정과 서로 다른 응답 성향은 설문 조사 방법론에 흥미로운 연구 주제로 떠올랐다. 그렇지만, 연구 방법론의 다른 주제에 비해 많은 연구가 이루어지지는 않았는데, 이는 방법론 연구가 미국과 서구 유럽 중심으로 진행되어 한국을 비롯한 아시아권이나 중남미 등 다른 문화권에서 발생하는 설문 조사와 관련된 실증 연구를 찾기 어렵기 때문이다. 또, 보통 다국가·다언어·다문화 설문 조사를 생각하면 설문지 번역에만 집중하는 경향이 있는데, 위에서 언급한 문화의 영향은 번역과는 별도로 일어나는 것들이다.

(1) 문화와 응답 성향

설문지와 관련된 문화의 영향에서 가장 잘 알려진 것은 응답 성향(response style)이다. 응답 성향은 주로 서열 척도(ordinal response scale)에서 나타나며 설문의 내용과 상관없이 특정 응답을 선택하는 성향을 일컫는다. 응답 성향에는 몇 가지 종류가 있는데, 주로 척도(scale)의 양극에 있는 응답, 예를 들어 '전적으로 동의한다', '전혀 중요하지 않다'와 같은 보기를 선택하는 성향을 일컬어 극단 응답 선택 성향(extreme response style)이라고 한다. 반대로, '동의하지도 반대하지도 않는다'와 같은 척도의 중간에 있는 보기를 선택하는 성향을 일컬어 중간 보기 선택 성향(middle response style)라고 한다. 또 앞서 응답의 묵인 편향에서 잠깐 언급한 바와 같이 '전적으로 동의한다', '동의하는 편이다' 등 질문자가 제시하는 질문 내용에 긍정하는 응답 보기를 선택하는 성향을 일컬어 묵인 응답 성향(acquiescent response style)이라고 한다(Baumgartner & Steenkamp, 2001). 이러한 응답 성향이 항상 문제가 되는 것은 아니지만, 변수의 분산 및 응답의 신뢰도, 변수 간 상관관계, 요인 분석 등에 걸쳐 측정 오차를 일으키게 된다(Baumgartner & Steenkamp, 2001; Billiet & McClendon, 2000; Winkle, Kanouse, & Ware, 1982).

이러한 응답 성향을 이해하기 위해서는 우선 그 문화의 특성을 이해하는 것이 필수적이며, Hofstede(1991)가 정리한 6가지 문화 특성을 살펴보는 것이 체계적인 이해에 도움이 된다. 그는 여러 가지 문화를 ① 사회가 개인 혹은 집단 중심으로 구성되어 있는가, ② 힘없는 사회 구성원에게 권력의 공평한 배분이 어느 정도 가능한가로 보여지는 권력의 차이, ③ 사회가 모호함, 불확실함을 얼마나 용납하는가, ④ 독단적인 성향을 우월하게 여기는 남성적인 사회인가 아니면 겸손과 배려하는 성향을 중요시하는 여성적인 사회인가, ⑤ 단기적인 혹은 장기적인 안목이 중요시되는가, ⑥ 여가 활동을 얼마나 중요하게 여기는가라고 분석하였다.

이 중 첫 번째 특성의 집단주의는 특히 겸손함을 중시하는 집단주의인지 아니면 가족과 같은 본인이 속한 집단의 명예를 중시하는 집단주의인지에 따라 더 세분화된다. 주로 극단 응답 성향은 남성성이 중시되는 사회와 명예를 중시하는 집단주의 사회 및 모호함을 금기시하는 사회에서 주로 관찰되며, 중간 보기 선택 성향은 여성성과 겸손함을 중시하는 집단주의 사회에서 많이 관찰된다. 그리고 묵인 응답 성향은 권력의 차이가 영향을 미치는 것으로 연구되었으며, 한국과 같은 동양권 문화에서는 중간 보기 선택 성향이 다른 문화권과 비교했을 때보다 뚜렷이 나타난다고 한다(Hofstede, 1991).

이러한 응답 성향은 특히 비교 분석에서 많은 영향을 미치게 되는데 이를 아래의 예로 살펴보도록 하자. 설문 내용이 신체활동의 어려움에 묻는 것으로, 질문은 "걷거나 계단을 오르내리는 등 신체활동을 하는 데 얼마나 어려움이 있으십니까?"이고, 주어진 보기는 서열 척도로 '매우 어렵다', '어렵다', '조금 어렵다', '별로 어렵지 않다', '전혀 어렵지 않다'로 5가지 보기가 있다고 하자. 조사가 한국과 미국에서 이루어졌을 경우, 실제로 신체활동이 '어렵다'의 수준으로 동일한 응답자 A와 B가 있는데, A는 한국인 응답자, B는 미국인 응답자라고 가정해 보자. 이 경우 미국 응답자 B는 자신의 실제 상황에 맞게 "어렵다."라고 답하지만, 한국 응답자 A는 중간 보기 선택 성향 때문에, "조금 어렵다."라고 답할 수 있고, 바로 이 부분에서 그룹 간 비교에 오차가 생기는 것이다.

위에 제시된 바와 같이 응답 성향은 비교 분석에 영향을 미치므로, 이를 조정할 수 있는 몇 가지 방법들이 발달되어 왔다. 그중 한 방법은 응답의 기준 역할을 하는 가상 상황(anchoring vignette)을 제시하는 것이다. 이 기법은 응답자에게 응답자 본인에 관한 문항뿐만 아니라 가상 시나리오를 주고, 그 시나리오에 기술된 사람에 대해서 어떻게 답할 것인지를 질문하는 것이다(King et al., 2004).

즉, 본인에 관한 질문 외에 객관적으로 상황을 묘사하는 짧은 시나리오(vignette)를 통해 가상 인물의 신체 활동 상황에 대해 설명을 하고 그 사람의 어려움에 대해 질문을 하는 것이다. 예컨대, "김철수 씨는 아침마다 30분씩 집 주위를 산책하는데 5분마다 한 번씩 짧은 휴식을 취해야 합니다. 또 계단을 오르내릴 때 지팡이를 사용해야 합니다. 김철수 씨가 신체 활동을 하는 데 얼마나 어려움이 있다고 생각하십니까?"라는 질문을 한 뒤, 이 가상 인물의 어려움에 대해 어떻게 응답했는지를 응답자 본인의 어려움에 대한 응답과 비교함으로써, 이 응답자의 응답 경향을 파악할 수 있다. 예컨대, 응답자 C와 응답자 D가 모두 본인의 상황에 대해 "어렵다."라고 답했지만, 가상의 김철수 씨에 대해서 응답자 C는 "조금 어렵다."라고 답하고 응답자 D는 "어렵다."라고 답을 했다면, 이로 미루어 보아 실제로 응답자 C가 응답자 D보다 더 큰 어려움을 겪고 있다고 결론지을 수 있다.

또 다른 방법으로는 응답 성향을 직접 통계 모델에 포함하는 다차원 전개 모델(multi-dimensional unfolding model)(Javaras & Ripley, 2007) 및 잠재적 계층 분석(LCA: Latent Class Analysis)(Moors, 2003)이 있고, 설문 조사의 방법론적인 부분을 모델에 포함하는 다속성 다측정 방법(multi-trait multi-method)이 있다(Campbell & Fiske, 1959). 이 방법들은 첫 번째, 조정에 사용해야 할 데이터를 따로 수집해야 한다는 것이며 때로는 특정 구조에 따라 수집되어야 한다는 한계점을 가진다. 예를 들어 다차원 전개 모델은 적어도 2가지 잠재변수가 필요하며, 각각의 잠재변수가 최소 5개의 문항으로 질문되어야 하고 문항들 간에 치우침이 없도록(balanced scale) 작성되어야 한다. 두 번째, 이러한 조정 방법들이 대부분 통계적 모델을 사용하므로 모델의 가정이 맞는지에 대한 고려가 필요하다는 한계가 있다.

(2) 문화와 응답 보기 효과

자, 이번에는 문화적 차이와 응답 보기의 효과에 대해 한 번 살펴보도록 하자. 앞의 3장 2절 응답자에 기인한 측정 오차의 5) 설문의 응답(p. 90)에서 Schwarz 등(1985)의 텔레비전 시청 시간에 대한 연구를 설명한 적이 있다. 이 연구에서는 TV시청 횟수를 묻는 질문에 대하여, 응답자들이 그 횟수를 일일이 기억해 세기보다는 주어진 보기를 참조하여 중간 보기를 선택하는 경향이 있음을 보여 주었다. 즉, 하루 평균 TV 시청 시간에 대해 30분 미만에서 2시간 반 초과라는 낮은 빈도로 구성된 보기가 제시된 응답자의 경우, 2시간 반 미만에서 4시간 반 초과라는 높은 빈도로 구성된 보기가 제시된 경우에 비해 자신의 TV 시청 시간을 더 낮게 보고한 것이다. 이러한 결과를 두고 연구자들은 응답자들이 주어진 보기가 전체의 응답 분포를 반영한 것이라고 가정하고, 중간 보기가 평균적인 TV 시청 행동일 것이라고 유추하여 중간 보기를 선택한 것이라는 것이다. 이러한 주어진 보기에 따라 응답이 변화하는 현상은 응답자들은 주어진 설문에 대답하기 위해 얼마만큼의 정보를 가지고 있는지, 자신의 답을 얼마나 확신하는지에 따라 영향을 받는 것으로 설명되었다(Schwarz, 1996).

그런데 Ji와 Schwarz와 Nisbett(2000)는 이러한 보기 효과의 영향을 두고, 동서양 간 문화의 차이에 주목하게 된다. 즉, 집단주의 문화가 우세한 중국의 경우에는 자신과 타인의 행동에 대해 더 관심을 갖고 면밀한 관찰이 가능하므로, 개인주의 문화가 우세한 미국과 비교했을 때에 보기에 따라 응답이 변화하는 크기가 상대적으로 작지 않을까 하는 것이었다. 이를 증명하기 위해 연구자들은 미국과 중국의 대학생들을 대상으로 관찰 가능한 행동(도서관 방문, 수업에 지각하기, 감기 걸리는 것)과 관찰이 힘든 행동(타인의 의견에 허위로 동조, 거짓말하기, 악몽을 꾸는 것)을 구분한 후, 낮은 빈도(1회 이하에서부터 10회 이상의 사이의 6개 보기)의 보기와 높은 빈도(10회 미만에서부터 18회 이상 사이의 6개 보기)의 보기를 이용하여 응답 분포의 변화를 살펴보았다. 이 결과, 쉽게 관찰이 불가능한 행동에 대해서는 미국과 중국의 대학생들 공통적으로 주어진 보기에 따라 응답이 변화하여, 높은 빈도의 보기가 주어질 경우, 더 높은 빈도의 행동을 보고하는 현상이 관찰되었다. 그러나 관찰이 가능한 행동의 경우에는 미국의 대학생들은 마찬가지로 보기에 따라 응답이 변화하였으나, 중국의 대학생의 경우 보기의 변화에 따른 응답의 변화가 관찰되지 않았다고 한다. 즉, 타인의 행동에 대해 더 민감한 집단주의 문화의 경우, 응답자는 타인의 일상의 행동을 좀 더 면밀히 관찰하고 이에 기반해 어느 정도의 지식이 존재하므로, 주어진 보기를 참조하고 유추해 응답을 선택하기보다 그 관찰에 기반한 지식에 따라 응답을 선택하므로 보기의 효과에서 상대적으로 자유로울 수 있다는 것이다.

(3) 문화와 맥락 효과

이번에는 이 장의 2) 설문지 구조와 관련한 측정 오차(p. 103)에서 언급했던 맥락 효과에 대해서 이야기해 보자. Schwarz 등(1991)의 인생 만족도와 결혼 만족도에 대한 실험을 통해 밝혀졌듯이, 여러 연구에서는 구체적인 질문과 일반적인 질문을 함께 할 경우에 일반적인 질문을 먼저할 것을 제안한다. 이는 구체적인 질문(예: 결혼 만족도)을 먼저 할 경우, 이후의 일반적 질문(예: 인생 만족도)에 대해 응답자들이 결혼 만족도는 이미 앞에서 물었으므로, 뒤따르는 인생의 만족도는 결혼을 제외한 인생의 다른 측면에 대한 질문일 거라고 해석해 버리는 맥락 효과, 구체적으로는 대비효과(contrast effect)가 발생하기 때문이다. 그런데, Lee와 Grant(2009)는 이러한 질문의 맥락 효과가 언어와 문화, 성별에 따라 다르게 나타날 수 있다는 것을 보여 주었다.

Lee와 Grant(2009)는 2007년 캘리포니아 보건 설문 조사(CHIS: California Health Interview Survey)에 본인의 전반적인 건강을 평가하는 일반적 질문과 천식, 당뇨, 심장병, 고혈압 등의 만성 질환에 대한 건강 상태를 평가하는 구체적인 질문 간의 순서를 바꾸는 실험을 통해, 서로 다른 질문의 위치가 응답에 끼치는 영향을 연구하였다. 이 실험 결과, 영어 조사의 경우에는 질문 순서에 따라 큰 응답의 차이가 없었으나, 스페인어 조사의 경우에는 일반적인 건강을 먼저 물은 경우 자신의 건강에 대해 "그저 그렇다(fair)." 혹은 "나쁘다(poor)."라고 응답한 경우가 구체적인 건강 질문을 먼저한 경우에 비해 월등히 높았다. 또 아래의 [그림 3-4]에 제시되었듯이, 이러한 차이는 51세 이상의 나이가 많은 그룹과 여성 그룹에서 더욱 두드러졌다.

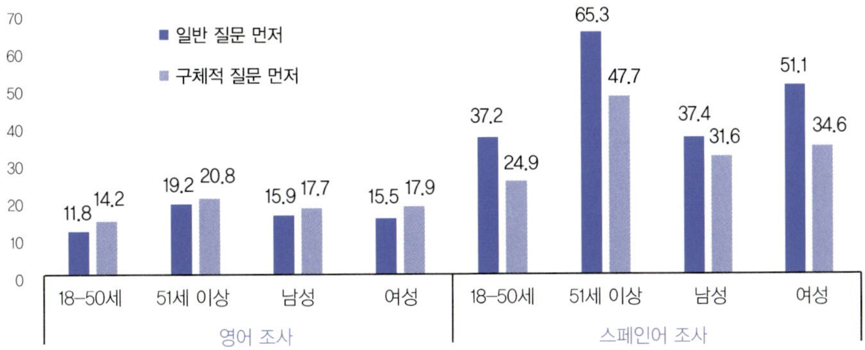

[그림 3-4] 조사 언어, 나이, 성별에 따라 본인의 건강을 '그저 그렇다/나쁘다'라고 응답한 비율

출처: Lee & Grant, 2009

연구자들은 이러한 결과를 두고, 언어적으로나 문화적으로 소수인 미국 내 스페인어 사용자(히스패닉 인구)들이 본인의 건강에 대해 평가하라는 일반적인 질문을 먼저 받을 경우, 어떻게 응답해야 할지에 대해서 갈피를 잡지 못해 이러한 응답을 하게 되고, 반대로 구체적인 건강에 대한 질문을 먼저 받은 경우는 이 구체적 질문을 준거로 사용하여 이후 본인의 일반적 건강에 대한 질문에 대답한 것으로 해석하였다. 그러므로 이들에게는 이전의 서구 문화권의 맥락 연구에서 제언한 바와 반대로, 일반적인 질문보다 구체적인 질문을 먼저할 것을 추천하기도 하였다.

(4) 문화와 사회적 바람직성

이번에도 역시, 3장 2절 응답자에 기인한 측정 오차의 5) 설문의 응답(p. 90)에서 한 번 다룬 적이 있었던 사회적 바람직성에 대해 생각해 보자. 설문 조사에서 사회적 바람직성이란 사회적 동물인 사람이 타인에게 비추어지는 자신의 모습에 대한 자아상에 대한 염려 등으로 사회적으로 바람직하게 여겨지는 쪽으로 설문에 답하는 경향을 말하는데, 설문의 내용이 민감할수록 이러한 경향은 더욱 커지는 것으로 알려져 있다.

이러한 사회적 바람직성에 기인한 설문 응답 행동은 2가지로 설명된다. 자기기만적 강화(self-deceptive enhancement)와 인상 관리(impression management)가 그것이다(Paulhus, 1984, 1991). 자기기만적 강화는 자신을 좀 더 바람직한 방향으로 과장해서 표현하는 것으로 상대적으로 덜 고의적인 행동인데 반해, 인상 관리는 바람직한 자아상을 연출하고, 사회적으로 통용되는 표준에 순응하고 집단의 허가를 얻기 위해 실제와 다르더라도 자아상을 왜곡되게 표현하는 것을 일컫는다.

기존 서구의 설문 조사 방법론 연구 문헌에서 사회적 바람직성의 발생 기제는 타인의 시선에 대한 의식이다. 그 근원이 되는 '면접원'의 존재를 감소시키는 방법으로 사회적 바람직성으로 인한 측정 오차를 감소시킬 수 있다고 일관성 있게 보고하고 있다. 즉 일대일 대인 면접 조사보다는 전화 조사, 전화 조사보다는 자기기입식 우편 조사나 인터넷 조사 등, 면접원의 존재감을 줄이는 자료 수집 방법을 활용하여 사회적 바람직성에 기인한 응답의 왜곡 경향을 줄여 조사의 정확성을 높일 수 있다는 것이다(Beebe et al., 2008; Fowler et al., 1999; Kreuter et al., 2008; Link & Mokdad, 2005; Locander et al., 1976; Tourangeau & Smith, 1996; Turner et al., 1998).

그런데 Bernardi(2006)가 12개국의 조사 자료를 비교한 연구에서 보고한 아시아권으로 대변되는 집단주의 문화권과 여성에게서 두드러진 사회적 바람직성 경향 주목할 필요가 있다(Bernardi, 2006). "모난 돌이 정 맞는다."라는 속담이 말해주듯이 한국은 집단주의 성향의 최극단에 위치하며, 그러므로 타인의 시선에 자유롭지 않은 한국에서 이루어지는 설문 조사의 경우 사회적 바람직성 성향과 그로 인한 오차가 개인주의 문화권에 비해 더 크지 않을까 하는 합리적인 의문을 던질 수 있다. 그렇다면 이러한 한국에서 서구의 방법론 연구에 근거해 면접원의 존재감을 최소화한다면 사회적 바람직성 경향을 줄일 수 있을 것인가?

흥미롭게도 Lalwani 등(2006)은 개인주의 문화로 간주되는 서유럽계 미국인의 경우 타인의 시선에 대한 염려에서 비롯된 자기기만적 · 사회적 바람직성 경향이 높지만, 인상 관리적 · 사회적 바람직성 경향은 집단주의 문화로 간주되는 아시아계 미국인보다 낮은 연구 결과를 발표하였다. 여기에서 유추해 본다면 한국 사회에서 발생하는 사회적 바람직성 경향은 Riemer와 Shavitt(2011)이 제안한 바와 같이 면접원의 존재와 관계없이 사회에 순응하고자 하는 성향인 인상 관리 기제에서 비롯된 행동일 가능성이 더 크다. 그러므로 한국인을 대상으로 하는 조사의 경우 면접원의 존재감을 최소화하는 자기기입식 설문 조사는 사회적 바람직성 경향를 줄이는 데 별다른 영향을 끼치지 못할 가능성도 존재한다. 또 실례로 Kim과 Kim(2015, 2016)은 비록 다양한 조사 자료 수집 방법을 비교하지는 못했지만, 한국인을 대상으로 한 자기기입식 설문에서도 사회적 바람직성이 상당 부분 존재함을 보여 주었다.

5) 설문지 번역의 프로세스와 번역 방법

다국어로 진행되는 조사의 경우에는 설문지의 번역 품질에 따라(Harkness, 2003; Smith, 2002), 다문화 모집단을 대상으로 하는 조사의 경우에는 설문 문항이 얼마나 각 문화에 적합하게 준비되었느냐에 따라 측정 오차가 달라질 수 있다(Schwarz, 2002).

많은 연구자가 다국가 · 다언어 · 다문화 설문 조사를 성공적으로 수행하기 위한 필수 요소로 번역의 품질을 손꼽는다. 그렇다면 기존 언어(source language)에서 측정하고자 하는 변수를 다문화와 언어에 걸쳐 정확하고 동등하게(accurately and equivalently) 측정하려면 어떤 작업이 필요할까?

첫째, 합리적인 번역 방법의 결정이다. 둘째, 이 번역 작업이 전체의 설문 조사 과정에 통합될 수 있도록 하는 절차의 구성이다. 현재 설문 조사 업계에서 주로 사용되고 있는 번역의 방법은 아래와 같다(Harkness, Villar, & Edwards, 2010).

① 현장 번역

현장 번역(oral translation)은 이중 언어 구사가 가능한 면접원이 즉석으로 응답자가 사용하는 언어로 설문지를 번역하여 조사를 진행하는 방법과 전문 통역사가 면접원과 응답자 사이의 의사소통을 돕는 방식으로 중간에 개입하는 방법이 있다. 이 현장 번역법은 표준화된 인터뷰라는 조사의 기본 원칙을 위배하며, 면접원 간 분산을 높이는 위험을 가진 것으로 여러 연구자들 간에 비판을 받아 왔다(Harkness et al., 2003; Harkness, Villar, Kruse et al., 2009).

② 역 번역

역 번역(back translation)이란 한 번역가가 기준 언어(base language)를 목표 언어(target language)로 번역한 후, 원 기준 언어에 노출되지 않은 다른 번역자가 번역된 언어만을 참고하여 기준 언어로 다시 번역을 하는 작업을 일컫는다. 역 번역에서는 이 작업의 최종 산물인 역 번역된 글과 기준 언어의 글을 비교해 번역의 품질을 평가하게 되는데, 1990년대 설문의 표준 절차로 인식되며 유행처럼 많은 다국가, 다언어 조사에 채택되었다.

하지만 Harkness(2003)는 기준 언어를 참조해 번역된 글의 품질을 평가하는 것이 더 이론적으로도 안전하며 실용적인 방법이라고 주장하였으며, 역 번역의 보편적 사용이 고품질 설문 조사의 표준으로 여겨지는 것에 대한 우려를 표시하기도 하였다. 이외에도 많은 연구자들이 역 번역으로 생성된 글은 기준 언어에 대해 제한적인 정보만을 전달하며, 번역의 품질을 오도할 수 있다고 지적하여, 역 번역의 적절성에 대한 의문을 제기하고 비판함으로써, 역 번역은 더 이상은 바람직한 설문지의 번역 방법으로 추천되지 않는다(Hambleton, 1993; Harkness, Villar, Kephart, Behr, & Schoua-Glusberg, 2009; Harkness, Villar, Kephart, Schoua-Glusberg, & Behr, 2009; Maxwell, 1996; Van Widenfeldt, Treffers, de Beurs,

Siebelink, & Koudjis, 2005).

③ 집단 번역

집단 번역(team translation)이란 말 그대로 한 명의 개인이 아닌 여러 명의 개인이 번역을 맡아 각자 번역을 완료하고, 이후 서로의 번역을 점검하는 회의를 통해 최종 번역물을 생산해 내는 방식으로 위원회 번역(committee translation)이라고도 불린다. 동일한 설문지를 여러 명의 개인이 동시에 번역을 하기도 하지만, 주어진 예산이나 시간에 제한 혹은 설문지의 길이에 따라 설문지를 나누어 각 개인이 그 일부만을 번역하기도 하는데, 이렇듯 설문지의 일부만을 개인이 맡아 번역할 경우에는 수정된 위원회 번역(modified committee translation)이라고도 한다.

그러나 전체 설문지를 번역했는지 일부를 번역했는지에 상관없이 공통적으로 번역자들은 정해진 시간에 같은 장소에 모여 서로의 번역을 공유하고 비교, 점검하는 회의를 하게 되고 이를 통해 최종 번역을 결정하게 된다. 이러한 회의 절차를 판결(adjudication)이라고 하는데, 주로 가장 설문지 번역에 경험이 많은 번역자가 이 회의를 이끌게 된다(Harkness, 2003; Harkness & Schoua-Glusberg, 1998; Pan & de la Puente, 2005). 이 번역 방법이 현재 여러 연구자들 사이에서 고품질 설문지 번역을 위해 추천하는 방법이기도 하다.

여러 연구자가 추천하는 집단 번역법을 사용하여 설문지 번역을 마쳤다고 하자. 그러면 이 설문지는 측정 오차로부터 안전한 것인가? 대답은 “그렇지 않다.”이다.

설문 번역자들은 자신의 언어학적 지식에 기반하여 최선을 다해 설문지를 번역한다 하더라도, 번역된 설문지를 필요로 하는 단일 언어 사용자와는 기본적인 언어의 이해에 차이가 있을 수 있다. 이는 이중 언어가 가능한 번역자와 단일 언어 사용자는 교육 수준이나 사회·경제적 배경에서 차이가 있으며, 이러한 차이와 이중 언어 사용 여부에 의해 발생한 타 문화의 접근성과 경험의 차이는 전반적인 이해 수준, 언어 습관이나 사용 어휘에도 영향을 주기 때문이다. 그래서 번역자가 쉽게 이해하는 내용이라 하더라도, 실제 번역된 설문지를 사용할 단일 언어 사용자는 이해에 어려움을 겪는 상황이 발생한다(Goerman et al., 2017).

그러므로 번역된 설문지가 실제 사용자에게 어떻게 이해되는지, 기준 언어에서 의사소통하고자 한 바가 제대로 전달되고 있는지 알아보기 위해서는 반드시 사전 평가가 이루어져야 하며, 그 평가 결과가 다시 설문 번역에 반영되어야 한다. 이것이 앞서 말했던 과학적인 조사의 수행을 위해 필요한 번역 과정과 설문 조사 절차의 통합이다.

아래의 그림[그림 3-5]은 TRAPD[번역(Translation), 점검(Review), 판결(Adjudication), 사전 평가(Pretest), 기록(Documentation)]라고 하는 설문 번역과 사전 평가가 유기적으로 결합되어 최종 설문지를 도출해 내는 과정을 보여 준다. 이는 현재 다국가 · 다언어 · 다문화 설문 조사를 위한 번역 과정의 기본 모델이 되고 있다. 즉, 그룹 번역과 회의를 통해 1차 완결된 설문지는 사전 평가를 거치게 되고, 사전 평가의 결과는 이전 번역을 개선하는 자료로 사용된다. 이 개선된 번역은 다시 사전 평가를 거쳐 번역을 개선하는 자료로 사용되는 등 번역과 사전 평가의 과정이 필요에 따라 반복되며, 이러한 개별 단계에서의 의사 결정 사항을 기록해 둘 것을 추천하고 있다(Harkness et al., 2010).

이외에도 좀 더 자세하게 다국가 · 다언어 · 다문화 설문 조사를 과학적으로 수행하는데 관련된 정보가 필요한 경우, 미국 미시건 대학의 사회과학 조사 연구소 다문화 설문 조사 가이드라인[17)]을 참조하기 바란다(Survey Research Center, 2016).

17) http://ccsg.isr.umich.edu/

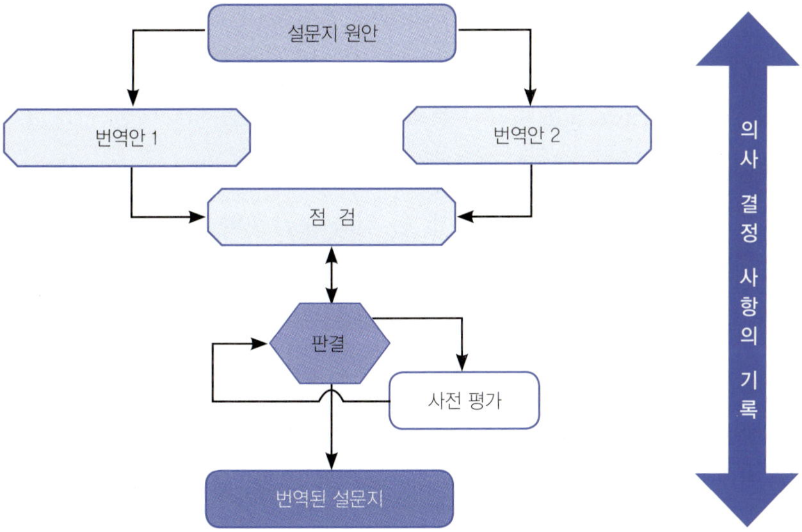

[그림 3-5] TRAPD 번역 모델

출처: Harkness, Villar, & Edwards, 2010

4. 자료 수집 방법에 기인한 측정 오차

자료 수집 방법에 따른 측정 오차를 살피기에 앞서, 우선 자료 수집 방법(data collection mode)에는 어떤 것들이 있으며, 이 자료 수집 방법들이 어떻게 변화해 왔는지에 대해 알아볼 필요가 있다.

1) 통신 수단의 발전과 자료 수집 방법

확률 표본에 근거한 설문 조사가 모집단의 성향을 대변하는 과학적인 방법론으로 자리잡게 된 1960년대까지, 대부분의 설문 조사 자료의 수집은 우편 조사 혹은 가구 방문을 통한 대면 면접 조사로 이루어졌으며, 전화 조사는 대부분 우편 조사와 대면 면접 조사 여부 등을 확인하는 검증 용도로 사용이 제한적이었다.

이 시기까지 상시 인구 조사(CPS: Current Population Survey)나 전국 선거 조사(NES: National Election Study) 등의 미국의 주요 조사는 대면 면접 조사로 수행되었다. 그러나 1960년대에 접어들면서 방문 면접의 비용의 증가와 유럽과 북미 공통으로 90% 수준으로 육박하게 된 전화 보급률의 증가로 인해 전화를 이용한 자료 수집이 눈에 띄게 증가하게 되었다. 특히 마케팅 조사에 두드러진 대면 조사의 응답률 감소는 전화 조사를 더욱 매력적으로 만들게 된다. 또한, 1970년대를 거치면서 전화 조사의 단점으로 지적되었던 문제들이 방법론 연구를 통해 개선되고, RDD의 개발 및 표본 추출 방법의 발전에 따라 전화 조사는 그 사용이 점차 보편화되었다(Glasser & Metzger, 1972, 1975; Groves & Kahn, 1979; Hochstim, 1967; Mitofsky, 1970; Sudman & Bradburn, 1974; Waksberg, 1978).

이 시기 이루어졌던 초기 연구이면서 전화 조사의 보편적 사용을 이끈 대표적인 연구가 Hochstim(1967)의 자료 수집 방법 간 비교 연구이다. 이 연구는 캘리포니아의 알라메다 카운티(Alameda County)의 350 블럭을 표본으로 선택하여, 면접원이 표본 가구를 직접 방문한 후 그중 97%인 2,148 가구를 대면 면접, 전화 혹은 우편 조사 중 하나의 자료 수집 방법으로 무작위로 할당하여, 두 번의 설문 조사를 실시하였다. 첫 조사는 개별 가구에 할당된 자료 수집 방법을 이용해 가구 구성원 모두를 대상으로 한 의학 관련 정보와 인구 통계 자료를 수집하였다. 이후 실시된 두 번째 조사는 20세 이상의 성인 여성을 대상으로 한 조사로 자궁암 조기 검사법 중 하나인 팹 스미어(pap smear)의 사용과 관련한 조사였는데, 의사 방문 내용을 포함한 의학 정보 역시 수집되었다. 이 두 번째 조사의 경우, 첫 번째 조사에 참여를 하지 않아 무응답인 가구는 처음 할당된 자료 수집 방법과 다른 방법이 자료 수집 방법으로 할당되어 사용되었다. 이 연구 결과 대면 면접은 가장 높은 수준의 초기 응답률을 보였으나, 한 케이스를 완성하는 데 드는 비용 역시 가장 높았고, 전화 조사와 우편 조사가 그 뒤를 이었다. 우편으로 수집된 자료의 항목 무응답(item missing) 비율이 가장 높았고, '음주'와 같이 사회적으로 바람직하지 않은 응답(socially undesirable response)의 비율 역시 다른 자료 수집 방법에 비해 낮았으나, 3가지 자료 수집 방법에 따른 응답자 간 인구 통계학적인 차이는 없었다. 또, 팹 스미어와 골반 검사(pelvic examination)의 의학적 자료 역시 연구에 사용된 3가지 수집 방법 간에 차이가 없는 것으로 드러났다.

이와 더불어 Groves와 Kahn(1979)은 74개의 카운티와 도심 지역을 대상으로 한 전국 대면 면접 조사의 결과와 2개의 전국 규모 전화 조사(한 조사는 대면 면접 조사와 같은 지역, 다른 한 조사는 RDD를 통해 표집된 조사) 결과를 비교하여 응답률, 조사 비용과 커버리지, 측정 오차의 측면에서 분석하였는데, 이를 통해 전화 조사와 대면 면접 조사가 유사한 결과를 생산함을 밝혔다.

이렇게 서로 다른 자료 수집 방법을 사용해 얻어진 조사 결과 간의 유사성은 전화 조사를 둘러싼 대표성의 우려를 감소시켰으며, 응답자가 선호하는 조사 방법을 사용해야 한다는 필요성을 증가시켰다. 더불어, 자료 수집 방법 간에 사회적 바람직성 편향(social desirability bias)의 크기가 다르다는 사실이 보고되면서, 측정 오차의 차이를 둘러싼 연구를 촉진시키게 되었다.

1987년 미국 노스캐롤라이나 샬럿(Charlotte, NC)에서 열렸던 전화 조사 방법론 학회를 통해 전화 조사는 모집단을 대표할 수 있는 조사로서 그 효용을 공식적으로 인정받았으며, 이후 전화 조사는 명실공히 우편 조사, 대면 면접 조사와 함께 전통적인 조사 자료 수집 방법으로 어깨를 나란히 하게 되었다(Groves et al., 1988).

전화 기술의 발전이 설문 조사의 변화를 이끈 첫 번째 혁명이었다고 하면, 1990년대에 등장한 컴퓨터와 인터넷의 발전은 설문 조사의 두 번째 혁명을 이끌어 내었다. 기존의 컴퓨터가 발달하지 않았던 시절 전통적인 방식의 대면 면접 조사와 전화 조사에서는 공통적으로 면접원이 인쇄된 설문지를 갖고 표본으로 선택된 가구를 방문하거나 일일이 손으로 전화를 걸어 응답자의 동의를 구한 후 인쇄된 설문지에 응답을 기록하는 방식으로 진행되었다. 우편 조사 역시, 응답자가 우편으로 받은 종이 인쇄지에 설문을 읽고 자신이 응답하는 형태로 자료의 입력 방식에 큰 차이가 없었다.

이 경우 질문의 경로 찾기(routing 혹은 navigation), 즉 어떤 질문에 특정 응답을 한 경우에만 해당되는 질문을 찾아 응답하거나, 해당하지 않는 경우에 관련 질문들을 건너뛰는 것은 면접원이 설문 조사를 수행할 때 확인해야 하는 주요 업무 중 하나였으며, 면접원 행동에 기인한 오차 중 빈번하게 발견되는 오류 행동 중 하나였다. 설문 조사와 관련된 교육을 받은 면접원조차 이러한 경로 찾기 오류를 심심찮게 범하였으니, 설문지의 구조에 익숙하지 않은 응답자가 면접원의 도움 없이 작성하는 자기기입식 조사에 경로 관련 오류가 얼마나 빈번하게 발생하는지는 쉽게 짐작해 볼 수 있다. 그리하여 자기기입식 조사에서 응답자들의 설문지의 구조를 파악하고, 경로를 바르게 찾아가는 능력은 설문지 작성 능력(form taking literacy)이라는 용어로도 불리며(Goerman et al., 2007) 크게 응답 오류(commission error)와 누락 오류(omission error)로 구분된다.

응답 오류는 앞선 질문의 답에 따라 이후의 질문에 답하지 않아도 되지만 답을 한 경우를 일컬으며, 누락 오류는 앞선 질문의 답에 따라 이후의 질문에 반드시 답을 해야 하지만, 실제로 답을 하지 않은 경우를 일컫는다(Couper, 2008; Redline & Dillman, 2002). 대부분의 응답 오류의 경우는 불필요하게 대답한 응답을 무시하는 등으로 처리할 수 있지만, 누락 오류의 경우는 응답자에게 다시 연락을 취하여 질문을 다시 하지 않는 한 정보를 얻을 방법이 없다. 그리하여, 누락 오류는 항목 무응답(item-missing)이라고도 불리는데, 응답 오류보다 더욱 치명적인 오류로 간주하며, 그러므로 이를 처리하기 위한 여러 통계적인 방법론이 존재한다. 그러나, 응답 오류 역시 이전의 질문 응답과 이후에 불필요하게 답한 질문 사이의 응답이 서로 논리적으로 양립하지 않아, 어느 답을 받아들이고 어느 답을 무시해야 하는지에 대한 그 처리를 두고 또 다른 의사 결정의 문제를 불러일으키는 경우도 있다.

누락 오류 응답 오류

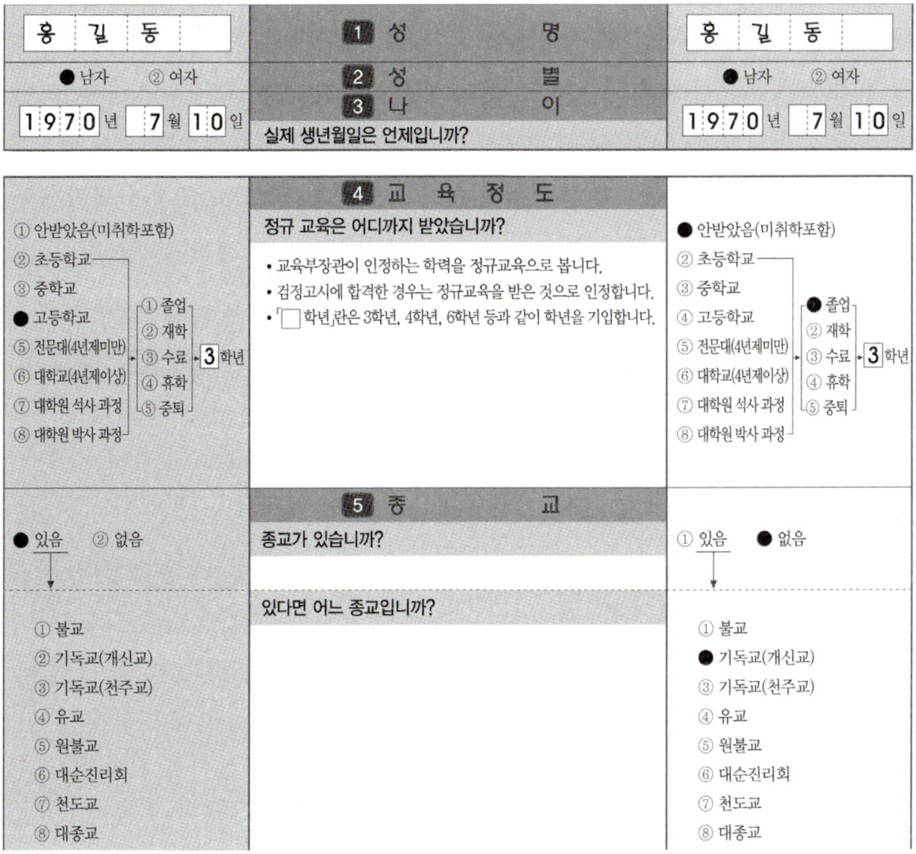

[그림 3-6] 누락 오류와 응답 오류의 예

출처: 박영실, 2015

위의 그림에서 나타난 것과 같이, 질문을 중심으로 왼쪽에 제시된 교육 수준을 묻는 4번 문항에서 '고등학교'라는 보기를 선택하였기 때문에 그 옆에 쓰인 상세 보기 '졸업, 재학, 수료, 휴학, 중퇴' 중 자신에게 맞는 적절한 응답에 답을 선택했어야 한다. 그뿐만 아니라 문항 5의 종교를 묻는 질문에도 '있음'이라고 응답하였으므로, 아래에 제시된 불교에서 대종교에 이르는 8개의 응답 보기 중 자신에게 맞는 답을 하나를 골라서 응답하여야 하지만, 실제로는 응답을 표기하지 않고 비워두는 누락 오류를 범하였다.

이와 반대로 질문을 중심으로 오른쪽에 제시된 교육 정도를 묻는 문항에서 '안 받았음'을 선택하였기 때문에, 기타 자세한 교육 상태를 나타내는 질문에 답할 필요가 없음에도 불구하고 '졸업'과 '3학년'이라는 응답을 불필요하게 기입하였으며, 그 다음 질문인 종교에서도 역시 '없음'이라고 응답하였기 때문에 이후 구체적인 종교를 밝힐 필요가 없지만, '기독교'라는 답을 표기하였다. 교육을 전혀 받지 않은 사람이 졸업이나 재학, 수료 등 구체적인 상태를 밝힐 수 없고, 종교가 없는 사람이 구체적인 종교를 선택하는 것이 불가능하기에 이러한 응답은 논리적으로 불가능하다. 그러므로 이런 응답은 응답자가 4번의 교육 정도를 묻는 첫 문항 혹은 5번 종교를 묻는 첫 문항에 응답을 잘못 기입했거나, 실수로 상세 문항에 잘못 표기했을 가능성이 높다.

컴퓨터 기술이 설문 조사에 응용되면서부터 이 경로 관련 오류는 거의 자취를 감추게 되는데, 이는 응답자의 이전 질문에 기반하여 이후의 질문이 결정되도록 프로그래밍을 하는 것이 가능해졌기 때문이다. 즉, 컴퓨터 기반 설문 조사의 경우 어떤 질문에 특정 응답을 선택한 응답자에게만 관련 상세 질문이 화면에 나타나도록 설계할 수 있으므로, 적정 수준의 프로그래밍 테스팅을 거친 조사의 경우 경로 관련 오류의 가능성이 제거될 수 있었다.

또, 이러한 프로그래밍을 통한 설문 조사는 면접원이 응답을 컴퓨터에 입력함과 동시에 그 응답이 이전의 응답과 견주어 일관성이 있는 것인지, 또 입력된 응답이 논리적으로 정해진 범위 안에 있는지를 검토할 수 있어, 수집된 자료의 품질을 높일 수도 있다. 그뿐만 아니라 [표 3-16]와 [표 3-17]에 제시되었듯이 컴퓨터 프로그래밍은 응답자의 인구 통계학적 특징이나 이전의 응답에 맞추어 질문 문항이나 보기의 수정이 가능하므로 개별 응답자에 맞는 맞춤형 질문을 통해 더 자연스럽고 정확한 조사를 가능하게 하였다.

[표 3-16] 컴퓨터 프로그래밍을 통한 맞춤형 질문

응답자	질문
응답자 A (가임기 여성)	임신 중일 때를 제외하고 의사로부터 당뇨병이 있거나 혈당이 높다는 말을 들은 적이 한 번이라도 있습니까?
응답자 B (남성)	의사로부터 당뇨병이 있거나 혈당이 높다는 말을 들은 적이 한 번이라도 있습니까?

[표 3-17] 컴퓨터 프로그래밍을 통한 다양한 응답 경로 및 맞춤형 보기

응답자	질문
응답자 C (질문 1에 응답을 제공)	질문 1. 세금을 공제하기 전 모든 수입을 포함할 때, 귀하의 2016년 총 수입은 얼마나 됩니까? ______________만 원
응답자 D (질문 1에 모름, 질문 2에 작다고 응답할 경우)	질문 1. 세금을 공제하기 전 모든 수입을 포함할 때, 귀하의 2016년 총 수입은 얼마나 됩니까? ______________만 원 질문 2. 정확하게 말씀해 주실 필요는 없습니다. 귀하의 2016년 세전 총 수입은 5,000만 원보다 큰가요, 작은가요? 1. 크다 2. 작다 질문 3. 그러면 총 수입이 어느 정도인지 보기 중에서 골라 주시겠어요? 1. 2,000만 원 미만 2. 2,000만 원 이상 3,000만 원 미만 3. 3,000만 원 이상 4,000만 원 미만 4. 4,000만 원 이상 5,000만 원 미만
응답자 E (질문 1에 모름, 질문 2에 크다고 응답할 경우)	질문 1. 세금을 공제하기 전 모든 수입을 포함할 때, 귀하의 2016년 총 수입은 얼마나 됩니까? ______________만 원 질문 2. 정확하게 말씀해 주실 필요는 없습니다. 귀하의 2016년 세전 총 수입은 5,000만 원보다 큰가요, 작은가요? 1. 크다 2. 작다 질문 3. 그러면 총 수입이 어느 정도인지 보기 중에서 골라 주시겠어요? 1. 6,000만 원 미만 2. 6,000만 원 이상 7,000만 원 미만 3. 7,000만 원 이상 8,000만 원 미만 4. 8,000만 원 이상

이와 더불어, 컴퓨터 도입 이전의 전화 조사의 경우 면접원이 손으로 일일이 전화를 거는 것에 의존하였기 때문에 표본에 포함되지 않은 잘못된 번호로 전화를 해 조사를 실시하는 웃지 못할 일이 발생하기도 하였다. 컴퓨터 시스템의 발달과 응용은 면접원이 수작업으로 전화를 하는 대신 전화 시스템을 총괄하는 메인 컴퓨터가 표본으로 뽑힌 전화번호를 전화 조사에 쓰이는 개별 컴퓨터로 할당해 주고, 표본으로 선택된 전화번호로 정해진 시간대에 자동으로 전화를 걸어주는 자동 전화 걸기(call scheduler)를 탄생시켰고, 이로 인해 면접원의 수작업 과정에서 발생하는 오류도 역시 제거하였다.

이외에도 자료 수집 방법의 종류를 막론하고 과거에는 조사가 완료되면, 응답자 혹은 면접원들이 종이에 기록한 응답을 전산화하는 과정이 뒤따랐는데, 이는 사람이 종이에 쓰인 응답을 직접 입력하는 방식으로 이루어졌다. 설문 조사에 컴퓨터가 도입되면서 응답자와 면접원들은 응답을 컴퓨터로 직접 입력하게 되었고, 그러므로 기존의 종이 설문지의 응답을 컴퓨터로 옮기는 과정에서 발생한 자료 입력 오차(punching error)는 자취를 감추게 되었다.

그뿐만 아니라 CATI와 CAPI를 가능하게 한 컴퓨터 시스템은 설문을 위해 응답자를 방문하거나 연락한 시간이나 정황(contact history 혹은 call records) 등의 설문 조사를 진행하면서 수집하게 된 부수적인 자료들인 파라데이터(paradata) 축적을 가능하게 하여 어느 시간대에 조사 협조가 잘 이루어지는지 등 응답자와 무응답자 간의 성향 분석도 역시 가능하게 하였다. 여기서 한 발 더 나아가, 비교적 최근 개발되어 CAPI나 CATI에 응용되어 사용되는 CARI(Computer Assisted Recorded Interviewing)는 인터뷰 내용 전부 혹은 일부를 녹음하는 것인데, 실사 과정에서 발생하는 상황을 바로 책상 앞에서 알 수 있으며, 조사 자료의 품질이나 면접원 교육 등 다양한 목적으로 사용되기도 한다. CARI의 활용과 효과에 대해서는 마지막 장에서 더욱 자세히 다루었다.

설문 조사의 혁신을 가져온 컴퓨터의 발전과 설문 조사와의 만남은 우편 조사, 전화 조사, 대면 면접 조사로 대변되었던 전통적 조사 방법에서 수많은 다른 자료 수집 방법으로의 진화를 이끌었다. 계속적인 증가 추세를 보이는 설문 조사 수행 비용, 또 전 세계적으로 감소 일로에 있는 응답률은 동일한 조사에 여러 자료 수집 방법을 함께 허용하는 혼합 조사 또한 증가시키고 있다. 한 예로, 횡단 연구(cross-sectional study)와 종단 연구(longitudinal study)를 합해 놓은 것으로 이해할 수 있는 순환 표본(rotating sampling design)을 채택하고 있는 전국 범죄 피해 조사(NCVS: National Crime Victimization Survey)의 경우, 동일한 응답자에 대해 최대 7회까지의 인터뷰를 실시하게 된다. 가장 첫 번째 조사(1st wave)는 대면 면접 조사를 실시하지만 그 이후에는 면접 조사 혹은 전화 조사를 시도하게 되는데 이는 면접 조사가 응답률을 높이고 응답의 정확성 측면에서 가장 좋은 조사일 수 있지만, 조사 비용 절감을 위해 전화 조사 역시 허용하고 있는 것이다. 더 자세한 사항은 해당 조사 웹사이트를 확인하면 된다.[18)]

그뿐만 아니라 빠른 속도로 변화하는 기술의 발달은 문자 메시지를 통한 조사, 스마트폰을 이용한 모바일 조사, 가상 면접원을 통한 온라인 조사, 음성 대화 시스템(spoken dialogue system)에 기반한 설문 조사 등 각종 새로운 형태의 조사를 낳기도 하였다(Anderson, 2008; Bloom, 2008; Conrad & Schober, 2008; Johnston et al., 2013; Shober et al., 2015). 예컨대, 가상 면접원을 통한 조사는 컴퓨터 비디오로 구현된 가상의 면접원을 통해 응답자들과의 유대(rapport)를 높이는 동시에, 익명성을 보장하고 응답자들이 필요로 하는 정보 등을 명확히 제공함으로써 설문 응답의 정확성을 높인다고 한다(Conrad et al., 2015; von der Pütten et al., 2011; Lind et al., 2013; Lucas et al., 2014).

이러한 기술의 발달과 혼합 조사의 증가는 전통적 자료 수집 방법을 결합하거나 응용하는 형태로 새로운 자료 수집 방법을 탄생시킬 것으로 예상된다.

18) http://www.bjs.gov/index.cfm?ty=dcdetail&iid=245#Methodology

2) 자료 수집 방법의 진화 및 특성

이 장에서는 전통적인 조사 방법에서 진화한 여러 가지 형태의 자료 수집 방법과 각 수집 방법의 특징을 살펴 본다. 아래의 [그림 3-7]은 설문 조사 자료 수집 방법이 컴퓨터의 출현과 더불어 어떻게 진화하여 왔는지를 자세히 보여 준다. 이 그림에 나타나 있듯이, 이렇게 진화된 자료 수집 방법은 3가지의 전통적 형태의 자료 수집 방법인 우편 조사, 전화 조사, 대면 면접 조사에 그 뿌리를 가진다.

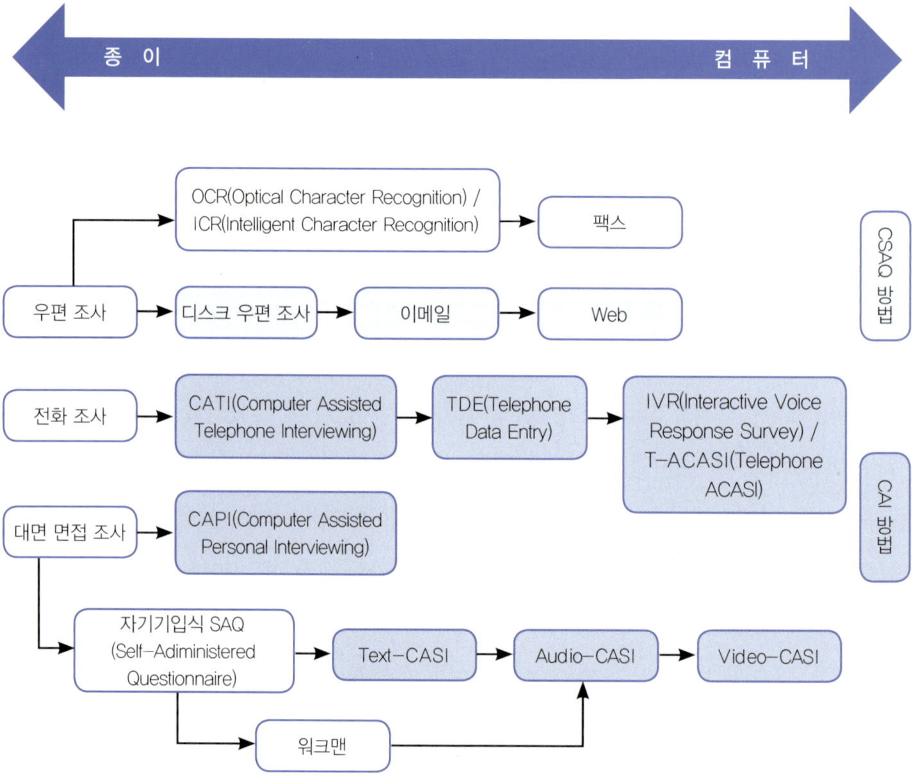

[그림 3-7] 설문 조사 자료 수집 방법의 진화

출처: Groves et al., 2004

(1) 우편 조사의 진화

우편 조사에 뿌리를 두고 진화한 자료 수집 방법에 대해 우선 살펴 보자. 우편 조사는 종이에 인쇄된 질문지를 우편으로 송부를 받아 응답자가 자신이 편리한 시간과 장소에서 면접원의 도움 없이 자기기입식으로 작성한 후 동봉된 봉투를 이용하여 완성된 설문지를 반송하는 형태의 설문 조사 자료 수집 방법이다.

우선 우편 조사는 적당한 표집틀(frame)만 있다면 광범위한 지역을 대상으로 표본의 표집이 가능한 장점을 가진다. 또, 면접원이 존재하지 않으므로 면접원이 조사 중에 미치는 영향을 배제할 수 있으며, 면접 조사나 전화 조사 등 다른 자료 수집 방법에 비해 그 비용 또한 저렴하다.

그러나, 우편 조사의 경우 면접원이 없기 때문에 응답자의 설문 참여의 동기를 부여하고 설득하는 작업이 불가능하고, 그로 인해 상대적으로 낮은 응답률을 보이는 것으로 알려져 있다. 또, 우편 조사는 설문지의 구조에 대해 익숙하지 않은 응답자가 면접원의 도움 없이 혼자 설문에 답을 해야 하므로, 질문의 의도를 제대로 이해하지 못한 상태에서 정확하지 않은 응답을 할 수도 있고, 앞서 설명하였던 응답 경로와 관련된 오류도 많이 발생할 수 있는 가능성을 가졌다.

이런 우편 조사는 컴퓨터 기술의 발전과 시각/활자 인식 기술의 발전과 더불어 OCR(Optical Character Recognition) 혹은 ICR(Intelligent Character Recognition) 형태의 설문지로 진화하여 응답자가 표기한 설문의 응답 혹은 손글씨를 기계가 자동 인식하고 코드화하게 되었으며, 우편을 대체하여 자기기입식 설문지를 FAX로 전송하는 형태로 발전하기도 하였다.

여기에서 더욱 발전된 형태로 설문지 내용을 볼 수 있는 소프트웨어를 포함한 디스크를 우편으로 발송하고, 응답자가 이를 완성하여 송부하는 디스크 우편 조사(disk by mail)가 있으며, 이는 인터넷의 발전과 더불어 이메일 혹은 웹 페이지를 통한 인터넷 조사로 발전하였다. 이러한 컴퓨터를 매개로 한 자기기입식 설문지들은 CSAQ(Computerized Self-Administered Questionnaire)라고 불리기도 한다(Groves et al., 2004). 이들 조사는 우편 조사에서 그 뿌리를 두고 있는 관계로 우편 조사의 장단점을 상당 부분 공유한다. 예를 들어, 면접원 없이 스스로 설문 조사에 참여하기 때문에 그 동기 부여가 낮고, 질문에 대한 이해가 정확하지 않을 수 있으며, 낮은 응답률을 보이는 것으로 알려져 있다. 그러나 경로와 관련한 오류 등은 컴퓨터 프로그래밍으로 인해 상당 부분 해소되었으며, 조사 관련 비용도 면접원을 매개로 하는 다른 조사 방법에 비해 저렴하다고 할 수 있다.

이러한 조사법들은 2000년대 초반을 거치면서 인터넷의 폭발적인 성장과 모바일 기술의 발전에 힘입어 모바일 조사 등과 같은 또 다른 새로운 형태의 여러 자료 수집 방법들을 낳게 되는데, 이들 방법에 대해서는 이 장의 (4) 인터넷 및 휴대 기기를 이용한 조사(p. 160)에서 좀 더 자세히 살피도록 하겠다.

(2) 전화 조사의 진화

전화 조사 역시 통신 기술의 발달에 따라 다양한 자료 수집 방법을 낳았다. 전통적 형태의 전화 조사에서 면접원은 표본으로 선택된 번호로 직접 전화를 걸고, 응답자의 조사 참여 협조를 얻은 후 인쇄된 종이 설문지를 전화를 통해 읽고, 응답을 그 설문지에 기록하여 자료를 수집하였다.

전화 조사의 경우 대면 면접 조사에 비해 상대적으로 비용이 저렴하고 신속한 조사가 가능하며, 실시간으로 설문 조사의 과정에 대해 감독이 가능한 장점을 가진다. 하지만 긴 시간 동안 응답자가 흥미를 잃지 않고 조사하는 것이 힘들고 그로 인해 질문의 길이와 내용도 제한될 수 있다. 또, 청각적인 수단에 의지하기 때문에 대면 면접이나 우편 조사 등에 자주 활용되는 보기 카드 등의 시각적 보조 자료의 활용이 불가능하다.

1980년대 이후 전화 보급률의 증가에 따라 유선 전화를 이용한 전화 조사는 전통적인 자료 수집 방법으로 인정받게 되었다. 그러나, 2000년대 들어오면서 유선 전화의 보급률 감소, 휴대 전화의 보급률 증가, 이와 더불어 유선 전화 없이 휴대 전화만을 가진 가구 비율의 증가 등은 표본의 대표성 문제를 일으키고 있다. 그뿐만 아니라 각국마다 동일하지 않은 휴대 전화의 요금 체계(예: 미국의 경우 휴대 전화를 받는 비용 역시 응답자가 부담)라든지 휴대 전화의 수신 상황(예: 응답자가 운전 중이라든지 하는 안전상의 이유 혹은 다른 업무 중에 조사 전화를 받을 경우 정확한 응답을 할 수 없는 등의 이유)이 전화 조사를 둘러싼 무응답 오차나 측정 오차를 증가시킬 수 있다. 이렇게 변화하는 사회 환경은 전화 조사를 둘러싼 새로운 연구 주제를 계속해서 제공하고 있다.

앞서 기술한 전화를 통한 조사 응답을 인쇄된 설문지에 기록하던 형식의 전통적 전화 조사는 면접원의 개인 컴퓨터와 중앙 메인 프레임 컴퓨터를 연결하여 설문용으로 제작된 조사용 소프트웨어를 통해 개별 컴퓨터의 화면에 나타난 질문을 읽고, 응답자의 응답을 직접 키보드로 입력하는 방식의 CATI(Computer Assisted Telephone Interviewing)를 탄생시켰다. 이 CATI는 1970년대 초 마케팅 리서치 전문 회사에서 비용을 줄이고, 조사 효율성을 증진시키기 위해 처음 개발되었다. 이후 1970년대 중반 대학 부설 연구소에서 확률 표본으로 생성된 전화번호를 개별 컴퓨터로 할당하고, 또 선택된 표본의 응답률을 높이기 위해 개별 전화번호를 이른 오전, 오후, 저녁 혹은 주말과 주중 등 다양한 시간대를 자동화로 전화를 걸어주는 자동 전화 걸기(call scheduler)를 지원하는 시스템으로 발전되었다. 1980년대 초반부터 미국 정부기관을 중심으로 본격적으로 사용되기 시작한 CATI는 이후 유럽으로 번져 갔으며, 현재는 전 세계적으로 수천이 넘는 CATI 전화 조사 시스템이 조사에 사용되고 있다. CATI는 전화 조사의 장점과 단점을 그대로 가지고 있다고 보아도 무방하나, 컴퓨터의 덕분으로 전화 조사에 비해 선택된 표본의 관리 및 면접원 감독이 용이하다는 장점을 가진다.

전화 조사는 버튼을 누르는 방식의 전화(touch tone)를 이용한 자동 전화 입력 조사(TDE: Touchtone Data Entry)라는 새로운 형태의 조사방식을 낳기도 하였는데, 보통 수집해야 할 자료의 양이 한정된 기업 대상 조사 등 일부 조사에 한정되어 주로 쓰인다. 자동 전화 입력 조사에서는 응답자가 무료 전화번호로 직접 전화를 걸어 녹음된 안내를 듣고 전화기의 숫자 키패드를 이용해 응답을 입력하는 방식으로 이루어진다. 이러한 자동 전화 입력 조사(TDE)의 한 형태로 면접원과 응답자가 처음 전화한 후, 자동화된 응답 시스템으로 전환하여 조사를 진행하는 조사를 대화형 음성 인식 조사(IVR: Interactive Voice Response Survey) 혹은 T-ACASI(Telephone-Audio Computer Assisted Self Interviewing)라고 하는데, 굳이 한글로 풀어 쓰자면 전화와 컴퓨터 및 음성에 기반한 자기기입식 인터뷰를 뜻한다(Groves et al., 2004).

(3) 대면 면접 조사의 진화

대면 면접 조사의 진화는 인쇄된 종이 질문지를 컴퓨터로 교체한 것이 그 핵심을 차지한다. 전통적 형태의 전화 조사와 마찬가지로 대면 면접 조사의 경우 면접원들은 표본으로 선택된 가구를 일일이 방문하여 응답자를 선정하여 협조를 구한 후, 종이 설문지를 읽고 그 설문지에 응답자의 답을 기록하는 형식으로 설문 조사가 이루어졌다. 대면 면접 조사의 경우 기타의 자료 수집 방법에 비해 좀 더 정확한 고품질의 자료 수집이 가능하다고 알려져 있는데, 이는 훈련된 면접원이 조사의 목적과 배경에 대해 설명하고, 응답자를 설득하여 응답률을 높일 수 있으며, 필요할 경우 설문 문항의 의미를 명확히 알려주기 때문이다. 그리고 보기 카드 등 시각적 자료의 이용이 가능하며, 설문 응답 이외에도 설문의 환경 등 면접원을 통한 관찰을 통해 2차 자료의 수집이라든지 보건 조사 등에 종종 포함되기도 하는 한 의학적 자료(소변, 혈액, 키, 몸무게 등)의 수집도 가능하다.

그렇지만 면접원이 없는 우편 조사나 전화를 통해 면접원의 음성만을 듣는 전화 조사와는 달리 면접원이 응답자의 눈앞에 실재하기 때문에 면접원 효과가 가장 크게 발생하는 조사 방법으로 알려져 있다. 그리고 면접원의 직접 방문이 필요한 관계로 방문과 관련한 시간과 금전 비용 역시 어느 자료 수집 방법보다도 높으며, 광범위한 지역을 대상으로 할 경우 그 비용이 더욱 커지는 단점을 가진다.

전통적 형태의 대면 면접 조사는 1980년대 중반 노트북 컴퓨터의 보급과 함께 그 변화를 겪게 되는데, 1987년 네덜란드에서 최초로 CAPI를 이용한 전국 규모의 조사를 수행하면서부터 급물살을 타게 되었다. CAPI는 이후 1987년 미국의 전국 건강 조사(NHIS: National Health Interview Survey)의 추가 조사를 통해 그 실행 가능성이 처음으로 타진되었고, 1990년대 초반에 이르러 학술 조사를 주로 실시하는 대학 기반 연구소의 대부분은 대면 면접 조사를 CAPI로 진행하게 되었다. 이러한 발빠른 교체는 조사 비용을 제공하는 정부기관의 CAPI에 대한 선호, 즉 자료 품질 향상과 자료 수집 기간의 단축이 일정 부분 반영된 것이다(Groves et al., 2004).

전통적 형식의 대면 면접 조사 중에서도 모든 질문을 면접원이 읽어주는 것이 아니라, 면접원이 종이에 인쇄된 설문지를 전달하여 응답자가 자기기입식으로 작성하는 경우도 있었다. 이는 설문 내용에 따라 면접원이 직접 질문할 경우에 응답자가 정확한 응답을 하기 힘들 수 있는 민감한 문항의 면접원 효과를 줄이기 위해 주로 사용되었다.

이러한 대면 면접 중 사용된 자기기입식 응답의 가장 초기 형태는 일본 Sony사의 워크맨을 사용한 형태였는데, 면접원이 설문을 읽는 대신 테이프에 녹음된 설문을 워크맨을 통해 듣고 응답자가 인쇄된 종이 설문지에 응답을 표기하는 방식이었다. 이는 컴퓨터의 발달에 힘입어 노트북 컴퓨터의 화면에 글로 쓰여진 설문을 응답자가 읽고, 적당한 답을 골라 컴퓨터에 직접 입력하는 방식인 CASI(Computer Assisted Self Interviewing)로 진화하게 되었으며, 활자에 기반하였으므로 문자 CASI(Text-CASI)라고 불리기도 한다. 이후 CASI는 활자에 기반한 문자 CASI가 가지는 문맹자 조사의 한계를 극복하기 위해 활자에 음성을 추가하여 글자를 읽음과 동시에 헤드셋을 통해 설문을 들으면서 응답을 컴퓨터에 입력하는 ACASI(Audio Computer Assisted Self Interviewing), 더 나아가 청각에 시각 영상을 더하여 조사를 수행하는 Video CASI로 발전을 거듭하게 된다.

이러한 각종 형태의 CASI 인터뷰는 응답자의 사생활을 보장해 줌으로써 면접원 효과를 줄이는 데 기여하였다. 그러나 모든 CASI 인터뷰는 응답자가 스스로 컴퓨터를 이용해 설문에 응해야 하기 때문에 응답자의 기본적인 컴퓨터 사용 능력이 요구된다. 그래서 CASI는 보통 면접원 주도의 CAPI 부분이 끝난 후, 면접원이 자신의 설문용 노트북을 면접원에게 전달해 어떻게 응답을 입력하고 다음 문항으로 이동하거나, 이전 문항으로 되돌아 오는지, 답을 모르거나 응답을 원치 않을 경우 어떻게 해야 하는지 등에 대한 사용 요령을 알려준 후 간단한 예제를 통해 CASI 응답 과정에 대한 연습을 마친 후 응답자가 실제의 설문에 응답하는 방식으로 진행된다.

(4) 인터넷 및 휴대 기기를 이용한 조사

이제까지 살펴 본 설문 조사 자료 방법을 컴퓨터가 가져온 혁신이라고 한다면, 이에 버금가는 혁신을 가져온 것이 인터넷의 등장과 이동 통신의 발전이다. 인터넷과 이동 통신의 발전은 설문 조사의 기본틀에 또 다른 변화를 가져다 주었다. 인터넷을 사용하여 웹상에서 진행하는 웹 서베이(web survey)는 2000년대 초반에 문헌에서 다루기 시작하여 빠른 시간 내에 큰 성장을 거두었다. 그중 가장 큰 혁신은 면접원 배제에 따른 데이터 수집 비용의 절감과 수집된 데이터의 실시간 저장이 가능한 점이다.

그렇지만 이렇게 인터넷으로만 진행되는 조사는 인터넷를 사용하지 않는 인구를 조사에서 배제하는 한계를 가지게 되므로, 포함 오차 및 표집 오차 문제 해결이 필요하다. 하지만 측정 오차 측면에서는 다른 자료 수집 방법과 비교해 다양한 장점을 지니고 있다. 특히 설문지의 자동화가 가능하여 부분적으로 구조화된 설문지(partially structured open-response)라든지(Schonlau & Couper, 2016), 설문지에 사용된 정의나 안내를 포함하는 등(Peytchev et al., 2010), 이전에는 불가능했던 복잡한 설문의 설계가 가능하다.[19] 또, 문자뿐만 아니라 사진이나 그림, 동영상 등을 자유롭게 사용하여 질문할 수 있다(Couper et al., 2004). 더불어 설문지의 다양한 설계가 가능하고 그와 관련한 실험을 손쉽게 진행할 수 있다는 장점도 가

19) 물론 인터넷이 없이도 컴퓨터로 진행되는 조사도 이와 같은 장점을 찾아 볼 수 있다.

진다. 예컨대, Behr 등(2013)은 인지 인터뷰에서 주로 사용되는 프로빙(probing)[20]을 웹 서베이에서 사용하여 질문 문항의 유효성을 점검하기도 하였다. 인터넷 조사는 대부분 면접원 없이 응답자가 직접 응답을 하게 되므로 면접원에 기인한 오차가 없다는 것도 장점이 된다.

그러나 이러한 장점이 새로운 종류의 관측 오차를 일으키는 원인을 제공하기도 한다. 예를 들어 Couper 등(2007)은 사진을 동반하여 건강 상태에 대한 설문을 하는 연구를 진행하였는데, 화면에 제시된 사진의 종류(환자 vs. 운동하는 사람)에 따라 응답이 확연히 달라졌다. 또한, 면접원에 기인한 오차가 없어진다는 점은 장점일 수도 있으나, 동시에 응답자와 면접원 사이에서 생겨나는 교류가 사라지면서 응답자의 질문 사항이나 어려움을 실시간으로 해결해 줄 수 있는 면접원 역시 사라지므로 연구자와 응답자 사이의 상호작용으로 가능했던 조사의 장점 역시 사라지게 된다. 그렇지만, 용어의 설명이 필요할 경우 해당 단어를 클릭하면 보충 설명을 화면에 제공하는 등의 인간 사이의 대화의 특징을 인터넷 조사에 적용할 경우, 응답의 정확성을 증가시키는 등 면접원과 비슷한 효과를 얻을 수도 있다(Conrad et al., 2007).

이와 더불어 최근에는 급속히 보급된 스마트폰과 태블릿 등의 개인 휴대 기기(mobile device)를 이용한 자료 수집이 가능해졌으며, 이러한 변화는 설문 조사의 설계와 분석 등 다방면에 영향을 끼치게 되었다. 이는 이러한 개인 휴대 기기를 이용한 설문 조사 자료뿐만 아니라, 조사와 관계없이 일반적으로 휴대 기기를 사용할 때 얻어지는 위치 정보(Maruyama et al., 2014) 혹은 소셜 미디어(social media)를 사용할 때 남게 되는 데이터의 수집(McCormick et al., 2015) 등 다양한 형태를

20) 면접원이 응답자와 만나 진행하는 인터뷰 도중 응답자의 이해를 충분히 파악하기 위해 면접원이 응답자에게 하는 질문으로 캐어 묻기 혹은 추가 질문 등으로 번역되어 쓰이기도 한다(박영실·박현정·윤연옥, 2013; 이철수, 2009).

띤다. 예를 들어 휴대 전화의 문자 메시지(SMS)나 카카오톡과 같은 스마트폰의 앱을 사용하여 응답자를 모집하거나(Brick et al., 2007), 조사 협조를 구하기 전 사전 연락을 할 수도 있으며(Bosnjak et al., 2008), 패널 조사 등의 경우 다음번 조사를 알리는 리마인더(reminder)를 보낼 수도 있다(McGeeney & Yan, 2016).

이처럼 문자 메시지를 사용할 경우 비용 절감에는 확실한 장점이 있으나, 오차나 응답률과 관련된 뚜렷한 결과는 아직 없는 상태이다. 또한, Shaw 등(2013)은 iPad로 약물 남용자를 대상으로 이를 막기 위한 개입 조치(intervention)를 실시하고 사전과 사후 설문 조사도 iPad를 사용하여 진행하였다. 또 Berkman 등(2011)은 흡연자를 대상으로 문자 메시지를 사용하여 금연 시작 후 21일간 매일 8회 실시간으로 흡연과 관련된 짧은 설문 조사를 실시하기도 하였다. 또한, 미시간 대학에서는 소셜 미디어 Twitter에서 이용자들의 코멘트 중 실업과 관련된 부분을 사용하여 실업 보험금과 고용 보험 급여와 관련된 예측을 하는 등[21] 다양한 방면으로 활용되고 있으며, 앞으로 그 활용의 폭은 더욱 넓어질 것으로 예상된다.

3) 자료 수집 방법과 관련 오차

설문 조사는 자료 수집 방법에 따라 시각 혹은 청각 등 다른 매체를 통해 전달된다. 그러므로, 어떤 방법을 통해 조사를 수행하느냐에 따라 설문지의 구성이나 조사 수행 요령이 달라지며, 각 매체의 특성이 반영되기 마련이다. 예를 들어, 보기 카드(showcard)[22] 등의 활용이 가능한 대면 면접 조사에서는 응답 보기의 수에 대한 제약이 크지 않으나, 청각에만 의존하는 전화 조사의 경우 길고 복잡한 질문을 한다든지, 너무 많은 수의 보기를 제공한 후 응답을 고르라고 하는 것은 조사

---

21) http://econprediction.eecs.umich.edu/

22) 질문의 보기가 여러 개인 경우 응답자의 편의를 위해 보기를 종이에 써서 참고할 수 있도록 제공하는 카드로 여러 장의 카드를 묶어 책자 형식으로 제공되기도 함.

의 정확성을 떨어뜨리게 된다. 그러므로 같은 내용의 설문 조사를 한다 하더라도, 조사 진행의 방법에 따라 질문에 쓰이는 구체적인 어구나 문장, 보기의 선택과 배열은 차이를 가지게 마련이며, 이러한 결정은 자료 수집 방법의 특성을 반영하여 이루어져야 한다.

최근 들어 응답률 제고와 설문 비용 절감을 위해 사용이 늘어나고 있는 혼합 조사의 경우를 예로 들어 생각해 보자. 만약 자료 수집 방법으로 전화 조사와 대면 면접 조사가 계획되었다면 그에 맞는 각각의 설문지를 준비하고, 전화 조사와 인터넷 조사가 계획되었다면 또 그에 맞는 개별 설문지가 각각 있어야 한다. 이는 같은 내용이더라도 개별적인 질문은 조사 방법에 따라 조금이라도 그 표현이 달라질 수밖에 없으므로, 따로 준비된 설문지 없이 면접원이 상황에 맞게 문장을 변형해야 한다면 이로 인한 면접원 효과는 커질 수밖에 없기 때문이다.

[표 3-18]는 같은 내용을 묻는 질문 두 개가 전통적인 3가지 자료 수집 방법에 따라 어떻게 다르게 준비되는지를 보여 준다. 우편 조사는 문어에 기초하여 '~ㅂ니다.' 형식의 구문을 사용하는 반면, 전화 조사와 대면 면접 조사의 경우 실제의 언어 사용에 가깝고 친근감을 주는 동시에 설문 조사에 소요되는 시간을 줄일 수 있는 구어체로 쓰여져 있다. 또, 대면 면접 조사와 전화 조사는 모두 구어체로 쓰여지긴 했지만 그 주된 전달 매체의 차이(시각 vs. 청각) 때문에 대면 면접 조사의 경우에는 보기 카드를 사용하여 시각적인 도움을 주는 반면, 전화 면접의 경우 질문과 보기 자체를 결합하는 대면 면접 조사에 사용된 질문과 차이를 보인다.

이러한 설문의 구체적인 문구의 차이를 넘어서, 설문의 시각적 혹은 청각적 전달 방식에 따라 체계적으로 발생하는 측정 오차들이 있는데, 이는 자료 수집 방법의 효과(mode effect)로 불린다(Schwarz et al., 2006).

이 중 자료 수집 방법에 따라 나타나는 대표적인 측정 오차는 최신 효과(recency effect)와 초두 효과(primacy effect)이다. 최신 효과는 청각적인 자극을 통해 설문 내용이 전달되는 조사의 경우(예: 전화 조사), 주어진 보기 중에서 가장 마지막으로 들은 응답 보기를 많이 선택하는 경향이다(Berg & Rapaport, 1954;

Bishop, 1987; Bishop et al., 1988; Cronbach, 1950; Krosnick, 1992; Krosnick & Schuman, 1988; Mathews, 1927; McClendon, 1986, 1991; Schuman & Presser, 1981; Schwarz, Hippler, & Noelle-Neumann, 1992; Visser, Krosnick, Marquette, & Curtin, 2000).

[표 3-18] 자료 수집 방법에 따른 설문의 차이

전화 조사	다음 각각의 질문에 대해 얼마나 자주 그렇게 느끼시는지 말씀해 주세요. Q1. 첫 번째, 친하게 지내는 사람이 없다는 기분이 얼마나 자주 드십니까? 거의 그런 적이 없음, 때로 그런 편, 자주 그런 편 중에서 골라 주세요. Q2. 얼마나 자주 외톨이가 된 기분이 드십니까? 거의 그런 적이 없음, 때로 그런 편, 자주 그런 편 중에서 골라 주세요.
우편 조사	다음에 제시된 각각의 문장을 읽으신 후, 본인에게 알맞는 보기를 골라 주십시오. Q1. 친하게 지내는 사람이 없다는 기분이 든다. 1. 거의 그런 적이 없다 2. 때로 그런 편이다 3. 자주 그런 편이다 Q2. 외톨이가 된 기분이 든다. 1. 거의 그런 적이 없다 2. 때로 그런 편이다 3. 자주 그런 편이다
대면 면접 조사	제가 보기 카드를 하나 드릴텐데요. 이 카드를 참조하셔서, 제가 읽어드리는 문장을 듣고 본인에게 가장 적합한 답을 하나 골라 말씀해 주세요. Q1. 친하게 지내는 사람이 없다는 기분이 얼마나 자주 드십니까? Q2. 얼마나 자주 외톨이가 된 기분이 드십니까? 보기 카드 1. 거의 그런 적이 없다 2. 때로 그런 편이다 3. 자주 그런 편이다

이에 반해 초두 효과는 이와 대비되는 개념으로 시각적인 자극을 통해 설문 내용이 전달되는 조사의 경우(예: 우편 조사 혹은 대면 면접 조사에서 보기 카드를 사용하는 경우 등)에는 가장 처음에 제시된 보기를 많이 선택하는 경향이

다(Ayidiya & McClendon, 1990; Becker, 1954; Bishop et al., 1988; Campbell & Mohr, 1950; Chan, 1991; Crowder, 1976; Holmes, 1974; Johnson, 1981; Krosnick & Alwin, 1987; Schwarz et al., 1992; Waugh & Norman, 1965).

이러한 효과는 [표 3-19]에 보여진 바와 같이 많은 수의 보기가 제시된 질문은 물론이고, 두 개 혹은 세 개의 보기를 가진 비교적 간단한 질문에도 나타나는 것으로 보고되었다(Schwarz et al., 1992, 1994).

[표 3-19] 2가지 보기를 가진 질문의 순서 효과

자료 수집 방법			보기의 순서	
			먼저 제시됨	이후에 제시됨
시각	복지의 책임은?	정부	64%	50%
		사설 복지기관	34%	28%
청각	선호하는 소설은?	심각	31%	35%
		유머	48%	53%

출처: Schwarz et al., 1992

이러한 보기의 순서 효과는 의견이나 태도를 묻는 질문은 말할 것도 없이 사실이나 행동을 묻는 질문에서도 발견된다고 한다. 또 이러한 보기의 순서 효과는 명목 척도 형태의 보기를 가진 설문 항목에서 주로 발견되지만, 서열 척도(ordinal scale)에서도 역시 발생한다고 한다(Weng & Cheung, 2000).

[표 3-20]에 제시되어 있는 독일의 알렌바흐 연구소(Allenbach Institute)에서 실시한 2가지 설문 조사는 사실에 대한 설문 문항 역시 응답 보기의 순서 효과에서 자유롭지 않음을 보여 주는 그 좋은 예를 제공한다(Sudman et al., 1996). 이 조사에서는 응답자들에게 총 28개의 활동으로 구성된 보기를 제시하면서 "다음 보기를 사용하여 당신이 지난 주 토요일에 한 일이 무엇인지 말씀해 주시겠습니까?"라는 질문을 했는데, 응답자의 절반은 그 동일한 28개의 활동이 역순으로 나열된 보

기를 사용하여 응답을 하였다. 그 결과, '근로'라는 활동이 보기 중에 가장 먼저 제시되어 있었을 때에는 34%의 응답자가 이 보기를 답으로 선택했지만, 같은 보기가 마지막으로 제시되었을 경우에는 이를 선택한 사람은 25%로 떨어졌다. 역으로 '수면'이라는 활동이 가장 먼저 제시되어 있을 경우 이를 선택한 사람은 15%였지만, '수면'이 가장 마지막으로 제시된 경우 이 응답을 고른 사람은 10%였다. 동일한 항목의 조사가 1958년 한 번 더 실시되었는데, 이 조사에서도 역시 동일한 결과와 패턴이 반복되었다고 한다.

[표 3-20] 지난 토요일의 활동과 보기의 순서 효과

활동	보기가 나타난 순서			
	1957년 조사		1958년 조사	
	가장 먼저	가장 마지막	가장 먼저	가장 마지막
근로	34%	25%	26%	22%
수면	15%	10%	17%	12%
표본 수	347	317	318	309

출처: Sudman et al., 1996

이러한 보기의 순서 효과는 응답자들이 눈에 띄는 응답을 고르기 때문으로 설명되기도 하였으나(Payne, 1951), 이는 초두 효과만을 설명할 뿐 이후에 제시된 응답을 선택하는 최신 효과를 설명하지 못하는 한계를 가진다. Blankenship(1943) 등의 연구자들은 이런 현상을 기억의 한계(memory limitation)로 설명하기도 하였다. 그렇지만, 이러한 보기의 순서 효과가 복잡하지 않은 단지 두세 개의 보기로 구성된 질문에서도 존재하며, 그 자극의 원인이 시각이냐 청각이냐에 매체에 따라 그 발생의 방향이 다른 점을 설명할 수 없는 한계를 가졌다.

Krosnick(1991)은 경제적인 의사 결정과 선택 행동을 설명하는 용어였던 만족절충(satisficing)(Simon, 1957)의 개념을 설문 조사의 영역에 도입하여, 응답 보기

의 순서 효과를 설명하였는데, 이는 보기의 순서 효과가 인지 정교화(cognitive elaboration) 과정 중에 발생하는 문제라는 것이다. 이에 따르면 설문 조사에 참여하는 응답자들은 꼭 최선이 아니더라도, 수용 가능한 답을 선택함으로써 인지적 부담을 줄이고자 한다는 것이다. 그리하여 우편 조사의 경우 응답자는 종이에 쓰여진 응답 보기를 순서대로 읽어 내려가면서 적당한 답을 고르게 되므로, 주로 처음 본 응답을 고르는 초두 효과가 두드러지며, 전화 조사 등에서는 면접원이 응답 보기를 읽어 주게 되므로 응답자는 처음에 들었던 보기를 면접원이 읽어 주는 여러 다른 보기들을 들으면서 잊게 되고, 답을 선택할 때 면접원으로부터 가장 마지막으로 들었던 보기를 먼저 생각하게 되므로 마지막 보기를 선택하는 최신 효과가 두드러진다는 것이다(Krosnick, 1992; Krosnick & Alwin, 1987).

한때 인기를 끌었던 '나는 가수다'라는 프로그램에서 마지막에 노래를 하는 가수가 이긴다면서 한국 언론에서는 이런 경향을 일컬어 '나가수 효과'라는 신조어로 명명하기도 하였는데, 이는 청각적 자극이 선택에 영향을 미치는 일종의 최신 효과로 볼 수 있겠다.

이러한 효과는 설문 조사에서 응답을 고르는 행동에 한정되지 않고, 선거용 투표 용지에 가장 먼저 이름이 나온 후보에게 투표하는 경향 등으로도 발견된다고 하니 놀라울 따름이다(Brook & Upton, 1974; Mueller, 1970). 이렇듯, 보기의 순서 효과를 인지 정교화 과정으로 이해하게 되면, 이미 확고한 의견을 형성하고 있어 설문 응답을 위해 복잡한 인지 과정을 겪을 필요가 없는 설문 문항에서는 보기의 순서 효과가 두드러지지 않는다는 사실 역시 쉽게 설명할 수 있다.

또 보기의 순서 효과가 보기의 수가 증가함에 따라 커지며, 작업 기억(working memory)의 용량이 상대적으로 떨어지는 노인층과 저학력층 등에서 더욱 두드러지게 나타나는 경향(Knäuper, 1998; Krosnick & Alwin, 1987; Krosnick et al., 1996; McClendon, 1986, 1991; Narayan & Krosnick, 1996)이 있고, 어려운 어휘를 포함했다던가 길이가 긴 복잡한 질문에서(Payne, 1949; Schuman & Presser, 1981) 혹은 질문 문항이 어렵거나 응답자가 더 피로해 할수록 이러한 응답 보기의 순서 효과가 더욱 두드러지게 발생(Mathews, 1927)한다는 사실은 응답 보기의 순서 효과가 인지 정교화 과정에서 발생한다는 학설을 더욱 더 논리적으로 강화해주고 있다.

보기의 순서 효과 이외에도, 자료 수집의 방법에 따라 그 크기가 달라지는 것으로 알려진 측정 오차 중 하나가 묵인 편향이다. 묵인 편향은 설문 문항의 내용과는 상관없이 주어진 내용에 동의하는 성향을 말하는데(Holbrook, Green, & Krosnick 2003; Krosnick & Fabrigar, 1998), 보기의 순서 효과와 마찬가지로 인지 능력이 낮은 저학력자 혹은 저소득층에서 더 두드러진다고 한다(Krosnick, 1991; Narayan & Krosnick, 1996; McClendon, 1991). 묵인 편향이 발생하는 이유에 대해서는 다양한 설명이 존재하는데, 질문 내용이나 보기 자체의 모호함, 응답자 개인의 성격, 혹은 자아상에 대한 염려(self-presentation concern), 성별이나 연령, 교육 정도나 사회 · 경제 · 문화적인 배경(Javeline, 1999; Krosnick et al., 1996; Lenski & Leggett, 1960), 만족절충형 행동 등이 그것이다.

묵인 편향의 원인을 개인의 성격의 관점에서 보면, 묵인 편향의 크기는 표본으로 선택된 하위 집단에 달려 있게 된다. 이 이론에 따르자면, 특정 성격의 사람들은 그 내용과 상황에 관련없이 대체로 묵인하는 경향이 있으며, 사고와 평가의 과정에서도 역시 엄격한 숙고의 과정을 거치기보다는 즉흥적이고 충동적으로 "예."라는 응답을 한다는 것이다. 이 이론에서는 묵인 편향을 민족성과 문화로 확장 설명하여 충돌을 피하고 화합을 강조하여, 설문 조사를 위해 방문한 면접원조차 손님으로 환대하는 문화권에서 더욱 두드러지는 것으로 파악한다(Javelline, 1999).

앞서 3장 2절에서 언급한 바와 같이 만족절충적 응답 현상의 약한 형태로 묵인 편향을 설명하는 연구(p. 97)들도 있는데, 이 이론에 따르자면 만족절충 응답 성향이 있는 사람들은 어떤 문장에 대해 동의하는지를 묻는 질문이 있다면, 그 내용에 대한 면밀한 평가 대신 동의하는 이유에 대해서만 생각한 후, "동의한다"라고 응답한다는 것이다(Krosnick, 1991). 그런데, 만약 묵인 편향이 이런 만족절충 응답 현상의 일종이라면 묵인 편향과 만족절충 응답 현상이 발현하는 환경 간에 유사성이 존재해야 한다. 실제로 이 2가지 응답 편향은 공통적으로 인지 능력이 낮은 인구 집단에서 두드러지므로, 이 이론은 기본적인 신뢰성을 확보하기는 한다. 그렇지만 일반적으로 높은 수준의 인지 능력을 가진 것으로 여겨지는 대학생 대상의 연구에서도 묵인 편향이 발견된다는 사실은 만족절충 이외에 묵인 편향을 일으키는 다른 원인이 있지 않을까 하는 의심의 단초를 제공한다(Krosnick, 1991; McClendon, 1991; Narayan & Krosnick, 1996).

묵인 편향을 이끌어내는 실체, 즉 동의하는 성향은 어쩌면 힘과 권위에 대한 존중 혹은 표현일 수 있으며, 이는 응답자의 사회적 위치와도 관련될 수 있다. 이러한 형태의 존중은 사회적 묵인 성향(social acquiescence)이라고도 불리는데, 응답자의 진정한 믿음에는 영향은 끼치지 않지만 단지 외부적으로 발현될 때에만 영향을 끼친다고 알려져 있다(Hurd, 1999). Hall(1995)은 전화로 수행된 병원 이용 고객의 만족도 조사 자료를 분석하여, 만족의 정도를 묻는 질문에 응답자가 불만족했다는 사실을 (설문 조사 상황에서 일종의 권위를 가진) 면접원 앞에서 솔직하게 털어놓지 못하는 것 즉, 면접원의 존재로 묵인 편향을 설명하기도 하였다. 그러나, 이 역시 자기기입식으로 진행되는 설문 조사에도 묵인 편향이 발생하므로, 그 원인을 충분히 설명하지 못한다(McClendon, 1991).

이외에도, 일부 연구자들은 주어진 질문이나 보기의 애매모호함을 묵인 편향을 일으키는 원인으로 생각하기도 하였으나 질문의 명확성 등은 지극히 주관적인 판단의 영역이라 이를 가설로 실증적인 연구를 수행하는 데는 많은 한계가 따르며, 그러므로 애매모호함과 묵인 편향 사이의 관계에 대한 연구 결과는 명확하지 않은 상태이다(Javeline, 1999). 또, 응답자의 강하지 않은 의견이나 태도, 설문 조사 중 경험하게 되는 응답자의 피로나 무관심, 특히 설문 조사의 길이가 길어질수록 더 성급해지고, 조사를 빨리 마치고 싶어하는 경향이 이러한 묵인 편향을 발생시킨다는 주장도 있다(Krosnick, 1991).

그뿐만 아니라 자료 수집 방법은 설문 문항(item level) 수준에서 발생하는 '모름/무응답'과 '응답 거절'의 비율과 응답의 품질에 영향을 끼친다고 알려져 있다.

Groves와 Kahn(1979)은 대면 조사에 비해 전화 조사 참가자들이 설문 응답에 상대적으로 많은 노력을 기울이지 않으며, '모름' 혹은 '응답 거부'를 한 비율이 높다는 결과를 발표하였다. 우편 조사에서 이러한 '모름'과 '응답 거부'의 비율이 높은 것은 말할 것도 없고 말이다. 또한, Jordan과 Marcus와 Reeder(1980)는 대면 면접 조사와 비교했을 때 전화 조사를 통한 조사에서 응답자들이 개인의 재정 상황에 대해 자세히 응답하지 않는 사실 역시 보고하였다.

2000년대 들어서는 유선 전화(lanelines)와 휴대 전화(cell phones)를 통해 수집된 자료의 품질을 비교하는 자료 수집 방법 효과 연구가 급증하였다. 이는 유선 전화 조사의 응답률 감소와 폭발적으로 증가한 휴대 전화의 전 세계적인 보급으로 휴대 전화가 자연스레 전화 조사에 포함되기 시작했으나, 유선 전화와 휴대 전화는 무시할 수 없는 차이점을 가지고 있기 때문이었다. 예를 들어, 미국 등에서는 무선 전화의 요금 체계가 한국과 달라 전화를 건 사람뿐만 아니라 받는 사람도 통화 요금을 지불해야 한다. 그러므로, 휴대 전화 조사의 경우 응답자는 동일 설문이라 하더라도 유선보다 더 서둘러 조사에 참여할 수 있고, 또 유선 전화에 비해 응답자의 사생활이 없는 공간에서 조사를 참여할 가능성이 존재하므로 응답의 정확성이 떨어질 소지가 있다. 게다가 운전을 한다든지 하는 다른 업무 중에 조사 협조 요청을 받을 수도 있는데다가, 조사 중에 연결 상태가 좋지 않아 전화가 쉽게 끊어질 수도 있다.

그래서, 이러한 휴대 전화와 유선 전화라는 2가지 방법으로 자료를 수집한 뒤 그 수집된 자료의 품질을 비교하는 연구가 증가하였으나, 그 연구 결과들은 일치하지 않고 있다. 어떤 연구에서는 조사 항목들의 통계치(survey estimates)나 개방형 질문에 대한 응답의 품질이 두 조사 방법 간 차이가 없었고(Dipko et al., 2005; Roy & Vanheuverzwyn, 2002), 일부 연구에서는 차이가 밝혀지기도 하였다. 예컨대, Brick 등(2007)은 조사를 마치는 데 드는 시간, 민감한 질문에 대한 응답 간에 휴대 전화와 유선 전화 조사 간에 유의미한 차이를 발견하였으나 그 방향은 예상과는 빗나가는 방향이었다. 즉, 유선 전화보다 휴대 전화를 사용해 수집된 자료의 설문 완료 시간이 더 길다라든지, 휴대 전화를 이용한 설문의 응답이 더 사회적으로 바람직하지 않았다든지 말이다. 연구자들은 이러한 결과를 두고, 휴대 전화와 유선 전화 간의 효과라기보다는, 면접원 간의 분산이 이러한 차이를 만들어 낸 것으로 해석하였다.

Link 등(2007)은 세계적으로 가장 큰 규모의 전화 조사인 행동 위험 요인 감독 시스템(BRFSS: Behavioral Risk Factor Surveillance System)에 포함된 3개 주(Georgia, New Mexico and Pennsylvania)의 휴대 전화만 보유한 가구, 휴대 전화과 유선 전화를 모두 보유한 가구, 유선 전화만을 보유한 가구 간의 자료를 분석하였다. 이 연구에 따르자면 휴대 전화만 보유한 가구는 연령이 18~34세, 미혼, 히스패닉, 직업이 학생일 경우가 상대적으로 높은 등, 집단 간 인구 통계학적 변수들 간에 유의한 차이가 있었다고 한다. 또, 조사에 포함된 10가지의 건강 관련 항목에서도 역시 일부 항목에서 차이가 있었는데, 유선 전화만 보유한 가구의 고혈압 유병률이 휴대 전화만 보유한 가구에 비해 높았으나 HIV 테스트 경험이나 정기적으로 운동을 하는 비율, 현재 흡연 여부, 폭음 경험 여부 등에서는 낮은 수치를 보였다고 한다.

또, 휴대 전화와 유선 전화 조사 자료를 비교한 Vincente 등(2009)의 연구에서는 휴대 전화로 조사에 참여한 응답자에게서 더 높은 형태의 묵인 편향[23]을 보고하기도 하였으며, 비교적 최근에 수행된 Ward 등(2014)의 연구에서는 휴대 전화 조사 참여자 중에서도, 조사에 참여한 장소가 집이 아닌 외부의 경우 아동의 예방접종률이라든지, 기타 건강 관련 정보, 인구 사회학적 배경 변수에 대한 응답이 상대적으로 낮거나 완벽하지 않음을 보고하였다.

---

23) 묵인 편향은 설문 문항의 내용과는 상관없이 주어진 내용에 동의하려는 성향을 말하며(Holbrook et al., 2003; Krosnick & Fabrigar, 1998), 더 자세한 내용은 3장 (4) 문화적 조정과 응답 성향(p. 134)과 3장 4절 3) 자료 수집 방법과 관련 오차(p. 168)를 참고하기 바란다.

이러한 자료 수집 방법의 효과(mode effect)는 면접원의 존재 여부에 따라 그 방향이 어느 정도 예측 가능하고, 조사의 주제 역시 게임 중독, 음주량, 알코올 의존도, 환각제 사용, 낙태 경험, 인종에 대한 태도, 건강 활동 및 예방 의료 활동 등 일반적으로 민감하다고 알려진 문항들에서 더욱 크게 나타나는 것으로 알려져 있다(송인덕 · 조성겸, 2013; Anderson, Silver, & Abramson, 1988; Beebe et al., 2008; Campbell, 1981; Cotter, Cohen, & Coulter, 1982; Finkel, Guterbock, & Borg, 1991; Fowler et al., 1999; Kreuter et al., 2008; Krysan, 1998; Link & Mokdad, 2005; Schuman & Converse, 1971; Tourangeau & Smith, 1996; Tourangeau & Yan, 2007; Turner et al., 1998; Wiseman, 1972).

설문 조사의 특성 상 어느 것이 정확한 값(true value)인지 알기란 쉽지 않다. 사실, 정확한 값을 안다면 조사를 할 필요성은 없으니 말이다. 그래서, 정확한 조사를 위해 적합한 자료 수집 방법이 무엇인지를 파악하기 위한 연구에서는 인구 총조사(census) 등의 모집단 조사 자료 혹은 행정 자료를 시금석(gold standard)으로 삼아 그 수치와 조사로 얻어진 수치가 얼마나 차이가 나는지를 측정하여, 그 조사의 품질을 측정하기도 한다. 하지만 이렇게 참고할 만한 시금석이 있는 경우가 현실에서는 흔치 않기 때문에, 설문 조사 방법론 연구자들은 어떤 자료 수집 방법이 더욱 우수한지를 알아내기 위해 보편적으로 받아들여지는 사실(common sense)을 전제로 연구를 진행하기도 한다. 그중 하나가 민감한 주제의 조사를 진행할 경우 사회적으로 바람직하지 않은 행동에 대한 통계치가 높게 나오는 것이 정확한 자료 수집 방법이라는 것이다. 예를 들어, Locander 등(1976)의 전화 조사와 우편 조사 비교에서는 투표인 등록(voter-registration)과 도서관 카드 보유라는 항목에 대해 사회적으로 바람직한 응답 즉 투표인 등록을 했고, 도서관 카드를 갖고 있다고 응답한 비율이 전화 조사에서 더 높다는 사실을 보고하였다. 이는 우편 조사의 경우 면접원에 대한 존재를 느낄 수 없어, 사회적으로 바람직한 응답(socially desirable response)을 하는 경향이 적은 반면, 전화 조사의 경우 대면 면접 조사보다는 면접원의 존재감을 덜 느끼겠지만, 여전히 전화기 너머에 있는 면접원의 영향으로 응답자들이 자신의 사회적으로 바람직한 행동을 한다는 사실에 대해 과장하기 때문이라는 것이다.

또 Tourangeau와 Smith(1996)는 성생활과 환각제 사용에 관한 설문 문항을 놓고 CAPI(Computer Assisted Personal Interviewing), CASI(Computer Assisted Self Interviewing)와 ACASI(Audio Computer Assisted Self Interviewing)를 비교하였다. 연구자들은 남성의 경우에는 성생활 파트너 수가 많은 것, 여성의 경우에는 적은 것을 사회적으로 바람직하게 여기는 이분적인 사회 통념에 천착하여 위의 3가지 다른 자료 수집 방법을 통해 측정된 성생활 파트너의 수에 남녀 간 차이를 살펴보았는데, ACASI와 CASI를 통해 자료를 수집했을 경우, 면접원이 직접 설문을 하는 CAPI보다 성적 파트너 수의 성별 차가 유의하게 줄어드는 것을 보여 주었다. 특히 ACASI에서는 다른 자료 수집 방법에 비해 환각제 사용에 대한 보고가 높았다. 이후 ACASI와 CASI 사이에 무엇이 더 정확한 응답을 이끄는가에 대한 후속 연구가 진행되었으나, 일관된 결과는 보이지 않고 있다. 그러나 면접원의 존재에 따라 그 존재감의 크기가 작을수록 사회적으로 바람직한 응답을 하는 성향은 줄어드는 것이 일관적으로 보고되고 있다.

그러나 명심해야 할 것은 이 자료 수집의 효과도 각각 수집 방법 사이에 발생하는 오차의 크기 문제일 뿐, 측정 오류 자체를 불식시키기에는 어렵다는 사실이다. 예컨대, Bradburn 등(1979)은 '음주 운전으로 구속된 적이 있는지'와 '파산을 경험한 적이 있는지'를 조사한 후, 법원의 기록과 대조를 통해 어떤 자료 수집 방법을 통해 설문 조사에 참여한 응답자가 가장 정확한 응답을 했는지를 비교하는 연구를 수행하였다. 연구 결과, 임의 응답 기법(randomized response technique)을 사용하여 익명성을 보장한 자기기입식 조사에서도 음주 운전이나 파산 선고 기록을 가진 응답자의 3분의 1에서 50%에 달하는 응답자들이 그 사실을 보고하지 않았다고 한다(Groves, 1984, 재인용). 즉, 조사의 내용이 극도로 민감한 경우에는 면접원의 존재가 없는 조사에서조차도 응답자들은 자신의 사회적으로 바람직하지 않은 과거를 인정하지 않았으며, 이는 자료 수집 방법이 조사의 정확성에 끼치는 영향의 한계를 보여 준다.

하지만, 그 한계를 알고 상황을 직시한 상태로 측정 오차를 줄이기 위해 적정한 자료 수집 방법을 선택하여 실시한 조사와 무지로 인해 그러한 숙고의 과정을 생략한 상태로 자료 수집 방법을 선택하여 실시한 조사 사이에는 수집된 자료의 품질에 큰 차이를 보일 수밖에 없다.

초두 효과나 최신 효과 등은 잠시만 생각해 보아도 쉽게 이해할 수 있는 설문 조사 방법론의 기본 이론이다. 하지만, 이에 대한 적절한 지식이 없는 상태에서 수행된 설문 조사는 자칫 조사 시간과 비용을 낭비하고, 잘못된 정책 결정을 이끌게 된다. 예컨대, 노인을 위한 복지안을 평가하기 위해 전화 조사를 실시했다고 하자. 다섯 개가 넘는 생소한 복지안 중 어떤 복지안을 선택할지를 두고, 노인층을 대상으로 전화 조사를 한다면, 마지막 보기로 주어진 복지안은 최신 효과 때문에 실제 선호도보다 더 부풀려질 가능성이 굉장히 크며, 그러므로 이러한 조사 결과에 기초한 정책 결정은 자원의 낭비를 낳을 가능성이 크다. 이런 경우, 전화 조사로 자료 수집 방법이 한정된 상태라면, 응답자로 하여금 선호하는 복지안을 여러 개를 고르게 하여 일차로 선택의 폭을 줄인 후, 이미 선택한 보기 중에서 가장 선호하는 복지안을 고르는 등의 형태로 질문을 분리한다든지, 보기의 배열을 무작위로 바꿈으로써 보기의 순서 효과를 줄일 수 있겠다.

Chapter 1 2 3 4

설문 오차를 줄이기 위한 노력

1. 무응답을 줄이기 위한 노력

1) 응답률 추세와 무응답 편향 분석

설문 조사 응답률의 하향 추세는 조사 방법과 상관없이 전 세계적으로 보여지고 있다(Singer, 2006). 미국 학술 평가원(2013)의 보고에 의하면 미국에서 가장 높은 응답률을 보여 주고 있는 소비자 물가 지수 주택 부문 조사(CPI-Housing: Consumer Price Index–Housing)의 경우는 2000년에 85%였던 응답률이 꾸준히 하락하여 2005년에 80% 초반대가 되었다. 2009년 말, 2010년 초에는 75% 이하로 하락했다가 2010년 말에는 80% 초반대로 회복되었다([그림 4-1] 참조).

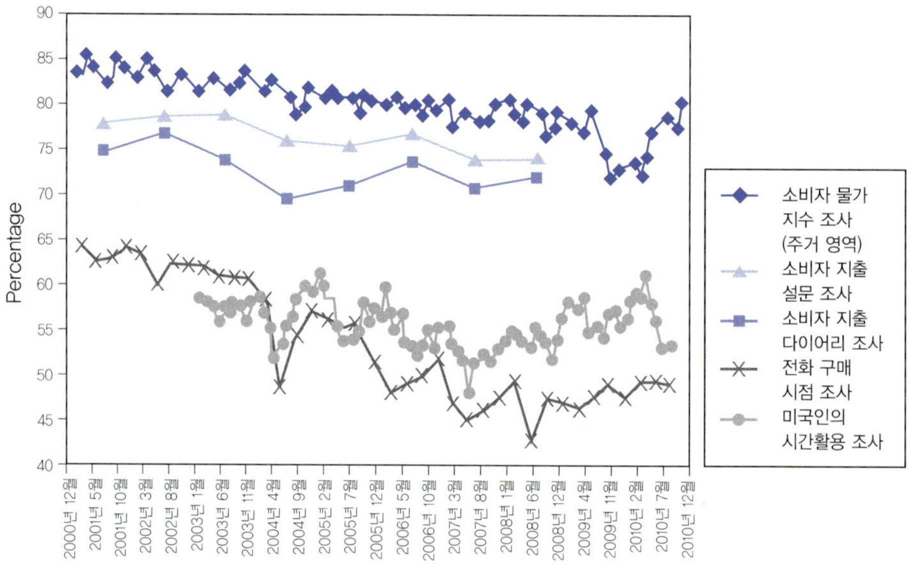

[그림 4-1] 미국 노동 통계청 주관 주요 설문 조사 응답률 추이

출처: 미국 학술 평가원, 2013

이 책의 2장 3절에서 살펴본 것처럼 무응답으로 인하여 표본 내에서 관측 부분과 비관측 부분이 생기게 되는데, 이 무응답의 구조에 따라 발생하는 오차가 달라

진다. 물론 무응답에는 단위 무응답과 항목 무응답이 있으나 이번에 살펴보는 무응답은 단위 무응답에 중점을 둔다.

응답률 자체로는 무응답 오차를 비롯한 데이터의 품질을 평가하는 데 한계가 있다는 것이 여러 연구에서 보고되었다(Groves & Peytcheva, 2008). 그래서 응답률을 대신할 다른 지표들이 제안되고 있는데 누락 정보 비율(fraction of missing information)(Wagner, 2010)과 대표성 지표(R-indicator)(Schouten, Cobben & Bethlehem, 2009)가 그 예이며, Wagner(2012)는 이 지표들을 응답률과 함께 정리하여 좋은 참고 자료를 제공하였다.

예를 들자면 무응답 오차의 종류에 따라 응답률 평가 지표의 쓰임이 다른데, 응답률의 경우 완전 임의 결측의 경우 유용하며, 대표성 지표(R-indicator)[24]는 응답 구성이 표본과 어떻게 다른가를 볼 때, 누락 정보 비율은 임의 결측이나 무시불가능한 결측의 무응답 오차를 평가하는 데 사용될 수 있다. 또, 각각의 지표를 사용하여 설문 조사를 비교한다면 응답률을 사용하는 것이 가장 간편하지만, 어느 조사가 더 정확한지를 가늠하는 데는 여러 가정이 필요하다. R-indicator의 경우에는 같은 표집틀을 사용하고 같은 종류의 파라데이터(paradata)가 있다면 그다지 많은 가정을 필요하지 않아도 설문 조사 간 비교가 가능하다. 또한 누락 정보 비율은 같은 표집틀, 같은 종류의 파라데이터, 그리고 같은 통계치에 초점을 둘 경우, 여러 가지의 가정 없이 설문 조사 간 직접 비교가 가능하다.

무응답을 이해할 때 표본개체의 설문 조사 참여에 대한 의사는 개인의 인구통계적 요소(예: 교육 정도), 사회적 요소(예: 개인정보에 대한 염려), 설문 조사 방법(예: 일대일 대면 면접 조사), 설문 조사의 주제(예: 건강 조사, 정치 조사) 등 다양

---

24) 대표성 지표(R–indicator)는 전체 표본 개체의 응답 확률의 표준 편차를 바탕으로 산출되는 수치로 0에서 1의 값을 가진다. 모든 개체의 확률이 같다면 1, 완전히 다르다면 0이 된다. 응답률의 대안으로 설문 조사의 품질을 측정하는 수차로 제안되었다.

한 요소로부터 영향을 받아 확률적으로 발생한다는 가정 하에 이루어진다. 이러한 설문 참여의 의사를 나타내는 것 중 하나가 응답 성향(response propensity)으로 2장 3절의 식 (4)에서 사용된 p와 상응한다. 특히 2장 3절의 4) 무응답과 연관된 사회인구통계 지표(p. 37)에서 서술한 바와 같이 사회인구통계 지표 및 주변 환경 지표 등을 다중 변수로 사용하여 무응답 편향을 분석할 수 있는데 분석 결과를 사용하여 응답률을 높인다거나 무응답 오차를 살펴보고 줄이는 것이 가능하다.

가구를 방문하는 면접 조사에서 발생하는 무응답의 경우, 방문 가구의 주변 환경을 살펴 그 무응답 가구에 대한 특성을 알아보는 것이 어느 정도 가능하다. 예컨대, 조사틀에 거주지(읍·면·동)와 관련된 정보가 있다면 인구 총조사에서 얻을 수 있는 거주지역의 특성을 표본과 연계시켜 무응답 편차를 수량화할 수도 있다. 즉, 조사틀에 표본의 연락처 외에 다른 정보가 있다면 그를 관심 변수로 간주하여 앞의 2장 3절의 무응답 오차(p. 30)에 기술한 산출식 (3)에 의해 무응답 편차를 수량화하는 것이다. 예를 하나 들자면 조사틀 내의 사용 가능한 변수들을 독립 변수로 간주하고 응답 여부를 종속 변수로 사용하여 로지스틱 회귀분석 등에 대입함으로써 응답 성향을 계산할 수도 있다. 이때 마찬가지로 산출식 (4)에 의해 무응답 편차를 측정하는 방법을 적용할 수 있다.

그리고 Lee 등(2009), Lim 등(2013)은 개개의 표본 대신 표본이 속한 지역에 대해 알려진 사회인구통계 지표(예: 우편번호 내의 연령 계층 비율)를 다중 변수로 사용하여 RDD 전화 조사의 무응답 편향을 연구하였다. 이러한 연구에 따르자면, 지역에 따라 응답률의 차이가 컸으나 응답률과 특별히 연관이 있는 지표는 없었으며, 또한 그에 상응하는 무응답 편차도 크지 않다는 것을 보여 주었다. 이러한 방식의 무응답 편향에 대한 분석은 뒤에서 살펴볼 반응형 설문 조사 설계를 가능하게 한다. 하지만, 응답률이 낮은 RDD 전화나 인터넷과 같은 다른 조사의 경우 표본에 대해 알려진 정보가 매우 제한되어 있고, 무응답자에 대한 정보도 일반적으로 존재하지 않아 무응답 편차를 수량화하기가 쉽지 않다.

Hansen과 Hurwitz(1946), Srinath(1971), Biemer(2001)에 따라 무응답자들을 대

상으로 추가 조사를 실시함으로써 무응답 편차를 측정하는 방법도 가능하지만, 위의 서술한 무응답 편차의 측정 방법에 비해 많은 비용을 필요로 한다.

2) 반응형 조사 설계

최근 소개된 반응형 조사 설계(responsive survey design) 혹은 적응형 조사 설계(adaptive survey design)는 표집 오차에서 살펴보았던 선택 편차(selection bias)의 개념으로 확률 설문 조사의 무응답 오차에 정량적으로 접근하지 않고, 새로운 접근을 시도한다. 이는 표집틀이나 방문을 통해 수집할 수 있는 표본 개체의 특성을 사용하여 조사와 동시에 무응답 오차를 수량화함으로써 이를 최소화하는 방향으로 조사의 설계 특성을 각 표본 개체에 맞추어 고안해 내는 방법이다(Groves & Heeringa, 2006).

이 반응형 혹은 적응형 조사 설계는 주어진 예산 비용 안에서 응답률을 높이거나 무응답 오차를 줄이는 등의 데이터의 품질을 최적화하는 등의 응용이 가능하므로, 최근 들어 설문 조사 방법론 연구자들의 많은 관심을 받고 있다. 반응형 설계는 적응형 설계의 일부분으로, 특히 관심 모집단에 대한 정보가 없거나 미미할 때, 조사 설계를 단계별로 다르게 진행할 수 있도록 유연성을 가져다준다(Laflamme & Wagner, 2016; Schouten et al., 2013). 반응형 설계를 위해서는 실사가 시작되기 전 비용이나 오차에 영향을 미치는 조사의 주요 지표를 미리 선택해 두고, 실사가 시작된 후에 이 지표를 주기적으로 관찰 모니터링하며, 그 결과에 따라 실사 과정 중에 비용 절감 혹은 오차 감소 등의 목표에 맞추어 조사의 설계 특징에 대한 수정이 가능하고, 특히 이 구체적 변화의 의사 결정 및 과정이 전 단계의 결과를 사용하여 단계적으로 진행할 수 있다(Groves & Heeringa, 2006).

이 반응형 조사 설계에서는 무엇을 모니터링하느냐가 큰 관건인데, 그를 위해서 설문상으로 수집되는 데이터 외에 조사 과정에서 자체적으로 얻어지는 파라데이터가 널리 사용된다(Wagner et al., 2012). 반응형 설계를 사용하는 대표적인 조사인 미국의 전국 가족 성장 조사(NSFG: National Survey of Family Growth)의 경우, 면접원이 표본 가구를 방문할 때 표본 가구의 응답 여부와 상관없이 수집할 수 있는 데이터들을 파라데이터로 적극 활용하고 있다. 파라데이터의 예로는 표본 가구에 거주자가 있는지, 거주 지역이 상업 지역인지, 학교나 교회가 있는지, 표본 가구 접근을 막는 물리적인 방해물은 없는지, 접근의 용이성이나 표본 가구에 아이가 있는지, 면접원의 매 방문 시간 및 방문 결과, 면접원이 표본 가구를 방문하는 거리, 접촉 단계에서 가구원이 질문을 했는지의 여부 등이 있다. 이런 파라데이터를 사용하여 앞에서 소개하였던 누락 정보 비율을 지표로 구성하여 반응형 설계를 진행하고 있다(Lepkowski et al., 2013).

구체적으로 2006-2010 전국 가족 성장 조사에서 표본 선택과 조사는 2단계(Two phase sampling and data collection)로 이루어졌다. 실사팀은 각 분기 12주로 이루어진 자료 수집 과정 중, 첫 10주 동안 앞서 기술한 파라데이터를 모니터링하면서 무응답자의 성향을 분석한다. 그리고 각 분기의 11주에는 지난 10주 동안 수집된 파라데이터 자료를 응답 예측 모델에 투입하여 응답 성향을 도출하고, 이에 기반하여 무응답 편차를 최소화하기 위한 2단계 표본을 선택하는 것이다. 이러한 2단계에 표본으로 선택된 응답자의 경우 무응답 성향과 그로 인한 편향 가능성이 높기 때문에 이들의 응답을 독려하기 위해 그 성향에 따라 50달러 혹은 80달러로 1단계 조사 응답자의 사례금(40달러)보다 높은 수준의 사례금이 지급되었다(Lepkowski et al., 2013).

이와 같이 파라데이터의 등장과 응용은 반응형 조사 설계에서 중요한 역할을 하고 있으며, 무응답 오차의 연구에도 활발하게 사용되어 의미 있는 발전을 이끌어 내고 있다(Kreuter & Olson, 2013). 즉, 파라데이터를 보조적으로 사용하여 무응답 오차를 줄이는 방향으로 반응형 조사 설계를 할 수 있는 것뿐만 아니라, 응답 결정이 어떻게 일어나는가 그리고 무응답자의 성향에 대한 심도 있는 연구를 할 수 있게 되었다. 예컨대, 기존 표집틀(frame)에만 의존해 왔던 기본 가중치를 파라데이터를 보충함으로써 더욱 정확하고 발전된 형태의 가중치 도출이 가능해졌으며, 또 이러한 모든 것들을 종합하여 무응답 보정에 사용 가능해졌다.

3) 단위 무응답과 관련한 조사 설계

설문 조사 방법론에서는 단위 무응답과 관련한 오차를 줄이는 다양한 연구가 이루어졌다. 예를 들어 응답하기 쉽게 설문을 설계하고, 너무 길지 않은 설문지를 구성하는 것(Dillman et al., 1993), 조사 방법을 바꾸는 것(Peytchev et al., 2009), 조사 경험이 풍부한 면접원을 고용하는 것 등 연구 문헌에서 제시하는 단위 무응답을 줄이는 조사 설계의 특성이다.

이러한 여러 방법 중 설문지의 구성과 면접원, 조사 방법과 관련해 발생하는 조사 오차에 대해서는 앞의 3장에서 측정 오차를 기술하면서 이미 다루었으므로, 이 장에서는 단위 무응답의 발생에 영향을 끼치는 실사 과정에 영향을 끼치는 조사 설계의 특성을 주로 살펴본다.[25)]

이 책의 2장 3절의 무응답 오차 5) 설문 참여의 의사 결정(p. 40)에서 언급한 바와 같이, 단위 무응답은 표본 개체의 접촉 여부와 응답자의 조사 협조 여부라는 두 가지 요인이 복합적으로 작용하여 발생한다. 그런데 접촉의 성공과 조사의 협조는 서로 독립적인 성격을 가졌으므로, 이 두 요인으로 발생하는 단위 무응답을 줄이기 위해서는 각기 다른 접근 방식이 필요하다.

(1) 접촉률을 높이기 위한 노력

우선 접촉의 성공에 영향을 끼치는 요인을 먼저 살펴보자. 2장 3절 4) 무응답과 연관된 사회인구통계 지표(p. 37)에서 기술한 바와 같이 표본의 접촉 가능성은 범죄율이나 사생활, 개인 정보에 대한 민감도, 노동 시장의 참여도 등 사회 환경적

25) 가중치를 이용해 다양한 통계적 보정 방법(Bethlehem, 1998, 2002; Kalton & Flores-Cervantes, 2003; Lee & Valliant, 2007; Little, 1986; Montaquila et al., 2008)이 대부분의 설문 조사에서 무응답 오차를 줄이기 위해 사용되고 있다. 하지만 이러한 연구는 통계학에서 충분히 다루어지고 있으므로, 이 책에서는 설문 설계와 관련한 주제로만 한정하여 기술하도록 한다.

속성과 가구원 수, 거주지, 연령, 성별 등 개인의 인구 통계적 속성이라는 영향의 아래에서 면접원의 접촉시도 횟수 및 접촉 시간의 영향을 받는다. 이 중에서 앞에 언급된 사회 환경적 속성과 인구 통계적 속성은 조사 설계자가 쉽게 변경할 수 없는 것들이므로, 접촉 가능성과 관련한 대부분의 연구는 주어진 환경을 전제로 하여 접촉 시간과 횟수, 조사 기간에 따른 무응답 오차의 크기를 살피는 방식으로 이루어졌다.

직관적으로 생각해 볼 수 있듯이 표본 개체의 접촉 빈도를 높이고, 방문 혹은 전화 접촉 시점을 다양화(오전, 오후, 이른 저녁과 밤, 주중과 주말 등)하며, 또 충분한 조사 기간을 갖는 것이 접촉률을 높일 수 있다. 이러한 결과는 전화 조사이든 방문 면접 조사이든, 조사 자료의 수집 방법을 막론하고 공통적인 것으로 보인다.

예컨대, 우편과 온라인 조사에서도 공통적으로 계속적인 접촉시도가 응답률을 높이는 가장 효과적인 수단으로 보고되었다(Cook et al., 2000; Dillman, 2000; Fox et al., 1988; Herberlein & Baumgartner, 1978; Politz & Simmons, 1950; Schaefer & Dillman, 1998; Weeks, 1988; Weeks et al., 1980; Yammarino et al., 1991). 그러나 접촉 성공을 위해 몇 번이나 접촉을 시도해야 할지, 또 조사 협조를 다시 부탁하는 편지(follow-up mail) 혹은 엽서(follow-up postcard) 형태의 리마인더(reminder)를 언제 혹은 얼마나 자주 보내야 할지는 자료 수집의 방법이나 실사 기간에 따라 달라질 수 있다.

예컨대, Dillman(2000)은 우편 조사의 경우 초기 우편물을 송부한 직후 후속 우편물을 보내는 것이 응답률을 높이는 데 도움이 된다고 제안하였으나, 첫 조사 요청 후 가장 효과적인 후속 요청의 시기가 언제인지에 대해서는 일관된 연구가 없다. 이런 가운데 Ilieva 등(2002)은 100여 국 이상에서 각종 다른 자료 수집 방법으로 수행된 설문 조사를 비교하여, 온라인 조사의 경우는 조사 요청 이후 5.59일의 평균 응답 소요 시간이 걸려 우편 조사에서 알려진 12.21일보다 훨씬 짧다는 사실을 보고하기도 하였다. 이러한 온라인 조사의 빠른 회신 시간을 고려한다면, 온라인 조사에서의 리마인더 발송은 오프라인 조사보다 빨리 이루어져야 할 것 같다(Deutskens et al., 2004).

한편 일부 연구에 의하면 온라인 조사의 경우 반복되는 접촉시도는 오히려 응답률을 낮춘다는 결과도 보고되고 있다. 이들 연구에 의하면, 인터넷 조사의 경우 이메일 조사 요청 리마인더 송부에 큰 비용이 들지 않아 오프라인 조사에 비해 자주 리마인더가 송부되는데, 응답자들은 이러한 반복적인 리마인더 이메일에 반감을 가지고 이를 스팸으로 간주하여 응답률이 떨어진다는 것이다(Kittleson, 1997; Solomon, 2001).

그럼에도 불구하고, 접촉 횟수를 증가한다든지 접촉 시간을 다양화한다든지, 실사 기간을 늘이는 등의 노력은 일반적으로 접촉 실패로 발생하는 무응답을 줄이는 데 도움이 되는 것으로 알려져 있다. 그러나 이러한 접촉률 증가를 위한 노력에는 그에 상응하는 시간과 비용이 수반되므로, 어느 정도의 수준이 적정한 것인가 하는 의문이 남는다. 연구자들은 이 질문을 답하기 위해 접촉시도 기록(contact history record) 등의 파라데이터를 이용해 실사 과정에서의 노력(level of effort)이 무응답 오차 혹은 조사 품질에 끼치는 영향에 대한 연구를 수행했다.

그러나 이런 연구들이 모두 한 목소리를 내는 것은 아니다. 어떤 연구들은 조사에 투입되는 노력이 설문 조사의 주요 변수 및 무응답 오차에 끼치는 영향은 일반적으로 그리 크지 않다는 결과를 보고하는가 하면(Bates & Creighton, 2000; Curtin et al., 2000; Heerwegh et al., 2007; Keeter et al., 2000; Srinath et al., 2003), 어떤 연구는 조사에 투입한 노력에 따라 서로 다른 조사 통계치가 산출된 것으로 보고하기도 한다.

예컨대, Curtin과 Presser와 Singer(2000)는 1979년부터 1996년까지 수행된 소비자 태도 조사(SCA: Survey of Consumer Attitudes) 자료를 분석하여 조사에 소요된 노력이 응답률과 조사 품질에 끼치는 영향을 살피는 연구를 수행하였다. 이들은 초기 거절 후 조사 참여 응답자(응답률 5~10% 감소 효과), 6회 이상 접촉 후 조사 참여 응답자(응답률 25% 감소 효과), 3회 이상 접촉 후 조사 참여 응답자를 각각 제외하여 세 가지 응답자 집단을 구성하여 각 집단별 소비자 체감 지수(ICS:

Index of Consumer Sentiment)를 비교하여, 다른 수준의 노력에 의해 조사에 참여한 응답자가 조사 통계에 끼치는 영향을 살펴보았다. 분석 결과, 비교적 작은 수의 표본(수백 개 수준)에 의거해 산출되는 월별 소비자 체감 지수는 세 집단 간에 유의미한 차이가 없음을 밝혔다. 또 Heerwegh 등(2007)은 북부 벨기에 거주자를 대상으로 한 주거 환경 조사 자료를 행정 기록과 대조하여 무응답 오차를 측정하는 연구를 통해, 실사 기간과 접촉 횟수 증가에 따라 접촉률은 증가하지만, 조사 거부율 역시 증가하여 무응답 오차를 줄이는 데는 긍정적인 영향을 주지 않음을 보고하였다.

그러나 Hilgard와 Payne(1944)는 첫 접촉시도에서 조사에 참여한 가구로 응답을 한정하여 산출한 고용률 통계에서 가구당 아동 수가 과소 추정되었으며, Groves 등(2001)은 역시 적은 수의 접촉을 통해 조사가 완료된 경우 1인 가구의 비율이 과소 추정된다는 사실을 보고하였다(Groves, 2006, 재인용). 또, 조사 주제에 대해 관심을 가진 사람이 주로 실사 초기에 조사에 참여하게 되므로, 이들의 관심이 관련 항목에 대한 응답에 반영되어 이러한 변수의 통계치가 과대 추정되는 경향이 있다는 연구도 있다(Green, 1991; Paganini-Hill et al., 1993; Yessis & Rathert, 2006). 더불어, Botman과 Thornberry(1992)은 면접원의 업무 부담을 접촉시도의 횟수와 연결 분석하여, 면접원의 과중한 부담은 면접원이 그만큼 선택된 표본 개체에 대한 반복적 접촉시도를 어렵게 하므로, 무응답에 영향을 끼친다고 보고하기도 하였다.

Safir과 Tan(2009)은 좀 더 실용적인 접근을 하였다. 이들은 미국 노동통계국에서 주관하는 소비자 지출 조사(CEQI: Consumer Expenditure Quarterly Interview Survey)의 2006년 4월부터 2008년 3월까지의 1분기 자료를 실사 관련 파라데이터와 함께 분석하여, 접촉률과 응답률, 자료 수집 비용과 조사 통계치의 관계를 분석하여 조사의 정확성과 표본의 대표성을 유지하면서 조사 비용을 합리적으로 관리할 수 있는 적정 접촉시도 횟수를 알아보는 연구를 수행하였다. 이들은 표본으로 선택된 주소 중 약 85%가 접촉시도 7회 내에 접촉에 성공하였으며, 접촉 횟수가 6회에서 7회로 증가했을 경우, 응답률의 증가는 채 5%가 되지 않음을 보고하였다. 또, 이들은 8회 이상의 접촉 후 조사에 참가한 응답자는 젊거나 흑인 혹은 히스패닉, 대학생, 대도시 거주자의 비율이 높았으며, 조사 응답의 품질은 7회 이하의 접촉 후 응답자와 그렇지 않은 응답자와 비교했을 때 지출 항목 간에 유의미한 차이는 없었다고 보고하였으며, 이에 근거해 적정 접촉시도 횟수로 7회를 제안하기도 하였다.

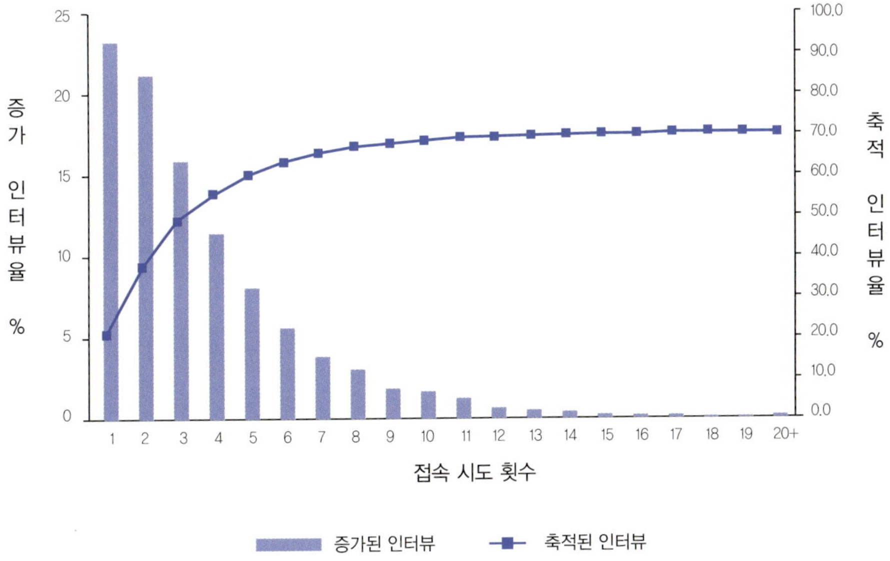

[그림 4-2] 접촉시도 횟수에 따른 인터뷰 증가

출처: Safir & Tan, 2009

(2) 조사 협력을 높이기 위한 노력

이외에도 무응답 오차에 영향을 끼치는 조사 설계 특성으로 대표적인 것이 조사 참여에 대해 사례를 지급하는 인센티브의 사용과 사전 안내장(advance letter)과 리마인더 편지(reminder letter)의 발송이 있다. 우선 인센티브의 사용에 대해서 살펴보자.

① 인센티브의 사용

인센티브의 사용은 구체적인 인센티브의 형태나 지급 시기, 액수 혹은 조사 표본의 구성과 자료 수집 방법 등에 따라 그 효과에 차이를 보이지만, 일반적으로 응답률을 증가시키는 효과를 가지며, 그 영향은 자료 수집 방법을 막론하고 긍정적인 것으로 알려져 있다(Armstrong, 1975; Berzofsky et al., 2015; Cantor, O'Hare, & O'Connor, 2008; Church, 1993; Curtin et al., 2007; Dillman, 2000; Fox et al., 1988; Furse & Stewart, 1982; Herberlein & Baumgartner, 1978; James & Bolstein, 1990; Jobber, Saunders, & Mitchell, 2004; Kanuk & Conrad, 1975; Singer, 2002; Singer & Kulka, 2002; Singer & Ye, 2013; Warriner et al., 1996; Yammarino et al., 1991; Yu & Cooper, 1983).

각종 조사에 사용되는 인센티브의 종류와 형태는 아주 다양하다. 1달러 혹은 2달러의 작은 액수의 현금에서부터 100달러, 150달러에 달하는 현금, 자석이나 볼펜, 초콜렛 등의 현물이 인센티브로 제공되는가 하면, 현물 상품권 혹은 온라인 상품권, 조사 참여자의 이름으로 자선 단체에 기부를 하는 방식, 혹은 현금 혹은 현물을 복권 방식으로 지급하는 경우도 있다. 또 흔하지는 않지만 전화 요금 등 특정 비용을 대신 내주는 방식으로 인센티브가 지급되기도 한다. 예컨대, Berzofsky 등(2015)은 선불 휴대 전화를 사용하는 응답자를 대상으로 한 전화 조사에서 전화비 10달러를 보조하는 인센티브를 사용하여 인센티브의 제공이 응답률을 높였을 뿐만 아니라, 평균 접촉시도 횟수도 낮추어 인센티브 제공과 관련한 비용에서 25% 정도의 상쇄 효과를 보였다고 보고하였다. 또, 이러한 인센티브의 사용은 기존의 조사에서 제대로 대표되지 못했던 소수 인종 그룹과 저소득층 등의 참여를 높였다고 보고하였다.

또 인센티브의 지급 시기에도 차이가 있어, 조사의 협조와 관계없이 인센티브를 조사 전에 지급하는 사전 인센티브(prepaid incentive)가 있는 반면, 조사 완료를 조건으로 지급되는 사후 인센티브(postpaid incentive)도 존재한다. 적정한 인센티브 금액이 어느 수준인가에 대한 일치는 이루어지지 않고 있지만, 일반적으로 작은 액수의 선불형 인센티브가 오프라인 조사와 온라인 조사를 통틀어 응답률 증가에 더 큰 효과를 가진 것으로 보고되었다(Cantor et al., 2008; Church, 1993; Curtin et al., 2007; Dillman, 2000; Fox et al., 1988; Herberlein & Baumgartner, 1978; Kanuk & Berenon, 1975; Yammarino et al., 1991; Yu & Cooper, 1983).

더불어 각종 다른 형태보다 현금 인센티브가 응답률 증가에 가장 효과적인 것으로 알려져 있다(Armstrong, 1975; Church 1993; Furse & Stewart, 1982; Herberlein & Baumgartner, 1978; James & Bolstein, 1990; Jobber, Saunders, & Mitchell, 2004; Kanuk & Berenson, 1975; Singer et al., 1999; Warriner et al., 1996). 예컨대, Church(1993)는 38개 우편 설문 조사에 사용된 인센티브와 응답률의 관계를 분석하여, 사전 현금 인센티브를 사용한 조사가 인센티브를 사용하지 않은 조사보다 평균 19.1% 응답률이 높았으며, 현물 인센티브 조사의 경우 인센티브를 사용하지 않은 조사보다 응답률이 약 7.9% 높았음을 보고하였다. Jans 등(2015)은 RDD 전화 조사 자료를 분석하였는데, 이들은 본 조사에 앞서 주소가 규명된 가구에 한해 사전 안내장을 송부하고 동봉한 현금 2달러, 5달러, 두 가지 다른 두께의 자석이 응답률에 끼치는 영향을 살펴보았다. 이들은 현금 인센티브가 현물 인센티브(자석)보다 사전 질문지(screener questionnaire)의 응답률 증가에 영향을 끼친다는 사실을 밝혔다.

대부분의 연구가 현금 인센티브의 효과를 공통적으로 보고하는 반면, 현물 인센티브의 효과는 미미한 것처럼 보인다(Beatty et al., 2014; Brennan, Charbonneau, & Hercus, 2007; Gendall, Hoek, & Brennan, 1998; Gendall, Leong, & Healey 2005; Vandermeer, 2000). 물론, 현물 인센티브의 효과를 보여 주는 연구 결과도 존재한다. 하지만 상대적으로 수적인 열세에 있다. 예컨대, Gendall과 Leong과 Healey(2005)는 금색으로 코팅된 여러 가지 액면의 초콜렛 동전을 인센티브로 제공하여 약 3~5%의 응답률 증가를 보고하였으며, Beatty 등(2014)은 역시 의사를 대상으로 한 우편 조사에서 인센티브로 볼펜을 동봉해 설문지를 송부한 경우 응답률에 유의미한 증가가 있었음을 보고하기도 하였다. 연구자들은 이를 두고 동봉된 볼펜이 우편물을 개봉과 동시에 설문을 응답하도록 도운 응답 촉진 효과(response facilitation)를 발생시켰다고 해석하였다.

인센티브로 제공되는 금액의 액수가 응답률에 끼치는 영향에 대해서는 일치하는 결과가 보고되지 않는 상태이다. Singer 등(1999)은 캐나다와 미국에서 수행된 39개의 전화 조사 혹은 대면 면접 조사 연구를 분석하여, 작은 금액보다는 큰 금액의 인센티브가 응답률 증가에 더 도움이 된다고 보고하였고, 유사한 결과가 다른 연구에서도 보고되었다(Hsu et al., 2015; James & Bolstein, 1990; Shaw, et al., 2001). 하지만, 인센티브의 액수와 응답률 간에는 유의미한 영향이 없으며, 액수 증가에 따른 응답률 증가폭 역시 감소한다는 연구 결과도 있다(Trussell & Lavrakas, 2004; Warriner et al., 1996). 또 Hsu 등(2015)은 높은 금액의 인센티브가 응답률 증가에 도움을 주기는 하였지만, 그 영향에는 제한이 있어 외부인의 출입이 제한된 지역(gated community)의 접촉률을 높이는 데에는 도움이 되지 못했다고 밝혔다. 이와 더불어 Lee 등(2015)은 역시 큰 액수의 인센티브가 오히려 응답자들에게 조사 수집기관의 의도에 대해 의심하는 효과를 가져올 수 있음을 지적하였다.

큰 금액의 인센티브는 종종 복권의 형태로 일부 조사 참여자에게만 지급하는 방식으로 조사에 사용되기도 하며, 이러한 복권 형식의 인센티브의 사용은 인터넷 조사의 성장과 더불어 더욱 빈번하게 사용되고 있다. 왜냐하면, 많은 수의 조사 응답자에게 인센티브를 우편으로 송부하기보다는 일부 응답자에게 큰 액수의 인센티브를 제공하는 것이 훨씬 경제적이며 그 절차도 간단하기 때문이다. 하지만 실증 연구에 따르자면, 이러한 복권 형태의 인센티브는 응답률 증가에 큰 영향을 끼치지 않으며, 인센티브를 제공하지 않는 경우와도 응답률에 큰 차이가 없는 것으로 보고되고 있다(Boyle, et al., 2012; Finsen & Storeheier, 2006; Harris et al., 2008; Porter & Whitecomb, 2003; Singer & Ye, 2013; Warriner et al., 1996).

여러 관련 연구가 인센티브 제공이 일반적으로 응답률 증가에 도움이 된다는 결과를 보고하지만, 인센티브의 제공이 무응답 오차에 끼치는 영향에 대한 연구는 상대적으로 제한적이다. Hansen(1980)은 인센티브 제공에 대해 조사 참여의 동기가 자신으로부터 나오는 것이 아니라 외부의 자극에 반응하는 것이므로, 인센티브의 사용이 자칫 조사 자료의 품질 하락을 이끌 수도 있다고 우려를 표했다. 또 몇몇 실증 연구는 인센티브의 사용이 그렇지 않았을 경우에 조사 주제에 무관심하여 조사에 참여하지 않았을 응답자를 유인하는 효과를 발생시킨다는 사실을 증명해 보이기도 하였다.

예컨대, Roberts와 Roberts와 Sibbald와 Torgerson(2000)은 호르몬 대체 요법에 대한 조사에서 인센티브 사용 집단의 경우, 그렇지 않은 집단보다 호르몬 대체 요법을 경험한 비율이 8.5% 낮았다고 한다. 또 Merkle과 Edelman과 Dykeman과 Brogan(1998)은 선거 조사에서 인센티브 제공으로 응답률을 높이는 효과 이외에 공화당보다 민주당 투표자들의 참여를 더 높은 수준으로 이끌어, 실제 투표 통계보다 오히려 민주당에 편향된 통계치를 산출했음을 보고하기도 하였다. Groves와 Singer와 Corning(2000)은 역시 사회와 정치 문제에 관한 조사에서, 평소 사회 및 정치 활동 점수가 높은 집단의 경우 인센티브 여부에 따른 응답률의 차가 크지 않았던 반면(인센티브가 없을 경우 50% 수준, 인센티브 제공시 66%), 사회 및 정치 활동 점수가 낮은 집단의 경우 인센티브 여부에 따라 응답률에 큰 차이가 있어(인센티브가 없을 경우 21% 수준, 인센티브 제공시 63%), 인센티브의 사용 여부가 조사의 통계치에 영향을 끼칠 수 있음을 보였다. Groves와 Presser와 Dipko(2004)는 이렇게 인센티브에 더 강하게 반응하는 사람들이 그렇지 않은 사람들보다 더 사회적으로 낮은 위치에 있고, 조사 참여에 대한 내재적 동기가 없기 때문에, 인센티브가 이들의 참여를 이끄는 외재적 동기를 제공한다고 하였다.

물론 인센티브의 사용이 항상 무응답 편차에 영향을 주는 것은 아니다. 인센티브의 사용과 무응답 오차의 유무 및 크기는 조사의 주제가 무엇인지, 또 조사 응답자의 사회 경제적 지위가 조사에서 측정하는 변수와 어떤 관계를 가지는지에 따라 달라진다(Groves, 2006).

② 사전 안내장과 리마인더 송부

다음으로는 조사의 실시를 알리는 사전 안내장(pre-notification 혹은 advance letter)과 조사 협조를 다시 부탁하는 편지 혹은 엽서 형태의 리마인더의 효과에 대해 살펴보도록 하자. 사전 안내장과 리마인더의 발송은 가구를 대상으로 한 우편 조사와 대면 면접 조사에서 사용되는 표준 절차로, 미국과 유럽의 주요 설문 조사에서는 대부분 사전 안내장과 리마인더가 공통적으로 사용되고 있으며, 모두 응답률을 높이는 효과를 가진 것으로 알려져 있다(Armstrong & Lusk, 1987; Beebe et al., 2007; Chiu & Brennan, 1990; Church, 1993; de Leeuw et al., 2007; Dillman, 1978; 2000; Dillman, Smyth, & Christian, 2014; Fox, Crask, & Kim, 1988).

또 안내장과 리마인더의 사용은 전화 조사의 응답률 증가에도 역시 도움이 된다고 보고되어, 해당 전화번호에 일치하는 주소가 규명된 경우 그 사용이 장려되고 있다(de Leeuw et al., 2007; Dillman, 1978; Lavrakas, 1993; Traugott, Groves, & Lepkowski, 1987).

사전 안내장의 송부는 조사에 대한 표본 가구의 인식을 높일 뿐만 아니라 조사에 대한 의심을 불식시키고, 조사의 정당성(legitimacy) 및 조사의 목적, 조사 참여 시 얻을 수 있는 인센티브 등을 표본 당사자에게 알려줌으로써 조사의 응답률을 높인다고 보고된다(Dillman et al., 2014). 일부 연구에서는 사전 안내장과 리마인더 중 하나만을 선택해야 할 경우, 리마인더가 사전 안내장보다 더 효과적이므로 리마인더의 사용을 추천하기도 하는데(Chiu & Brennan, 1990; Fox et al., 1988), 이는 리마인더의 효과가 절대적으로 커서라기보다는 리마인더 송부의 경우 무응답자에게만 발송하면 되므로, 모든 표본 개체를 대상으로 발송하는 사전 안내장의 송부 비용보다 저렴하기 때문으로 보인다. 그러나 대부분의 조사에서 사전 안내장과 리마인더를 함께 사용하기 때문에, 사실 사전 안내장과 리마인더 중 어느 것이 응답률을 높이는 데 더 효과적인지는 연구의 초점이 되지 않고 있다.

그보다는 사전 안내장과 리마인더의 송부 절차나 디자인과 관련하여 구체적으로 실사 중에 사용된 기법이 어떻게 응답률에 영향을 미쳤는지 그 효과를 추후에 분석하는 연구가 대부분이다.

예컨대, 우편 조사의 경우 설문지를 발송하는 봉투와 관련해서 그 사이즈나 색깔, 주소를 직접 손으로 쓴 것인가 프린트한 것인가, 수취인 성명을 명시할 것인가 혹은 '거주인(resident)'으로 할 것인가, 로고의 포함 및 위치 등을 변화하여 이들 개별 요소가 응답률에 끼치는 영향을 살핀다. 또, 설문지의 디자인과 관련하여 설문지가 인쇄된 종이의 색상이나 설문지의 크기, 문항의 제시 형식(예: 2단인지 1단인지), 동봉된 안내장과 관련해서는 편지를 보낸 곳이 어디인지(예: 사설 조사 회사인지 정부기관이나 대학 혹은 연구소인지), 누구의 이름으로 편지가 나간 것인지, 안내장이 인쇄된 종이의 크기나 품질 혹은 안내장에 쓰여진 내용이 실험 조건으로 포함되기도 한다. 그뿐만 아니라 우편물 송부 방법에 있어서도 일반 우편(first class mail)이나 좀 더 값비싼 우선 취급 우편(priority mail)을 사용하는지, 혹은 추적이 가능한 FedEx 등의 택배를 사용하는지, 기념 우표를 사용하는지, 일반 우표를 사용하는지, 반송용 우표를 포함하는지의 여부, 또 몇 번이나 리마인더를 보내는지, 리마인더를 보내는 시기는 언제인지, 이후 리마인더에 설문지를 다시 동봉하는지의 여부라든지, 편지 혹은 엽서형 리마인더에서부터 문자 메시지를 이용한 리마인더 등, 조사를 둘러싼 아주 구체적인 선택 요소들이 조사 응답률에 미치는 영향을 보고하고 있다(Armstrong & Lusk, 1987; Beebe et al., 2007; Blythe & Essex, 1981; Brunner & Carroll, 1969; Buttle & Thomas, 1997; Church, 1993; Dillman, 1978, 2000; Duncan, 1979; Etter, Cucherat, & Perneger, 2002; Fox et al., 1988; Hartley & Rutherford, 2003; Harvey, 1987; Jobber & Sanderson, 1982; Linsky, 1975; Matteson, 1974; Yu & Cooper, 1983; White & Chambers, 1997).

그러나 수많은 연구들이 보고하는 개별 조사 설계 특성이 응답률에 끼치는 효과에 대해 완전한 합의는 이루어지지 않고 있다. 예를 들어, 색이 있는 종이에 인쇄된 설문지가 흰색 종이에 인쇄된 설문지보다 높은 응답률을 이끈다는 연구가 있는가 하면(Blythe & Essex, 1981; Matteson, 1974), 색에 따라 유의미한 응답률 차이는 없다는 연구 결과도 있다(Buttle & Thomas, 1997; Etter et al., 2002; Hartley & Rutherford, 2003; Jobber & Sanderson, 1982). 사실상, 많은 연구가 자료 수집 방법이나 기간, 예산 등의 주어진 상황에 맞추어 조사 설계를 하게 되고, 그에 따른 응답률을 살펴보기 때문에, 개별 연구의 결과를 현재 기획 중인 조사에 바로 적용하기에는 한계가 있다. 예컨대, A3 용지에 인쇄한 설문지와 이보다 작은 A4 용지에 인쇄한 설문지 간에 응답률을 비교해, A3에 인쇄한 설문지를 사용한 집단이 더 높은 응답률을 보인 연구가 있다고 하자. 이는 A3 인쇄 설문지가 A4 설문지 사용에 비해 높은 응답률을 보였다는 하나의 결과를 보여줄 뿐, B5나 B4 등 다른 사이즈의 설문지와 비교했을 때 더 높은 응답률을 보장해 줄 수는 없는 것이다.[26]

게다가 이러한 연구들은 대부분 사전 안내장과 리마인더의 사용을 둘러싼 구체적인 조사 디자인의 요소가 응답률에 끼치는 영향에 초점을 맞추고 있어, 무응답 오차에 끼치는 영향을 직접적으로 살펴보는 연구는 부족한 실정이다. Goldstein과 Jennings(2002)는 아리조나의 투표인 등록 명부를 이용한 전화 조사에 사전 안내장을 송부하고, 이들의 조사 응답률을 세부 인구 통계 변수에 따라 분석함으로써 사전 안내장을 받은 그룹이 응답률의 증가뿐만 아니라 표집틀의 인구 통계적 성향을 더욱 근접하게 보였다고 보고하기는 하였으나, 이 연구에서 보고된 유사한 인구 통계적 성향 자체가 무응답 오차가 없음을 보장해 줄 수는 없다.

③ 무응답에 영향을 끼치는 기타 조사 설계 특성

무응답에 영향을 끼치는 조사 설계 특성에는 여러 가지가 더 있는데, 이 중 하나가 설문지의 길이에 대한 연구이다. 설문지의 길이가 길수록 응답률이 낮아진다는 것이 보편적인 믿음으로 de Heer와 Israels(1992)는 유럽에서 실시된 설문 조사

26) Dillman과 Smyth와 Christian(2014)은 이러한 연구를 종합하며, 조사 응답률을 증가시키기 위한 조사 디자인에 관련한 구체적인 가이드라인을 제시하므로 참고 바란다.

의 응답률 경향 분석을 통해 이를 실증적으로 밝혔다. 또 Love와 Turner(1975) 역시 미국 인구조사국이 수행한 조사를 분석하여 조사의 길이를 응답률을 예측하는 주요 요인으로 밝히기도 하였다.

그러나, Botman과 Thornberry(1992)는 전국 보건 조사(NHIS: National Health Interview Survey)를 예로 들면서, 설문지 길이가 무응답을 이끄는 요소이기는 하나, 이를 다른 조사의 특징과 분리해 그 길이가 독립적으로 응답률에 끼치는 영향을 분석해 내기 어렵다는 점을 지적하였다. 즉, 설문지 길이가 길 경우 가장 생산성이 높은 저녁 시간에 방문할 수 있는 가구의 수가 제한되므로 설문지 길이 자체가 아니라, 설문 길이와 연관된 실사 상의 한계가 응답률에 부정적인 영향을 끼칠 수 있다는 것이다. 또, Bradburn(1977)은 인터뷰의 길이는 면접원과 응답자에게 조사의 중요성을 암시하는 요소가 되므로, 오히려 높은 응답률을 이끌어 낼 수도 있다는 가설을 주장하기도 하였다. Marquis(1979) 역시 설문 길이 자체가 아니라, 긴 조사 시간으로 인한 면접원 업무 부담 등 다른 어려움이 응답률을 낮추는 효과를 가진다고 하였다. Yu와 Cooper(1983)는 설문지의 길이와 응답률 간에 아주 낮은 수준의 부의 상관관계(r = −0.06)가 있다고 밝혔다. 또 관련 연구의 문헌 고찰 후, Bogen(1996)은 실험 연구를 통해 드러난 설문지의 길이와 응답률 간 관계가 부적이라기보다는 정적인 관계로 드러나는 경향이 있기는 하나, 이러한 관련성은 아주 약하다고 밝혔다.

저자가 인지하고 있는 설문지의 길이와 무응답 오차에 관한 연구는 없지만, 설문의 길이에 증가에 따른 측정 오차에 대한 분석은 많은 연구가 축적되어 있고, 앞의 3장 3절 1) 설문지의 길이와 측정 오차(p. 98)에서 좀 더 자세히 다루었다.

이외에도 조사 업계에서는 면접원을 표본에 할당할 때 같은 인종이나 민족, 비슷한 연배 등과 같이 겉으로 드러나는 특성이 비슷하도록 하는 것이 통례인데, 이는 무응답 오차보다는 측정 오차를 감소시키고자 하는 노력의 일환이다. 즉, 공통점이 있는 면접원이 조사를 수행할 경우 좀 더 진솔한 응답이 가능하다는 것이다(Schuman & Converse, 1971). 그렇지만, 남성보다는 여성 면접원이 여성 응답자로부터 더 높은 수준의 조사 협조를 이끌어 낸다는 연구도 있다(Nealon, 1983). 그런데 만약 미용 관련 비용과 같이 조사에서 측정하는 변수가 성별과 강한 상관관계는 갖는다면, 이러한 면접원의 성별은 조사 통계에 무응답 편차를 발생시킬 수도 있다(Groves, 2006).

지금까지 조사의 설계 특성들이 응답률에 영향을 끼치며, 나아가 무응답 오차 혹은 편차에도 영향을 끼칠 수 있음을 살펴보았다. 주의해야 할 것은 이러한 조사 특성들이 무응답 오차에 끼치는 효과는 조사의 관심 변수에 따라 변화한다는 것이다.

2. 설문지 품질 관리

설문 조사를 통해 발생하는 측정 오차를 줄이기 위하여 연구자들은 측정 오차를 발생시키는 원인에 따라 다양한 방법을 사용하며 시도하고 있다. 이 절에서는 주로 설문 조사의 측정 과정의 핵심을 이루는 고품질 설문지의 개발을 위한 설문지 사전 평가 기법에 대해 기술하고, 각각의 특징 및 장단점 등을 논의한다.

과학적인 조사(scientific survey)의 경우, 여러 단계의 사전 평가(pretesting)를 거쳐 본 조사에 쓰일 설문지를 확정하는 것이 통상적이다. 여기에 소개된 사전 평가 기법을 모두 사용하는 조사는 많지 않지만, 정책이나 연구 목적의 고품질 조사의 경우 설문지 개발의 초기 단계에는 포커스 그룹 토론(focus group discussion), 전문가 검토, 인지 인터뷰 등을 통해, 설문지 개발이 어느 정도 진전된 이후에는 시험 조사(pilot test), 행동 코딩 등을 통하여 본 조사에 사용할 설문지를 확정하게 된다.

1) 전문가 검토

측정 오차를 최소한으로 하는 수준 높은 설문지를 만들기 위해서는 설문의 주제 영역에 대해 지식을 가진 전문가와 설문 조사 방법론 전문가의 협업이 필요하다. 주제 영역의 전문가가 연구 목적에 맞춰 설문 가안을 준비하고, 설문 조사 방법론 전문가가 이를 평가하는 순서가 이상적인데, 이렇듯 설문 조사에 전문성을 가진 개인이 설문지 가안을 평가하는 작업을 일컬어 전문가 검토(expert review)라고 한다.

설문 조사 방법론 전문가는 별다른 구체적인 지침 없이, 설문 조사에 대한 비교적 간단한 일반 정보(표본 집단의 특성, 설문 소요 시간, 자료 수집 방법 등) 만으로도 자신의 전문 지식과 경험에 비추어 잠재적인 문제를 가진 문항을 찾아내고, 개선안을 제시하게 된다.

몇몇 연구에 따르자면 전문가 검토는 투입된 시간을 고려할 때 설문 문항의 문제를 발견해내는 데 있어 가장 생산성이 높은 방법이라고도 한다(Presser & Blair, 1994; Willis, Schechter, & Whitaker, 1999). 그러나 전문가 검토는 그 평가가 주관적이라는 한계를 가진다. 이러한 한계점을 보완하기 위해 고안된 것이 설문지 평가 시스템, 즉 QAS(Questionnaire Appraisal System)이다. QAS는 조사 설문지에서 자주 발견될 수 있는 오차의 종류를 항목별로 제시하고 이를 일일이 확인함으로써 자칫 놓칠 수 있는 설문 문항의 문제점을 체계적으로 발견하도록 고안한 방법으로 개별 설문 문항에 대해 8가지 범주[읽기, 작성 안내, 명확성, 가정, 지식/기억, 민감성(sensitivity)/편향(bias), 응답 보기, 기타]에 걸쳐, 총 26개 항목에 대해 설문의 문제 가능성을 평가한다. 이 방법은 미국의 연구기관인 RTI International이 미국 질병관리본부(CDC: Center for Disease Control)의 미국인 건강관련 위험요인 감시 시스템(BRFSS: Behavioral Risk Factor Surveillance System) 설문지 평가 과정에서 개발되었다(Willis & Lessler, 1999).

Rothgeb와 Willis와 Forsyth(2005)은 83개의 설문 문항을 QAS를 사용해 평가한 결과 거의 모든 문항이 잠재적인 문제를 가진 것으로 평가되었으나, 전문가 검토를 통해서는 약 절반 가량의 문항만이 문제로 나타나, QAS를 통한 평가가 자칫 문제가 없는 문항조차도 문제로 평가되는 위양성(false positive) 문제를 가진다고 지적하였다. 반면, 8가지의 소득 문항에 한정된 실험에서 van der Zouwen과 Smit(2004)는 QAS와 전문가 평가 사이에 높은 일치 결과를 보고하였다. Dean 등(2007)은 QAS를 사용해 규명한 문제를 실제 자료 수집 과정 중 발견한 문제와 비교함으로써 QAS의 실효성을 보고하였으나, QAS의 구성이 전문지식이 없는 일반인이 설문 항목을 평가하기에 충분한 정보를 제시하지 않아, 이를 사용하는 데 상당 수준의 전문성을 필요로 하다는 단점을 지적하였다.

이는 이후 증가하는 국제 조사의 특징을 반영하여 번역된 설문지 평가를 위한 TAS(Translation Appraisal System)으로 발전하기도 하였다(Sha, Pan, & Park, 2010).

[표 4-1] 질문 평가 시스템 코딩 양식

질문지 평가 시스템(QAS-99): 코딩 양식

사용 요령: 개별 질문에 대하여 이 양식을 사용하여 점검하십시오.

1) 평가 대상 질문 번호와 질문을 쓰시오.

2) 주어진 양식에 제시된 단계를 따라 질문 1a에서 8a에 포함된 "예" "아니오"로 답하시오.
3) "예"라고 응답했다면, 그 문제를 자세히 기술하시오.

1단계 **읽기: 면접원이 질문을 모든 응답자에게 동일하게 읽는 데 어려움이 있는가?**	
1a. **읽어야 할 내용**: 면접원이 질문의 어느 부분을 읽어야 할지 정확히 파악하는 데 어려움이 있음	예 아니오
1b. **누락된 정보**: 면접원이 질문에 포함되지 *않은* 부분을 조사해야 할 필요가 있음	예 아니오

1c. **읽는 방법**: 질문이 완벽히 쓰여있지 *않아*, 읽기가 어려움	예 아니오
2단계 **작성 안내: 응답자 관점에서 소개 문구, 작성 안내 등을 이해하는 데 어려움이 있는가?**	
2a. **소개문이나 작성 안내**, 설명이 서로 배치되거나 부정확함	예 아니오
2b. 소개문이나 작성 안내, 설명이 **복잡함**	예 아니오
3단계 **명확성: 응답자에게 그 의미나 의도를 전달하는 것과 관련된 어려움이 있는가?**	
3a. **질문**: 질문이 길거나, 부자연스럽거나 비문이거나, 복잡한 구문	예 아니오
3b. **전문 용어**가 정의되어 있지 않고, 불명확하고 복잡함	예 아니오
3c. **애매모호함**: 무엇을 포함/제외할지 결정하거나 질문을 해석하는 데 여러 가능성이 있음	예 아니오
3d. **참조 기간**이 없거나, 구체적으로 제시되어 있지 않거나 상충됨	예 아니오
4단계 **가정: 질문이 근거한 논리나 가정과 관련된 어려움이 있는가?**	
4a. 응답자나 응답자가 상황에 대해 **적절치 않은 가정**	예 아니오
4b. 다양한 상황이나 경험에 대해 **일관성을 가정**	예 아니오
4c. **이중성**: 하나 이상의 질문이 내재됨	예 아니오
5단계 **지식/기억: 응답자가 정보를 아는 데 혹은 기억하는 데 어려움이 있는가?**	
5a. 지식의 부재: 응답자가 이 사실 관련 질문에 대한 답을 모를 수 있음	예 아니오
5b. 태도의 부재: 응답자가 질문 내용에 관련해 이미 형성된 태도가 없을 수 있음	예 아니오
5c. 기억 문제: 응답자가 요청한 정보를 기억하지 못할 수 있음	예 아니오

5d. 계산 문제: 질문이 인지적 계산을 요구함	예 아니오
6단계 민감성/편견: 질문의 어구나 표현 방식이 민감하거나 편견을 일으킬 가능성이 있는가?	
6a. **민감한 내용(일반적)**: 당황스럽거나 개인적인 혹은 불법 행동 등의 민감한 주제를 질문함	예 아니오
6b. **민감한 표현(구체적)**: 민감한 주제를 다룸에 있어 이를 최소화할 수 있는 표현이 사용되어야 함	예 아니오
6c. **사회적으로 수용가능한 응답**을 질문에 내재	예 아니오
7단계 응답 보기: 응답 보기의 범위에 대한 적절성에 대해 평가하시오.	
7a. **개방형 질문으로 부적절**	예 아니오
7b. **질문과 보기가 어울리지 않음**	예 아니오
7c. **전문 용어**가 정의되지 않거나, 불명확하거나 복잡함	예 아니오
7d. 응답 보기가 **애매**하여 여러 가지 해석이 가능	예 아니오
7e. **응답 보기 간 중복**	예 아니오
7f. 선택 가능한 **보기가 누락됨**	예 아니오
7g. 응답 보기의 **배열이 비논리적**	예 아니오
8단계 기타 문제: 1-7단계에서 규명되지 않은 문제를 보고하시오.	
8a. 이전에 규명되지 않은 기타 문제	예 아니오

출처: Willis & Lessler, 1999

2) 인지 인터뷰

인지 인터뷰(cognitive interview)는 설문 문항에 대한 질적 평가 방법으로, CASM(Cognitive Aspects of Survey Methodology)이 강조하는 인지 심리학의 응용과 설문 연구 방법의 융합으로 탄생하였으며, 특히 측정 오차를 줄이기 위한 방법으로 폭넓게 사용되고 있다(Jabine et al., 1984).

인지 인터뷰에서는 응답자가 설문을 읽으면서 혹은 설문에 대답하면서 떠오르는 사고의 과정을 말로 표현하여 설문의 품질을 평가하게 되며(Willis, 2005), 일반적으로 2개의 독립적인 영역 즉, 설문 조사의 수행(survey questionnaire administration)과 설문 응답 과정에 대해 묻는 인지 인터뷰 영역으로 구성된다.

그 첫째 단계인 설문 조사 수행 단계에서 응답자들은 실제 설문 조사 자료의 수집 방법과 동일한 방법으로 설문에 응답하게 된다. 즉, 설문 조사가 자기기입식 조사일 경우, 인지 인터뷰에서도 역시 응답자가 자기기입식 조사 설문을 완성한 후, 그에 대해 인지 인터뷰를 진행하며, 설문 조사가 전화 조사일 경우에는 역시 전화를 매개로 조사를 마친 후 인지 인터뷰를 진행하게 된다. 이는 실제 조사와 동일한 인지 인터뷰 환경으로 조성함으로써 응답자가 실제로 설문 조사에 참여할 경우 겪을 수 있는 문제를 예측하기 위해서이다.

인지 인터뷰는 수행 방식에 따라 설문에 응답하는 과정과 동시에 인지 인터뷰가 이루어지는 동시 프로빙(concurrent probing) 혹은 설문 응답을 모두 마친 후 설문 당시를 회고하면서 진행되는 회고식 프로빙(retrospective probing)으로 진행되며, 경우에 따라 이 두 가지 방식이 혼재하여 사용되기도 한다. 언어학적 관점에서 이들 프로빙은 “어떻게 이 질문에 대해 이렇게 대답하게 되셨나요?”와 같은 절차지향적 프로빙(procedure-oriented probing), “여기 나온 이 단어의 의미는 무엇이라고 생각하세요?”와 같은 의미지향적 프로빙(meaning-oriented probing), “이 문장을 다른 말로 한번 표현해 보시겠어요?” 등의 말바꾸기 프로빙(paraphrasing probing) 등으로 구분하기도 한다. 또, 프로빙 질문이 미리 쓰여졌는지의 여부에 따라 미리 쓰여진 프로빙(scripted probing)과 그렇지 않은 즉흥적 프로빙(emergent probing)으로 나누기도 한다. 인지 인터뷰에서 자주 사용되는 인터뷰 기법이 [표 4-2]에 요약되어 있다. 이러한 기법들은 그 목적이 무엇인지에 따라서 연구자에 의해 선택적으로 사용된다. 모든 기법이 사용되는 것도 아니며, 어떤 기법을 사용해야 한다는 표준 역시 존재하지 않는다(Jobe & Mingay, 1989; Willis, de Mario, & Harris-Kojetin, 1999; Willis & Schechter, 1997).

[표 4-2] 질문 목적에 따른 인지 인터뷰의 기법

방법	목적
소리내며 생각하기(Think-aloud)	설문 문항에 대답하면서 떠오른 생각들을 알아보기 위해 주어진 보기 없이 자유롭게 말하기
프로빙(Probe questions)	질문의 특정 영역에 대해 더 구체적인 정보를 얻을 수 있음
바꾸어 말하기(Paraphrasing)	응답자가 사용하는 어휘를 통해 질문의 이해와 해석을 탐색
분류 및 점수 수기(Sorting and rating)	응답 보기 간의 관계 혹은 응답 선택에 미치는 요소 파악
가상의 시나리오(Vignette tasks)	다른 상황에 대한 응답자의 반응과 인식을 알아 봄

아래는 미국의 인구조사국에서 2020년 센서스 인구 조사를 위해 개발한 한국어 설문지를 인지 인터뷰하는 과정에서 규명된 문제와 해결 방안의 예를 보여 준다(Sha, et al., 2015).

질문 1에 답하기 전, 다음 안내에 따라 이 집, 아파트 또는 이동식 주택에 사는 사람의 수를 세어 주십시오.

- 어린 아기를 포함하여 이곳에서 살고 잠자면서 대부분의 시간을 보내는 모든 사람의 수를 세어 주십시오.
- 이 주소지에서 살거나 잠자는 사람이 없다면, http://survey.census.gov/censustest를 방문하시거나, 8페이지에 나온 번호로 전화해 주십시오.

[그림 4-2] 미국 센서스 인구 조사 설문지 중 작성 안내 화면

출처: Sha et al., 2015

이 인지 인터뷰에 참여한 15명의 참여자 중 과반수가 넘는 9명의 응답자가 두 번째 안내인 "이 주소지에서 살거나 잠자는 사람이 없다면, https://survey.census.gov/censustest를 방문하시거나, 8페이지에 나온 번호로 전화해 주십시오."를 이해하지 못하였다. 이는 인터뷰 참가자들이 센서스 인구 조사 설문지 우편물이 거주지뿐만 아니라 상업 지역으로 발송 가능하다는 사실을 인지하지 못함으로 인해 주로 발생하였다. 이 안내 문구 "이 주소지에서 살거나 잠자는 사람이 없다면"을 어떻게 이해했는지 물었을 때, 응답자들은 "아마 학교기숙사 등에서 산다든지 해서 지금 이곳에 살지 않는 사람을 일컫는 것 같다." 혹은 "여러 곳으로 이사를 다녀 우편물을 받기 힘들어 이 주소를 서류상 주소로 사용하는 사람의 경우를 의미하는 것 같다." 등의 의견을 피력하였다. 어떤 응답자는 "이 집에 살거나 잠자지 않는 사람이 왜 여기 와 있냐? 도둑이냐? 이상한 사람이 와 있다는 얘기인데, 이런 말이 왜 여기 있지?"라는 반응을 하기도 하였다.

이러한 응답자들의 혼란을 가져온 원인인 "주소지에 사는 사람이 없는데 설문지이 발송된 사실"을 제거하기 위해 이 안내 문구를 "이곳이 주거용이 아니거나 비어 있어서 이 주소지에 사는 사람이 없다면, https://survey.census.gov/censustest를 방문하시거나, 8페이지에 나온 번호로 전화해 주십시오."로 수정하자, 응답자들의 혼란은 사라졌다.

이렇듯 인지 인터뷰는 설문 문항의 문제를 일으키는 원인에 대한 심도 있는 분석이 가능하며, 이를 통해 설문을 개선할 수 있다는 장점을 가지는 반면, 질적 방법의 특성상 실제 문제가 되지 않을 수 있는 것이 커다란 문제로 과장되어 해석될 수 있으며, 그 결과를 일반화하기 어렵다는 한계를 가진다. 더불어, 인지 인터뷰에서는 참여자의 설문 응답 과정에 끼치는 영향을 최소화하기 위해 인지 인터뷰를 진행하는 전문 면접원의 관여는 최소로 하는 것을 원칙으로 한다. 하지만, 이로 인해 인터뷰 참여자가 얼마나 자신의 느낌과 생각을 잘 표현하는지 등의 개별 참여자의 인지 능력과 언어 능력에 따라 인지 인터뷰의 성공이 좌우되는 경향이 있다.

인지 인터뷰는 비교적 짧은 역사 때문에, 초기에는 이것이 과연 설문의 문제를 가려낼 수 있는 객관적인 사전 평가 도구인가에 대한 연구가 많았고, 이를 증명하기 위해 기존에 알려진 사전 평가 방법과 인지 인터뷰를 통해 도출한 자료를 비교하여 유사한 결과가 도출되는지에 집중한 경향이 있었다(Bolton, 1993; Conrad & Blair, 1996, 2009; Presser & Blair, 1994; Rothegeb, Willis, & Forsyth, 2005; Willis, Schechter, & Whitaker, 1999).

최근에는 이러한 인지 인터뷰의 참여자 선정을 둘러싼 한계라든지, 직설적이고 사실에 입각한 서구의 의사소통 표준(communication norm)에 입각해 발달한 인지 인터뷰가 다른 언어와 문화적 환경에서도 과연 실효성을 가진 사전 평가 방법일 수 있는지, 혹은 프로팅 테크닉을 둘러싼 각 문화간 효과, 번역된 설문의 사전 평가를 위한 인지 인터뷰 참여자 선정 등에 대한 인지 인터뷰의 다양한 측면을 둘러싼 논의가 활발히 진행되고 있다(Pan et al., 2010; Park, Goerman, & Sha, 2017; Park & Sha, 2014; Park, Sha, & Olmsted, 2016; Park, Sha, & Pan, 2014; Park, Sha, & Willis, 2016; Park & Son, 2014).

3) 행동 코딩

행동 코딩(behavior coding)은 응답자와 면접원 간의 상호작용을 코드화함으로써 설문지를 평가하는 방법이다. 면접에 개입하지 않은 코더(coder)는 제삼자로서, 설문 조사 도중에 실시간으로 혹은 조사 완료 이후 녹음 내용을 다시 들으면서 미리 정해진 코드를 이용해 다양한 관점에서 면접원과 응답자 사이의 상호작용을 평가하게 된다.

행동 코딩은 처음에는 전화 조사 중 면접원이 얼마나 표준화된 인터뷰 규칙을 잘 지키면서 조사를 진행하는지를 살피기 위한 모니터링 방법이었다(Cannell et al., 1975). 그러던 중 면접원 교육과 성과의 영향을 알아보던 연구자들이 아무리 강도 높은 수준의 교육을 받더라도, 면접원들이 공통적으로 문제를 일으키는 설문이 있다는 사실을 발견하였으며, 이 발견은 행동 코딩을 설문의 문제를 발견하는 사전 평가 도구로 발전시킨 계기가 되었다(Bates & Good, 1996; de Maio et al.,

1998; Fowler & Cannell, 1996; Oksenberg et al., 1991; Sykes & Morton-Williams, 1987).

행동 코딩의 기본 전제는 이상적인 표준화된 인터뷰 상황에서 출발한다. 즉, 아무런 문제가 없는 설문 문항의 경우 면접원은 설문연구자가 쓴 질문을 그대로 읽고, 응답자도 적절한 응답을 주어진 보기 중에서 주저 없이 바로 선택하게 된다는 것이다. 그러므로 이상적 인터뷰 상황에서는 표준화된 인터뷰 규칙에서 벗어난 일탈은 관찰이 불가능하다(Fowler & Cannell, 1996). 이러한 논리라면 면접원이 질문이 쓰여진 그대로 읽지 못하는 것은 질문의 구조가 이상하다든가, 문구가 발음하기 어렵다든가 하는 문제를 반영하는 것이다. 또, 응답자가 질문이 무슨 뜻인지 좀 정확히 알려달라고 묻는다거나 질문을 다시 읽어달라고 묻는다면, 이는 그 질문에 사용된 개념이나 단어가 응답자에게 익숙하지 않은 것이라는 의미이다. 또, 만약 응답자가 면접원이 질문을 읽는 도중에 응답하게 된다면, 이는 질문이 너무 길기 때문일 수도 있다(de Maio et al., 1998; Oksenberg et al., 1991).

연구자들이 행동 코딩을 설문의 문제를 파악하기 위한 도구로 써오고 있기는 하지만, 구체적인 코딩 체계는 연구자 간에 차이가 있다. 공통적으로 가장 흔히 사용되는 코딩 방식은 질문과 응답 과정 중에 표준화된 인터뷰 규칙에서 벗어나는 행동이 발생할 때마다 그 횟수를 세어 기록하는 것이다. 예를 들어, Bates와 Good(1996)은 질문과 응답이라는 두 가지 요소에 집중한 코딩 체계를 사용했는데, 질문 코드는 면접원의 행동에 기반을 두었으며 ① 정확한 질문 읽기 혹은 아주 작은 변화, ② 질문의 주요한 변화, ③ 면접원이 질문 대신 이전 응답을 확인, ④ 질문이나 응답 보기를 읽지 않음의 총 4가지 코드를 포함했다. 응답 코드는 설문에 대한 응답자의 응답에 기반을 두었으며 ① 적절한 응답, ② 부적절한 응답, ③ 응답자가 면접원이 질문을 읽는 도중에 끼어들어 답함, ④ 면접원에게 의미를 알려달라고 요청함, ⑤ 기타로 구성된 총 5가지 코드를 사용했다. 또, 다른 연구에서는 질문 일부 혹은 전체를 다시 읽어달라고 요청하는 것 등이 응답자 코드에 포함되기도 했다(Hughes, 2004; Jurgenson & Childs, 2011; Oksenberg et al., 1991). [표 4-3]에 제시된 행동 코드는 위의 언급된 연구를 비롯한 일반적인 설문 조사 사전 평가(pretesting)에 사용되는 행동 코드보다 훨씬 더 자세하게 하위 코드로 분류되어 있는데, 이는 서로 다른 문화 사이에 발생하는 설문 문항의 문제점을 행동 코딩을 통해 파악하고자 하는 연구를 위해 개발된 행동 코드이기 때문이다.

[표 4-3] 응답자 구두 행동 코드의 예

구분	코드	상세 코드 및 설명
일반 코드	00	문제 없음: 응답자가 처음 읽은 질문을 듣고 적절한 응답을 고름
	04	언어 추리: 응답자가 어떻게 이 응답을 선택하게 되었는지를 설명. 응답을 고르기 전/후 모두 발생 가능. 질문이나 질문 관련 주제에 대한 의견을 피력하는 것은 포함하지 않음
	05	적절한 응답(확신 없음): 주저하면서 응답을 선택. "잘 모르겠는데요.", "아마도", "그런 것 같아요." 등 불확실함을 나타내는 단어 사용
	06	확인/허가를 원함: 응답자가 면접원에게 자신의 응답이 맞는지 확인하려 함(예: "제가 잘하고 있나요?", "이거 맞나요?", "이거 아닌가요?")
	19	질문 도중 질문하면서 끼어듦: 질문 도중에 응답자가 질문으로써 끼어듦
	20	질문 도중 응답하면서 끼어듦: 질문 도중에 응답자가 응답함으로써 끼어듦
	21	전에 말한 응답: 전에 질문에 답했다고 함(예: "그거 벌써 대답했어요.")
	22	이전 응답: 이전 질문에 맞는 응답을 했으므로 면접원이 질문을 읽지 않음
	23	응답 수정: 프로빙 없이 응답자가 답을 바꿈
질문 의미 관련 코드	30	설명 요청(일반적): 질문이 불명확하다고 이야기하지만, 구체적으로 불명확한 점을 언급하지 않음(예: "이 질문이 무엇을 묻는 거죠?")
	31	설명 요청(개념/서술형): 응답자가 구체적으로 어떤 것이 불명확한지 언급(예: "여기 나온 …말이 무슨 뜻인지 모르겠어요.")
	32	설명 요청(개념/질문형): 질문에 나온 특정 문구에 대한 의미를 물음(예: "…는 무슨 뜻이죠?")
	33	설명 요청(맥락): 주어진 맥락에서 질문의 의미를 이해하지 못함(예: "얼마나 자주 식당에서 현금으로 계산하세요?"라는 질문에 "현금 카드로 계산하는 것도 포함하나요?")
	34	설명 요청(시간 범위): 질문이 묻는 참조 기간과 관련한 불확실성을 언급
	35	단어/문구 바꿈: 답을 고르기 전 질문, 혹은 일부를 반복하거나 바꾸어 말함
	36	질문 반복 요청: 면접원에게 전 질문 혹은 질문의 일부를 다시 읽어줄 것을 요청(예: "뭐라고 하셨죠?")
	37	보기 카드 사용 어려움: 응답자가 보기 카드를 이해하지 못하거나 도움을 요청
	38	설명 요청(충분치 않은 정보): 응답을 위한 충분한 정보가 질문에 주어지지 않았다고 말함(예: "이건 상황에 따라 다르죠.", "답을 하기에 충분한 정보를 주지 않은 것 같아요.")

구분	코드	상세 코드 및 설명
기억 관련 코드	41	기억의 어려움: 답을 선택하기는 했으나, 기억의 어려움이나 답이 정확하지 않은 데 대한 우려를 표시(예: "기억이 잘 안 나는데요.")
	42	유추: 답을 선택하기는 했으나 평상시 행동 등에 비추어 답을 추정함(예: "보통 이러이러하니까…", "이렇게 하니 …이 답이겠다.")
응답 선택 관련 코드	50	부적절한 응답(전반적): 질문에 적절하지 않은 응답, 즉 프로빙을 요구하는 응답을 선택(다른 코딩이 불가능한 경우만 선택)
	51	설명 요청(응답 형식): 주어진 응답 보기에 대한 언급(예: "이것을 어떻게 응답해야 할지 모르겠어요.", "보기가 이거 외에는 없나요?", "다른 보기 없나요?")
	52	응답 보기 반복 요청: 응답자가 응답 보기 혹은 그 일부를 다시 한번 읽어줄 것을 요청함
	53	설명 요청(응답 보기 의미): 응답 보기의 뜻을 질문(예: "동의하는 편이다."라는 게 무슨 뜻이죠?)
	55	응답 보기의 단어/문구 바꿈: 답을 고르기 전 전체 응답 보기 전부 혹은 일부를 반복하거나 바꾸어 말함
	60	부정확한 응답(전반적): 응답자가 질문에 완벽하지 않은 응답을 제공(예: 몇 시간을 묻는 질문에 몇 분으로 대답)
	61	부정확한 응답(보기 외의 응답): 주어진 응답 보기 외의 답을 제공(예: "매우 동의", "동의하는 편이다.", "동의하지 않는 편이다.", "전혀 동의하지 않는다."의 응답 보기 중 "동의한다."를 선택)
	62	부정확한 응답(응답 유추): 주어진 응답 보기 외의 답을 제공했으나 적절한 응답을 유추할 수 있는 정보 제공(예: "유방암 몇 기인지 아십니까?"라는 질문에 "1기"라고 응답)
	63	부정확한 응답(범위): 하나의 숫자를 고르는 대신 범위로 대답함
	64	복수 응답: 하나를 골라야 할 질문에 여러 개를 응답함
사회적 바람직성 관련 코드	70	비밀 보장: 설문에 답하였으나 응답의 사생활/익명성에 대한 우려를 표함
	80	응답 거절(사생활): 사생활이나 익명성에 대한 우려 때문에 응답을 거절
	81	응답 거절(기타 이유): 기타 다른 이유로 응답을 거절(거절 이유 기록)
	82	응답 거절(이유 없음): 응답을 거절하나 거절 이유는 밝히지 않음
기타 응답자 코드	90	응답자 다른 언어 사용: 응답자가 다른 언어로 응답함
	94	응답자 웃음: 질문과 관련한 응답 과정에서 응답자가 웃음
	97	기타: 인터뷰와 관련 없는 소음/잡음(어떤 소음/잡음인지를 기록할 것)
	98	모름: 질문을 처음 들은 후 "모르겠다."라고 응답. 어떤 문제로 이런 답을 했는지는 알려지지 않음(면접원의 프로빙 후 적절한 응답 선택 가능)
	99	자료 없음: 녹음된 내용이 들리지 않음

출처: Johnson et al., 2011

행동 코딩은 전문가 검토나 인지 인터뷰 등을 통해 설문지 개발이 어느 정도 진전된 이후, 본 조사에 앞서 설문 문항이 실제 현장에서 어떻게 작용할 것인지를 알아보는 시험 조사에서 주로 사용된다. 인지 인터뷰의 경우에 비해 행동 코딩은 응답자의 설문 과정을 전혀 방해하지 않아 자연스러운 관찰이 가능하다는 장점이 있고, 또 미리 주어진 코드에 따라 행동을 관찰하기 때문에 코더 간의 차이가 크지 않아 좀 더 객관적인 평가가 가능하다는 장점을 가진다. 게다가 전문가 검토나 인지 인터뷰 등에 비해 낮은 전문성이 요구되어, 간단한 교육을 통해서도 코딩 업무를 수행할 수 있어, 그 비용 또한 상대적으로 낮다. 하지만, 설문지에 문제가 있을 수 있다는 것만을 알아낼 수 있을 뿐, 무엇이 문제인지에 대해서는 구체적으로 밝혀내지 못하는 한계를 가진다.

Oksenberg 등(1991)은 이러한 한계를 극복하기 위한 대안으로써 코더의 의견을 들을 것을 제안하기도 하였다. 즉, 코더들은 면접원이나 응답자보다 면접 과정에 대해 폭넓은 지식을 가지고 있으며, 코딩 과정에서 여러 인터뷰 케이스를 들으면서 문제의 원인을 규명하는 데 있어 좀 더 객관적인 평가가 가능하다는 것이다. 하지만, 이러한 제안 역시 코더의 주관적인 판단에 의존한다는 한계점을 가진다.

4) 사용성 테스트

사용성 테스트(usability testing)는 최근 컴퓨터나 모바일 기기를 이용한 설문 조사가 급증하면서, 새로이 나타난 설문 사전 평가 방법으로 기존의 설문 사전 평가와는 다른 테스팅 디자인과 관점을 요구한다.

인터넷 조사가 급증함에 따라 인터넷 조사의 사용성 테스트도 증가하고 있는 추세이나, 설문 조사를 위한 사용자 테스트의 구체적인 사례나 훈련 방법 등에 대한 연구는 부족한 실정이다. 그러나 응답자의 다양한 컴퓨터 활용 능력이나 문맹률 혹은 문자 해독력, 또 그들이 설문 조사에 참여하게 되는 환경(대부분 서둘러 조사를 마친다. 집중하기보다는 다른 일에 방해받기 쉽다 등), 또 이들이 훈련된 면접원이 아니라 자기 스스로가 설문 응답지를 이동하며 질문을 해석해야 한다는 점을 고려하자면, 설문 조사에 앞선 사용성 테스트의 필요성은 자명하다.

이상적인 인터넷 설문지의 사용성 테스트의 과정은 ① 설문 가안 완성, ② 전문가 검토, ③ 인지 인터뷰, ④ 컴퓨터 프로그래밍, ⑤ 사용성 테스트로 설문 테스트의 가장 마지막 단계에 이루어진다. 이는 전문가 검토나 인지 인터뷰 과정을 통해 설문 응답자가 흔히 겪을 수 있는 인지 과정의 문제를 파악하고 해결하여 마지막 단계의 사용성 테스트에서는 순수하게 응답자들이 인터넷으로 설문을 응답하는 과정상에 발생하는 문제 파악에 집중하기 위해서이다.

사용성 테스트 참여자는 실제 사용자를 대상으로 개발 중에 있는 인터넷 설문지를 이용하여 테스트를 실시한다. 연구자는 사용성 테스트 동안 참여자의 행동을 관찰하고 기록하며, 이후 관찰 내용에 근거해 자료를 분석하고 문제를 진단한 후, 변화가 필요한 부분을 수정하게 된다. 주로 인터넷 설문 조사를 위한 사용성 테스트에서 수집하는 정보는 설문 조사 양식을 완성하는 데 소요되는 시간, 응답자가 설문을 마칠 때까지 겪게 되는 문항 간 이동 경로와 관련된 문제, 이와 같은 과정에서 응답자가 보이는 설문 도구에 대한 감정적인 반응 등이다.

국제 표준화 기구(ISO: International Organization for Standardization)는 사용성이란 특정(상품)을 사용하는 사용자가 주어진 맥락에서 그 목적한 바를 효과적, 효율적으로 또 만족하면서 사용하는 정도로 정의한다(ISO 9241:11). 이를 설문 조사의 맥락에 적용하면 인터넷 조사에 참여한 응답자(사용자)가 자신의 의견이나 태도 · 생각 등을 정확하고 올바르게 표현하기 위해(목표), 집이나 사무실 혹은 다른 장소에서(맥락) 정확한 응답을 제공하면서 설문을 끝까지 마치는 것으로, 사용성 평가에는 주로 효과성(effectiveness), 효율성(efficiency), 만족도(satisfaction)가 이용된다(Geisen & Bergstrom, 2017).

효과성은 주어진 목표를 달성할 수 있었는지의 여부에 의해 측정되며, 효율성은 그 목표를 달성하는 데 얼마나 많은 노력이 필요했는지에 의해 측정된다. 만족도는 이들 두 척도에 비해 좀 더 복잡한데, 정확한 응답 제공이 가능했는지, 응답자의 설문 경험이 즐거웠는지, 설문에 답하는 것은 쉬웠는지, 응답 방법을 익히는 것은 쉬웠는지, 응답 방법은 얼마나 기억하기 쉬운지, 응답 도중 발생한 에러와 그 에러는 얼마나 심각한 것이었는지, 응답에 따른 부담 등이 만족도를 측정하는 척도로 주로 사용된다. 아래에 제시된 [그림 4-3]과 [그림 4-4]는 2016년 미국 인구조사국에서 실시한 사용성 테스트 결과 중 일부로, 효과성과 효율성의 사례를 구체적으로 보여 준다.

[그림 4-3]에서 제시된 왼쪽 화면은 어떤 사람이 때로 사는 곳의 주소를 묻는 영문 질문으로, 전체 주소 입력 전에 그 주소의 종류를 묻는 보기를 먼저 제시하고 있다. 응답자가 자신에게 적절한 주소의 종류를 '일반 주소', '사서함' 등의 보기에서 선택하게 되면, 다음 화면에 그 선택한 주소 종류에 맞는 응답란이 나타나 그 안에 구체적인 주소를 입력할 수 있게 된다. 하지만 오른쪽 화면에 제시된 한국어로 개발된 설문지에는 동일 문항에 대해 주소의 종류를 선택할 수 있는 보기가 아예 나타나지 않아, 설문의 응답을 수집하는 것이 불가능하다. 즉, 이러한 인터넷 설문 조사에서 발생한 프로그래밍 에러는 사용성 테스트의 효과성을 떨어뜨리게 된다.

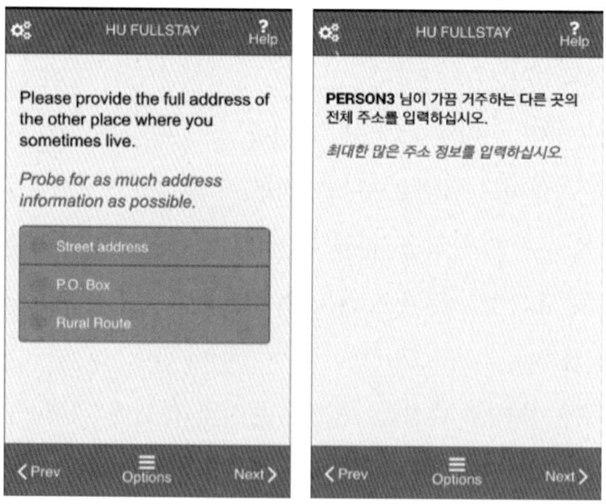

[그림 4-3] 효과성 달성의 실패 사례

출처: Sha et al., 2016

[그림 4-4]는 생년월일을 묻는 질문으로 화면에 제시된 다이얼을 사용해서 해당하는 가구 구성원의 생년월일을 다이얼의 중간에 맞춰야 한다. 하지만 왼쪽 화면에서 보이듯이, 제시된 다이얼의 세 줄에 전부 나오는 날짜를 보고 대다수의 응답자가 어느 줄에 답을 맞혀야 할지 헷갈려 했다. 사용성 테스트에 참가한 과반수의 응답자는 다음 화면의 나이 확인 질문에서 자신의 나이가 잘못 계산된 것을 발견하고 이 화면으로 다시 돌아가 자신의 생년월일을 다시 수정해야만 했는데, 이는 프로그램이 자료의 수집을 방해하지는 않지만, 명확하지 않은 디자인으로 응답자들이 쉽게 질문에 대답하지 못하게 하여 설문 조사의 효율성을 떨어뜨린다.

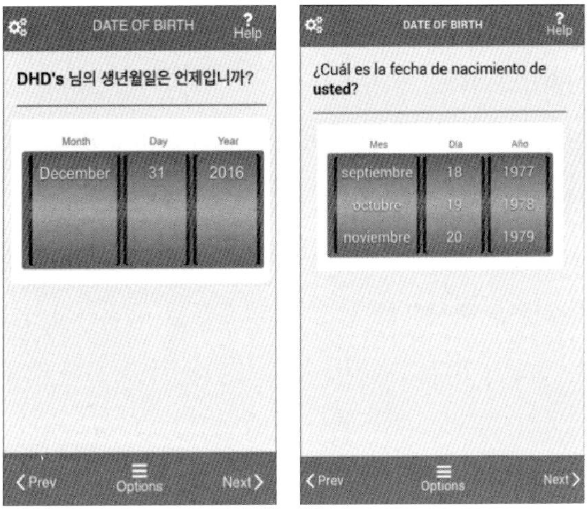

[그림 4-4] 효율성 달성의 실패 사례

출처: Sha et al., 2016

사용성 테스트는 일회성이 아니라 여러 차례에 걸쳐 반복적(iterative)으로 실시할 것을 추천한다(Ashenfelter & Hughes, 2011). 물론 많은 수의 사용자를 대상으로 사용성 테스트를 한다면 좋겠지만, 대부분의 경우 사용성 테스트는 충분한 예산을 할당받지 못한 탐색적인 연구 형태로 이루어지고 있다. 이러한 예산 문제에 당면한 사용성 테스트의 경우 특히 많은 사용자를 대상으로 한 1회의 테스팅보다는 적은 수의 사용자를 대상으로 여러 회에 걸친 테스팅을 추천한다. 이는 사용자의 수가 증가한 만큼 발견할 수 있는 에러의 수가 증가하지 않기 때문이다. 또 이런 접근 방식은 사소한 문제보다 조사 자료 수집에 막대한 영향을 끼칠 수 있는 심각한 문제를 발견하는 데 도움이 된다. 그래서 사용성 테스트를 계획할 때는 프로그래밍 스케줄을 고려하면서 사용성 테스트 스케줄을 함께 계획하며, 보통 조사용 설문지가 확정된 직후 첫 1라운드 테스트를 실시하고, 이후 사용성 테스트에서 발견한 문제를 해결하기 위한 프로그래밍 업데이트(1), 이후 수정된 설문지를 이용한 2라운드 사용성 테스트(2)의 형태로 프로그래밍 업데이트(1)와 사용성 테스트(2)의 과정을 예산과 스케줄이 허용하는 범위 안에서 반복하는 것이 좋다.

[그림 4-5]는 사용성 테스트 참가자 수에 따라 발견되는 문제의 수를 보여 준다. Nielsen(1994)은 1명의 사용성 테스트는 모든 문제를 발견하는 데 충분하지 않으나, 5~6명을 넘을 경우 발견하는 문제의 수는 그리 크게 증가하지 않음을 보여 주었다. 물론, 사용성 테스트가 차지하는 역할이 큰 프로젝트의 경우에는 많은 수의 사용자를 대상으로 테스트하는 것이 바람직하겠지만, 그렇지 않을 경우에는 테스트 한 라운드당 3~5명을 대상으로 사용성 테스트를 하더라도 심각한 문제를 발견할 수 있다는 것을 알 수 있다.

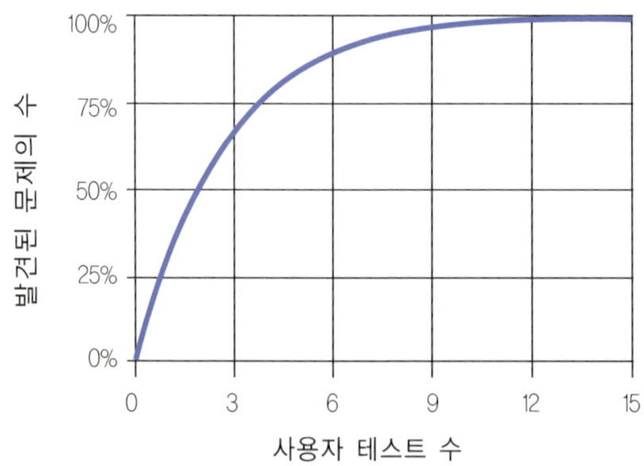

[그림 4-5] 사용자 테스트 수와 발견된 문제의 수

출처: Nielsen, 1994

사용성 테스트는 실험실 환경뿐만 아니라, 사용자의 실제 생활 공간에서도 이루어질 수 있다. 그러나 테스트 장소에 따른 장점과 단점이 존재한다. 실험 환경에서 이루어지는 사용성 테스트는 테스트를 방해하는 요인을 제거할 수 있어 테스트 상황에 집중할 수 있는 장점을 가진다. 그리고 한쪽 방향에서만 보이는 일방향(one way) 유리 거울방이라든지, 녹화 장비 등을 사용하여 사용성 테스트 상황에 대한 주의 깊은 관찰이 가능하다. 하지만 이는 실제 상황과는 다르며, 사용자의 컴퓨터도 자신의 컴퓨터가 아닌 실험실 컴퓨터를 사용하는 문제가 있다. 또, 사용자가 약속된 시간에 실험 장소로 이동해야 하는 등 참여의 부담이 크며, 때로는 약속 시간에 나타나지 않는 등의 문제가 발생하기도 한다. 이에 반해 사용자의 생활 공간에서 사용성 테스트를 실시할 경우, 사용자의 실제 사용 행태를 더욱 사실적으로 관찰할 수 있으며, 사용자에게 좀 더 편리하게 약속을 정할 수 있다. 그러나 이 경우는 이동이 가능한 사용성 테스트 장비가 필요하고, 테스트를 실시한 면접원의 출장과 관련된 시간과 경비 부담이 증가하며, 안전 문제 등이 발생할 수 있다(Geisen & Bergstrom, 2017).

인터넷 설문 조사나 모바일 설문 조사의 사용성 테스트를 주요 주제로 한 연구의 수는 그리 많지 않다. 하지만, 사용성 테스트의 대상이 되는 인터넷 설문지의 개발에 대한 연구를 참고할 수 있으며, Couper(2008)는 인터넷 설문지 개발에 대한 좋은 개요를 제공한다.

최근에는 스마트폰의 확산에 따라 모바일 기기를 사용한 인터넷 설문 조사 참여가 급증하고 있는데, 다른 자료 수집 방법과 비교했을 때 가장 큰 차이점은 응답자가 사용하는 기기, 구동 시스템, 브라우저에 따라 실제로 응답자가 조사에 참여하면서 접하게 되는 화면이 다르게 구현될 수 있다는 점이다. 그러므로 모바일 기기를 사용한 사용성 테스트의 경우에는 특히 이러한 다양한 기기가 테스팅에 포함되도록 하여, 이러한 응답자의 하드웨어 차이로 인한 문제를 사전에 발견하여 응답을 제대로 수집할 수 있도록 해야 할 것이다.

[그림 4-6]는 미국 센서스 인구조사 설문지의 사용성 테스트에서 발견한 기기에 따라 다르게 나타나는 화면을 보여 준다(Sha et al., 2016).

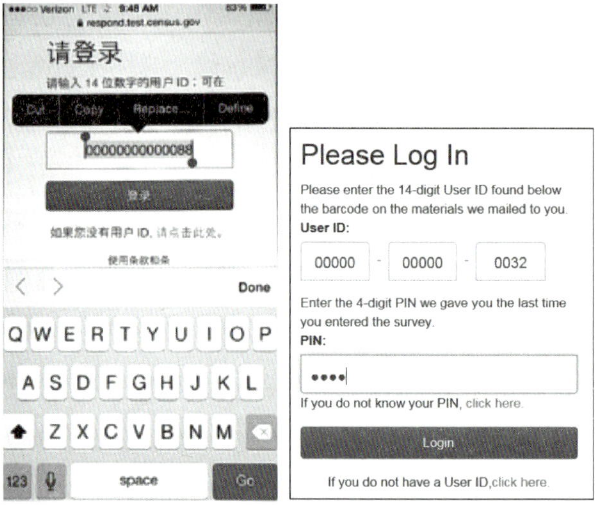

[그림 4-6] 로그인 화면 차이: iPhone 5(왼쪽)과
다른 큰 사이즈의 스마트폰, 랩탑, 태블릿(오른쪽)

출처: Sha et al., 2016

5) 포커스 그룹 토론

FGD 혹은 FGI라는 영문 약자로 더 쉽게 통용되는 포커스 그룹 토론(Focus Group Interview or Focus Group Discussion)은 한 명의 사회자(moderator)가 여러 명의 토론 참여자 간의 상호작용을 촉진하고 정해진 주제에 입각해 토론이 이루어질 수 있도록 대화를 이끌어 가는 소규모의 토론을 말한다.

이 포커스 그룹 토론의 목적은 특정 주제에 관한 의견을 주고 받는 상호작용을 통해 그룹으로서의 의견을 알아보는 것으로, 그 기본 전제는 토론의 구성원이 관련 주제(그것이 사회 문제가 되었든 재화나 서비스가 되었든 간에)에 대한 자신의 믿음과 태도, 의견이나 행동을 자유롭게 표현하고, 그를 통해 집단으로서의 의견을 형성하는 것이 가능하다는 것이다. 그러므로 성공적인 포커스 그룹 토론을 위해서는 토론의 참여자들은 단지 사회자의 질문뿐만 아니라, 다른 개별 참여자들과 함께 상호작용하고 의사소통하는 것이 필수적이다. 이 그룹 토론은 다른 연구 방법론들과 마찬가지로 서구 문화권에서 영어로 처음 발전하였는데 Bogardus(1926)가 사회과학 연구를 위하여 실시한 집단 인터뷰가 그 효시가 되었다. 이후 제2차 세계 대전 중 군대의 훈련용 자료 혹은 광고 내용의 효과를 평가하기 위해 실시한 집중 인터뷰(focussed interview)의 형식을 거쳤으며(Merton & Kendall, 1946; Thompson & Demerath, 1952), Paul Lazarsfeld가 라디오 방송의 청취자 반응을 알아보기 위해 사용한 표적 집단 심층 토론으로 발전되었다. 이 심층 토론의 개념은 경영학, 특히 마케팅에서 신상품 개발이라든지, 광고 아이디어 개발이나 마케팅 전략 등을 점검하기 위해 빈번하게 사용되고 있다(Morgan, 1997). 1990년대 들어 이 포커스 그룹 토론의 방법에 대한 교과서들이 발간됨에 따라(예: Krueger, 1998; Morgan, 1997) 포커스 그룹 토론은 질적 연구의 하나의 방법론으로서의 입지를 다지게 되었으며, 마케팅뿐만 아니라 사회과학을 비롯한 학계나 정부나 비영리 연구 단체 등 폭 넓은 분야에서 활용하게 되었다(Krueger & Casey, 2000).

포커스 그룹 토론은 이 장에 제시된 다른 설문지 사전 평가 방법과 견주어 보았을 때, 그 사용 빈도가 상대적으로 낮다. 그리고 그 활용 목적 역시 준비된 설문지에 대한 평가보다는 주로 설문과 관련된 여러 주제에 대해 응답자와 면접원의 의견을 취합하기 위한 도구로 사용된다. 즉, 포커스 그룹 토론은 설문지 개발의 초기 단계에서 설문 문항을 준비하는 연구자가 문항을 개념화하고 질문의 문맥을 구성할 때라든지, 응답자에게 이해할 수 있는 설문 조사에서 사용하기에 적절한 용어는 무엇인지 등을 파악한다든지 하는 용도로 주로 사용된다. 또, 포커스 그룹 토론은 직접 설문지와 관련한 것은 아니지만, 응답자가 어떤 특정 정보를 제공할 의사가 있는지를 알아보는 등 아직 확정되지 않은 설문의 가능성을 평가하거나, 낮은 응답률로 고전하는 설문 조사에서 응답을 방해하는 요인이 무엇인지 파악하는 설문을 둘러싼 여러 주제에 대한 응답자의 반응을 얻기 위해 사용되고 있다(Campanelli, 2008). 이외에도 시험 조사를 끝낸 면접원들을 대상으로 그들의 의견을 파악하고 설문 상황을 개선하기 위한 정보를 얻기 위한 면접원 브리핑(debriefing) 방법 등으로도 활용되고 있다(Fuller et al., 1993; Kaplowitz et al., 2004).

포커스 그룹 토론은 폭넓은 사용에도 불구하고, 서구의 개인주의 문화와 의사 소통 방식과는 상당히 다른 동양권에서 연구 방법으로서 동일한 효과를 거둘 수 있는지에 대해서는 충분한 연구가 이루어지지 않은 실정이다. 의사소통방식(communication style)은 어떤 언어 혹은 문화에 속한 화자(speaker)가 그 구성원에 속한 다른 사람과 상호작용하는 방식을 일컫는데, 사회 언어학자들은 여러 가지 다른 언어 사이에는 확연하게 다른 의사소통규범(communication norm)이 존재한다고 지적한다(Gumperz, 1982, 2001; Tannen, 2005).

예를 들어 Félix-Bradsdefer(2003)는 비서구권 언어와 문화에서 수행된 포커스 그룹 토론 진행의 어려움을 보고하였으며, Lee와 Lee(2009)는 대한민국과 네덜란드에서 수행된 포커스 그룹 토론에서 발생한 토론을 분석하여 한국에서 진행된 표적 집단 집중 토론의 경우 사회자와 토론 참여자 사이의 상호작용이 빈번한 데 반하여, 네덜란드의 경우 토론 참여자들 사이의 상호작용이 더 높은 수준임을 보고하였다. 이는 사회 언어학자들과 인류학자들이 오랫동안 연구해 온 문화적 차이 즉, 한국이나 중국 등으로 대표되는 집단주의-고 맥락 문화(collective high-context culture)와 네덜란드, 미국 등으로 대표되는 개인주의-저 맥락 문화(individualistic low-context culture)의 의사소통 형태의 특징을 그대로 보여 주는 사례라 하겠다.

Halcomb 등(2007)은 다양한 문화에서 진행된 포커스 그룹 토론에 대한 연구를 살핀 후 비서구권에서 포커스 그룹 토론을 효과적으로 진행하기 위해 힘의 역학관계(power relationship)에 대해 이해해야 한다고 하였다. 즉, 비서구권에서 이루어지는 토론에 대해 “어린 사람이 나이가 많은 혹은 자기보다 더 중요하거나 지위가 높은 사람에 대해 다른 의견을 내는 것이 버릇없는 것으로 여겨지는 경우도 있다. 그래서 표적 심층 토론을 진행할 경우에는 각 토론 그룹 내의 구성원은 가능한 한 동질적이되, 여러 그룹의 구성은 가능한 한 이질적으로 하여 목표 표적 집단의 인구를 적절히 표방할 수 있도록 하여야 한다.”라고 제언하였다.

한국에서 이루어지는 수많은 마케팅 조사의 일환으로 진행되는 포커스 그룹 토론은 Halcomb 등(2007)의 제언을 이미 따르고 있고, 어쩌면 이보다 더 효과적인 진행의 노하우를 갖고 있을 수도 있다. 하지만 문화와 언어적 차이를 극복하기 위한 포커스 그룹 토론의 진행 방법과 그 효과에 대한 아시아권의 연구가 부족하며, 그러한 연구가 있다 한들 언어의 한계로 인해 연구가 제대로 출간되어 있지 않은 탓인지 관련 연구에 대한 정보가 제대로 공유되지 않은 현실이다.

6) 기타 설문지 품질 평가 방법

① 응답자와 면접원 보고

위에 서술한 설문지 사전 평가 방법론처럼 설문지를 개발의 한 과정으로 간주되지는 않지만, 실제 조사의 현장에서 설문지에 대한 반응을 수집하기 위해 사용하는 것으로 응답자와 면접원 보고 방법(respondent and interviewer debriefing)도 있다(Campanelli, Martin, & Rothgeb, 1991). 이는 시험 조사에서 주로 활용되며, 최종 설문이 확정된 본 조사에서도 다음번 설문의 개정과 관련한 자료를 수집하기 위해 사용되는 경우도 있다.

주로 조사가 끝난 후 응답자에게는 자신의 조사 경험을 회상하며 응답에 어려움이 없었는지 묻는 방식으로, 면접원들에게는 질문의 표현 방식이나 질문 순서 등 자신의 조사 수행 경험에 비추어 설문지의 전반을 평가하는 방식으로 이루어진다. 보통은 조사 종료 후 이러한 평가 문항을 개별 면접원이나 응답자에게 추가 질문하는 방식으로 이루어지지만, 때로는 특정 조사에 참여한 면접원과 응답자를 따로 모아 집단으로 이야기하는 포커스 그룹 토론의 형식으로 수행되기도 한다.

그렇지만, 이 응답자 보고와 면접원 보고 방법을 통해 획득한 정보는 개인의 단편적 경험에 치우친 경향이 있어 자료를 객관화하기에 어렵다는 한계를 가진다. 그리하여, 이 자료가 단독으로 설문지 개선을 위한 목적으로는 잘 활용되지 않으며, 다른 사전 평가 방법과 함께 연계되어 참고 자료로 활용되는 편이다(Biemer & Lyberg, 2003).

② 응답 잠재 시간

응답 잠재 시간(Response latency)은 응답자가 질문 문항 하나를 답하는 데 소요되는 시간을 측정한다. 이는 설문 조사 과정에서 면접원이 질문을 읽고, 응답자에게 답을 들어 컴퓨터에 입력하기까지의 시간으로 주로 측정되지만, 때로는 조사가 종료된 이후 인터뷰 내용을 들으면서 따로 측정되기도 한다. 긴 질문 시간이 항상 질문 문항의 문제로 연결되는 것만은 아니기 때문에, 긴 응답 시간이 부정확한 응답과 관련했다는 보고와 그렇지 않다는 결과가 혼재해 있다(Bassili & Scott, 1996; Draisma & Dijkstra, 2004).

③ 질문 이해 보조 도구

설문 품질평가의 과정은 컴퓨터를 이용해 이루어지기도 한다. QUAID(Question Understanding Aid)는 정해진 영역의 평가를 통해 질문의 문제를 발견해 내는 컴퓨터 소프트웨어이다. 사용자가 질문 문항을 QUAID에 입력하면, QUAID는 이를 몇 가지의 데이타 베이스와 비교하여 다양한 점수를 계산하고, 이에 따라 입력된 질문 문항이 문제를 가졌는지를 평가하게 된다. 평가에 사용하는 5가지의 영역은 ① 잘 사용하지 않는 전문 단어(unfamiliar technical terms) ② 애매모호하거나 부정확하게 서술하거나 무엇을 지칭하는지 정확치 않은 용어(vague or imprecise predicate or relative terms), ③ 명확하지 않은 명사구(vague or imprecise noun phrases), ④ 복잡한 구문(complex syntax), ⑤ 활성화된 메모리 과부하(working memory overload)이다(Graesser et al., 2006).

3. 실사 중 품질 관리

이 장에서는 앞의 4장 2절(p. 194)에서 기술한 사전 평가(pretesting) 방법을 통해 최종 설문지가 완성된 후, 이를 이용해 자료를 수집하는 단계에서의 품질 관리 방법을 기술한다.

실사 단계에서 품질 관리 방법에 대한 연구는 상대적으로 많지 않다. 이는 실사의 많은 부분이 면접원 관리이고 또한 현장에서 자료 수집을 하다 보면 통제할 수 없는 여러 가지 변인이 많다 보니, 체계적인 연구가 이루어지기 어렵기 때문이다. 그래서 이번에는 기존의 관련 연구와 더불어 품질 관리를 위해 사용되는 시스템과 현장 사례를 함께 소개하였다.

1) 면접원의 고의 자료 변조

앞의 4장 1절(p. 176)에서 다룬 바와 같이 설문 조사는 계속적으로 낮아지는 응답률로 인해 어느 때보다도 큰 위기를 겪고 있다. 정부나 기업 혹은 학문 연구의 기초 자료를 제공하는 투명하고 합리적인 의사결정 도구로써 설문 조사는 전 세계적으로 다양한 영역에서 사용되고 있다. 그러나 도시화와 근대화로 인한 변화된 사회상, 예컨대 아파트 등 집단 주거 형태의 증가 및 폐쇄형 주택 단지(gated community), 1인 가구의 증가 등으로 인한 설문 대상 표본의 접촉(contact)이 어려워 졌으며, 어렵사리 표본 대상을 접촉했다 하더라도 개인 정보를 이용한 여러 범죄나 피해에 익숙해진 현대인은 설문 참가에 대해 여러 가지 우려를 표시하고 있다. 이러한 우려와 함께, 하루가 멀다하고 쏟아지는 수많은 설문 조사의 홍수 속에서 현대인은 그들에게 당장 직접적인 혜택을 가져다 주지 않는 설문 조사에 선뜻 참여조차 하지 않게 되었다. 이러한 사회 환경의 변화로 인해 설문 조사의 품질을 결정하는 핵심 요소 중 하나인 응답률은 전 세계 공통적으로 감소 추세에 있다(한신갑 외, 2015).

이렇게 낮아지는 응답률을 가장 뼈저리게 느끼는 사람들은 현장에서 응답자들과 직접 상호작용하는 면접원일 것이다. 이러한 상황에서 면접원의 어려움을 이해하고 현실성 있게 조사를 설계하는 노력, 예를 들면 불필요한 조사 문항의 선별, 조사 절차의 간소화, 혹은 응답자의 조사 참여를 도울 수 있는 적절한 보상, 면접원의 사기를 북돋을 수 있는 보수 체계 개선 등의 전략이 필요하다. 적절한 전략 없이 설문 조사를 설계한다면 면접원이 설문 조사 자료를 조작할 가능성을 높이며, 자료 조작으로 인해 설문 조사에 소요되는 막대한 비용과 시간, 노력이 전부 수포로 돌아갈 수 있다.

면접원의 인터뷰 조작(interview falsification)은 면접원이 정해진 설문 조사 수행 원칙을 인지한 상태에서, 고의로 그 원칙을 벗어나 그 결과가 조사 자료에 부정적인 영향을 미칠 수 있는 다양한 형태의 행동을 모두 포함한다(AAPOR, 2003). 대표적으로 조사를 실제로 수행하지 않고, 수행한 것처럼 자료 전체를 거짓으로 만들어 내는 경우가 있다. 이외에도 조사 설문 결과 코드를 조작하거나(예를 들어, 설문 거절을 설문 대상자가 아닌 것으로 표기하는 등) 혹은 설문 시도 기록을 변조하고, 표본 대상으로 선택되지 않은 사람을 대상으로 조사를 하는 등 주어진 설문 조사 자료 수집 원칙에서 벗어난 면접원의 고의 일탈 행동을 포괄적으로 인터뷰 조작이라고 한다. 설문 시도 기록의 변조는 시급으로 일하는 면접원의 보수에 직접적인 영향을 미치는 동시에 면접원의 업무를 수월하게 만들 수 있다. Judkins 등(1999)은 응답자 선정을 위한 사전 스크리닝(screening)에서 면접원들이 설문 대상자를 설문에 해당하지 않는 것으로 표기할 동기를 가졌음을 지적하는데, 이는 면접원들의 업무 성과가 무응답률이나 협조율 등에 기반해 평가되며, 설문 적격률(eligibility rate)은 이들의 성과지표에 별다른 영향을 끼치지 않기 때문이다.

인터뷰 자체를 허위로 만들어 내는 가짜 인터뷰(fabrication)에 대비한 개념으로 설문 조사 자료의 일부를 조작하는 행위는 샛길 혹은 지름길 이용(short-cutting)이라고 한다. 이는 설문 조사 업무의 진행 흐름과 검증 과정에 대해 잘 알고 있는 경험이 많은 면접원 사이에서 주로 발견되므로 이를 찾아내는 것이 쉽지 않다.

특히, 이런 식의 설문 자료의 부분적 조작은 분기형 질문(gate question) 질문에서 자주 나타나는 것으로 알려져 있다. 분기형 질문이란 응답자가 그 문항에 어떤 답을 하느냐에 따라서 그에 관련된 세부 문항을 더 질문할지를 결정하는 질문을 일컫는다. 이런 일련의 질문 형태는 유병률, 병력이나 불법 의약품의 사용 행태 등을 묻는 보건 조사뿐만 아니라 여타 조사에서도 광범위하게 이용되는 질문 형태이다. 예를 들어, 건강에 대한 조사에서 "○○님은 한평생 담배를 피운 적이 있으십니까?"라는 질문에 "예."라고 답한 응답자는 그것과 관련된 다른 여러 질문들인 "처음 담배를 피운 것은 언제였습니까? 지금은 담배를 피우십니까? 하루 평균 담배를 몇 개비나 피우십니까? 아침에 일어나 가장 처음 담배를 피우는 것은 언제쯤입니까? 담배를 끊고자 시도했던 경험이 있으십니까?" 등의 수많은 질문을 받게 된다. 그렇지만, 응답자가 이러한 질문에 "아니요."라고 대답한다면 위와 같은 일련의 질문을 자연스럽게 피할 수 있어 설문을 마치는 데 드는 시간을 상당히 단축할 수 있으므로 응답자도 면접원도 모두 손쉽게 조사를 마칠 수 있다. 분기형 질문은 특정 조사 주제에 대한 핵심 정보를 제공하는 중요한 문항이므로 이 문항에 대한 자료 조작의 영향은 상당히 클 수 있다.

인터뷰 자료 전체를 허위로 만들어 내는 조작은 면접원 업무를 시작한지 얼마 되지 않은 신입 면접원에게서 많이 발견되는데, 이는 검증 절차를 통해 비교적 쉽게 발견된다. 아마도 신입 면접원이 설문 조사의 업무 진행 흐름에 대해 익숙하지 않거나 자신의 자료 조작이 검증을 통해 발견되지 않을 것이라는 순진한 생각에서 비롯한 것일 수 있다. 반면, 부분적 자료 조작은 숙련된 면접원이 주로 범하는 것으로 알려져 있는데, 교묘한 조작술로 인해 발견하기가 쉽지 않다(Schreiner et al., 1988). 왜냐하면 기존 설문 조사의 인터뷰 검증은 주로 실제 조사를 수행했는지를 확인하는 데 초점이 맞춰져 있고, 내용 중 일부를 확인하는데 경험이 많은 면접원들은 핵심 문항이 무엇인지, 어떤 문항을 주로 검증하는지에 대한 정보를 갖고 있는 경우가 많기 때문이다. 그래서 조사 중 핵심 문항만을 질문하고 그렇지 않은 문항은 임의로 질문하지 않는 식으로 자료 조작을 시도하기도 한다. 예를 들어, 자료 조작의 결과라는 결정적인 증거는 찾지 못했지만, Turner 등(1992)은 지난 한 해 동안의 마리화나 사용 여부를 묻는 질문에서, 신입 면접원이 수집한 마리화나 사용 경험률이 숙련된 면접원이 수집한 사용 경험률보다 약 1.4배 높다는 사실을 발견하였다.

면접원의 자료 조작은 전 세계적으로 공통적인 현상이지만, 이에 대한 실증 연구는 쉽게 찾아보기 어렵다. 몇몇 연구에 따르자면 면접원의 자료 조작률 자체는 그리 높지 않은 것으로 알려져 있다. 예를 들어, Schreiner 등(1988)은 미국 인구조사국에서 수행하는 세 가지 조사를 분석하여 면접원의 자료 조작률을 비교하였는데, 정기 조사인 상시 인구 조사(CPS: Current Population Survey)와 전국 범죄 피해 조사(NCVS: National Crime Victimization Survey)의 경우 각각 0.4%, 일회성으로 실시된 조사인 뉴욕시 주택 공실 현황 조사(New York City Housing Vacancy Survey)의 경우 6.5%의 면접원이 자료 조작을 범한 것으로 보고하였다(Shreiner et al., 1988).

그렇지만 면접원의 자료 조작률이 아주 낮다는 사실만으로 안도하기는 어렵다. 여러 연구자들이 아주 낮은 비율의 조작 자료가 포함된 설문 자료도 단일 변수 통계(univariate statistics)에 큰 영향을 끼칠 수 있다는 것을 밝혀내었으며(Schnell, 1991; Schräpler & Wanger, 2003), Schräpler와 Wagner(2003)는 독일 사회 경제 패널 조사(SOEP: German Socio Economic Panel Study) 자료 분석을 통해 2.5% 미만의 조작된 설문이 다변량 회귀 분석에서 교육이 총임금 로그에 끼치는 효과의 80%를 줄였다는 것을 발견하기도 하였다.

Murphy 등(2004)은 2002년 전국 약품 사용 및 건강 조사(NSDUH: National Survey of Drug Use and Health) 자료를 이용하여 자료를 조작한 것으로 드러난 면접원과 그렇지 않은 면접원의 면접 소요 시간, 항목 무응답 및 응답 분포 등의 분석을 통해 조사 결과의 차이를 보여 주었는데 [표 4-4] 조작된 자료의 경우 흡연 경험, 음주 경험, 마리화나 · 코카인 · 헤로인 등 금지 약물 복용 경험이 정상 수집 자료와 비교했을 때 모두 낮은 것으로 드러났다.

그렇지만, 자료 수집 과정에서 이러한 차이를 알아차리기란 쉽지 않으며, 이러한 분석을 실시한다고 하더라도 그 차이가 항상 통계적으로 유의한 것도 아니다. Murphy 등(2004)은 조작 면접원의 조사 자료를 연령이나 성별, 인종 등 인구 통계학적 변수로 구분하여 다른 면접원의 자료와 비교할 경우, 그 차이가 눈에 더 잘 띈다는 점에 주목할 것을 제안하였다. 이것은 설문 조사를 조작한 면접원들이 자신의 조사 경험에 근거해 개별 설문에 대해서는 그럴 듯한 응답을 만들 수 있지만, 이러한 세부적인 수준의 응답 패턴을 만드는 것은 어렵기 때문이다.

[표 4-4] 약물 사용 생애 경험에 대한 정상 자료와 조작 자료 비교(2002년, 가중치 부여 전)

	인터뷰 개수	약물별 생애 사용 경험(%)				
		담배	술	마리화나	코케인	헤로인
총 유효 표본 수	1,188	56.9	71.5	45.1	15.8	1.8
자료 조작 면접원 1의 수집 자료	92	26.1[a]	59.8[a]	35.8	20.6	1.1
자료 조작 면접원 2의 수집 자료	119	48.7	50.4[a]	24.4[a]	7.6[a]	4.2[a]
자료 조작 면접원 3의 수집 자료	77	29.9[a]	37.6[a]	22.1[a]	1.3[a]	0.0

[a] $p < 0.05$ 수준에서 통계적으로 유의하게 다른 비율

출처: Murphy et al., 2004

2) 조사 자료 품질 제고를 위한 노력

설문 조사의 부분적 자료 조작을 막기 위해서 주로 쓰이는 방법은 크게 4가지로 구분할 수 있다. 첫 번째가 관찰 방법(observation method), 두 번째가 재접촉 방법(recontact method), 세 번째가 자료 분석 방법(data analysis method), 마지막으로 CARI를 이용한 방법이 있다.

(1) 관찰 방법

가장 흔하게 이루어지는 검증 방법은 관찰 방법(observation method)으로서 전화 조사 시 이루어지는 모니터링이 대표적이다. 전화 조사의 경우 CATI(Computer Assisted Telephone Interviewing)의 도입에 따라 중앙 집중화된 실시간 모니터링이 가능하게 되었다. 모니터링 방식은 보통 일정한 수의 할당된 면접원을 실사 관리자 혹은 전담 모니터링팀이 실제 전화 조사를 진행하는 동안 실시간으로 면접원이 실제로 업무를 하고 있는지, 교육을 받은 대로 표준화된 인터뷰 규칙을 지키면서 인터뷰를 진행하는지 등을 모니터링하게 된다. 이러한 모니터링 시스템은 한국과 미국 모두 유사하게 이루어지는데, 각 모니터가 맡고 있는 면접원의 수나 전체 인터뷰 중 모니터링되는 비율 등은 개별 프로젝트마다 차이를 보인다. 미국의 전화 조사의 경우에는 전체 인터뷰의 5~10% 정도를 모니터링하는 것이 통례이며(Groves et al., 2004), 한국의 경우에는 업계 10위 정도의 상위 조사 회사 역시 비슷하게 10% 수준의 실시간 모니터링을 하는 것으로 알려져 있다.

전화 모니터링 이외에 대면 면접 조사에서 주로 사용되는 관찰 방법이 현장 관찰(field observation)인데, 현장 관찰은 면접원의 자료 조작 방지 목적 이외에, 현장의 자료 수집이 조사 설계를 그대로 반영하여 이루어지도록 하기 위한 노력의 일환으로 이루어진다. 한국에서는 잘 알려지지 않은 생소한 개념인 현장 관찰은 실제 설문 조사를 수행하는 면접원이 그 면접을 지켜보는 관찰자와 2인 1조로 팀이 되어, 면접원의 설문 자료 수집의 과정이 면접원 교육 내용을 충실히 지키고 있는지를 관찰자가 확인하는 방식으로 이루어진다. 주요 관찰 내용은 면접원이 표본으로 선택된 주소를 제대로 찾고, 응답 대상 가구에게 적절한 방식으로 방문하고 연락을 취하는가, 설문 조사의 협조를 구하기 위해 올바른 행동을 하는가, 적절한 장소에서 조사를 진행하는가, 면접원의 인터뷰 진행과 관련하여 응답자에게 혼란을 일으키는 부분은 없는가, 표준화된 인터뷰 규칙을 준수하며 설문 조사를 진행하는가, 필요한 서류와 관련 기기(컴퓨터 등)을 능숙하게 다루는가, 안전 수칙과 윤리 수칙 등을 교육받은 대로 지키고 있는가 등을 포함한다.

현장 관찰은 면접원으로 일하기 시작한지 얼마 되지 않은 면접원이 면접원 교육을 통해 배운 내용을 현장에서 얼마나 잘 응용하고 제대로 수행하는지를 알아보고, 경험이 많은 면접원의 경우 면접원 업무를 오랫동안 수행하면서 굳어진 잘못된 습관 등을 교정하는 도구로 활용된다. 현장 관찰자는 주어진 리스트에 따라 면접원의 업무 행동을 평가하며, 이를 추후 요약하여 각 면접원의 실사 관리자에게 전달한다. 이 결과에 따라 면접원은 부족한 부분에 대해 추가 교육을 받기도 하며, 관찰 후 평가 결과가 나쁠 경우에는 재관찰의 대상으로 선정되어, 추가 교육을 받게 된다. 이후 재관찰 중 계속해서 나쁜 평가를 받을 경우에는 면접 업무를 중지하게 된다.

현장 관찰은 자료 수집 과정이 연구 설계를 그대로 구현할 수 있도록 돕는다는 장점을 가지지만, 관찰자로 투입되는 인력의 전문성이 필수적으로 요구되며, 또 관련된 시간과 비용(관찰자가 면접원이 활동 지역으로 이동하여 관찰을 수행하는 데 동반되는 항공료, 숙박비, 교통비 등)이 막대하므로, 고품질 자료의 확보가 필요한 국가 통계를 생산하는 전국 조사에는 선별적으로 사용되고 있다.

한국의 설문 조사의 경우에는 '동행 면접'이라는 것이 현장 관찰과 유사한 개념으로 쓰이는데, 실제 조사를 위해 수집된 자료의 품질 관리나 검증 차원보다는 신입 면접원이 고용된 경우 업무 숙지를 위한 훈련 개념으로 활용된다.

(2) 재접촉 방법

면접원의 자료 조작을 막기 위해 사용되는 두 번째 방법은 재접촉 방법(re-contract method)이다. 이는 설문 조사가 완료된 이후 제삼자가 응답자와 다시 연락을 취하는 방법으로 전화, 직접 방문, 우편의 세 가지 방법을 통해 주로 이루어진다. 통상적으로 검증 작업(verification)으로 일컬어지는데, 설문 조사 업무의 진행 흐름에서 한 절차를 차지하고 있다.

면접원들은 설문 완료 단계에서 응답자에게 사후 검증을 위한 협조를 구하고 검증용 연락처(주소 혹은 전화번호)를 받게 된다. 이렇게 얻어진 정보를 이용하여 우편물을 발송하거나 설문을 수행한 면접원이 아닌 제삼자가 전화 혹은 직접 방문을 함으로써 조사 관련 정보를 확인하는 방식이다. 보통은 개별 면접원이 완성한 설문지 중 일정 비율을 임의 선택하여 검증하는 방식으로 이루어진다. 검증 과정에는 일반적으로 실제로 조사에 참여했는지를 확인하고, 또 설문 문항의 일부(대부분 인구 통계학적 변인 위주)를 다시 물어 면접원이 실제로 그 문항을 질문했는지, 응답자의 답을 사실대로 기록했는지 등을 검증하게 된다. 간혹, 모든 설문에 대한 100% 검증을 실시하는 경우도 있기는 하지만, 설문지 일부에 대한 임의 검증을 통해 무언가 미심쩍은 부분이 발견되는 면접원에 한해 그 검증율을 높이는 방식으로 진행되는 것이 통례이다.

우편물이나 전화를 이용한 재연락을 시도할 경우에는 그 비용은 저렴하지만 응답자가 검증연구에 응하는 검증 응답률이 낮다는 단점이 있고, 직접 방문은 검증 응답률을 높일 수 있지만 소요 비용이 막대하여 자주 쓰이지는 않는다. 한국의 경우, 우편의 활용도가 낮아 면접 조사의 검증은 거의 대부분 전화를 통해 이루어진다.

직접 방문을 통한 재연락 방법에서 진일보하여, 단순한 자료 검증 이외에 설문 품질 평가를 목적으로 한 재조사(re-interview)라는 방법도 있는데, 이는 조사가 일단 종료된 후 일정 기간이 경과한 시점에서 동일한 표본 가구 혹은 표본 가구의 일부를 다른 면접원이 다시 방문하여 동일한 설문 전체 혹은 핵심 설문의 일부를 물어 조사의 품질을 검토하는 방법이다(Biemer & Stokes, 1989). 하지만, 현장 관찰과 마찬가지로 막대한 비용이 소요되므로 고품질의 국가 조사라든지 특정한 목적을 가진 설문 조사 연구의 일부에만 수행되는 경향이 있다.

(3) 자료 분석 방법

마지막으로 면접원의 자료 조작을 막기 위해 흔히 사용되는 방법이 자료 분석 방법(data analysis method)이다. 이는 면접원이 설문 조사를 진행하면서 수집하게 된 부수적인 자료들인 파라데이터를 이용하기도 하고, 실제 설문 자료 분석을 통해 진행되기도 한다.

Griffin 등(2011)은 면접원들의 경험과 업무량, 연령, 업무 시간 등의 요소가 조사 자료 조작과 어떤 영향이 있는지를 살폈다. 이들은 자료 조작 면접원의 인터뷰 하나당 관련 잡비가 정상 면접원보다 유의미하게 높았으며, 표본 가구 중 응답자 선정 에러율, 동일 기간 설문 완성 부수 역시 더 높았다고 보고하였다. Turner 등(2002)은 볼티모어 시 성병 및 행동 설문 조사(Baltimore Sexually Transmitted Disease and Behaviour Survey) 자료 분석을 통해 허위로 가짜 인터뷰를 만들어 내는 면접원들의 경우 그렇지 않은 정상 면접원보다 응답자의 검증용 연락처 제공 거절률이 높음을 밝혔다. 그렇지만 Williams 등(2011)은 이와 반대로 허위 인터뷰 조작 면접원의 검증용 연락처 제공 거절률이 더 낮았다는 연구도 발표하였다. 이러한 직관에 반하는 결과를 두고 Williams 등(2011)은 자료 조작 면접원의 경우 설문의 100%가 검증을 거치지는 않기 때문에 가짜 전화번호를 실사 관리자에게 제출함으로써 의심을 피한 것이라고 설명했다.

이외에도 통계적인 모델링을 통해 어떤 특성을 가진 면접원이 자료 조작을 많이 범하는지를 예측하고 이러한 면접원의 인터뷰를 집중적으로 검증하거나 재연락함으로써 자료의 품질을 확보하고자 하는 연구도 이루어지고 있다(Bredl, Winkler, & Kotschau, 2012; Bushery et al., 1999; Hood & Bushery, 1997; Murphy et al., 2004; Porras & English, 2004; Schäfer et al., 2005).

앞서 언급한 Murphy 등(2004)은 개별 면접원을 분석 단위로, 각종 약물의 사용 경험을 세부 인구학적 변인에 따라 구분한 후 평균에서 일탈한 정도에 따라 점수를 부여하고 이를 합산함으로써 인터뷰 자료 조작을 규명하는 모델을 제안하기도 하였다. Hood와 Bushery(1997)은 전국 보건 조사(NHIS) 자료를 이용하여 전화번호가 없는 가구 비율이라든지, 비적격 가구 비율(rate of ineligible household) 등을 계산한 후, 이를 같은 지역의 센서스 인구 조사와 비교하여 큰 차이를 보이는 면접원을 선별한 후 재조사를 통해 이들 면접원이 정상 면접원보다 자료 조작률이 높음을 보였다. Bushery 등(1999)은 CAI(Computer Assisted Interviewing)에서 기록된 시간 자료, 즉 전체 인터뷰 혹은 일정 섹션의 인터뷰 시간이 지나치게 길거나 짧은 면접원을 선별하여 엄밀한 검증을 실시할 것을 제안하기도 하였다.

Schäfer 등(2005)은 자료 조작 면접원의 경우는 극단적인 응답을 피하는 경향이 있다고 가정한 후 독일 사회 경제 패널 조사(SOEP: German Socio Economic Panel Study)를 통해 이를 증명하였으며, Porras와 English(2004) 역시 유사한 방법을 통해 자료 조작 면접원이 수집한 설문 자료가 정상 자료보다 낮은 분산을 가진다는 사실을 발견하였다. 벤포드의 법칙(Benford's law)(Benford, 1938) 역시 최근 허위 자료 탐지와 관련해 여러 연구자들 사이에서 응용되고 있는데, 자세한 사항에 대해서는 Schräpler와 Wagner(2003), Swanson 등(2003), Porras와 English(2004), Schäfer 등(2005)을 참고하기 바란다.

(4) CARI를 통한 설문 조사 자료 품질 관리

앞서 기술한 인터뷰의 자료 조작과 실사 과정에서의 조사 자료 품질 향상을 위해 최근에 개발하여 사용하는 것이 CARI(Computer Assisted Recorded Interviewing)이다. 이는 CAPI, CATI 등 컴퓨터에 기반한 대면 면접 조사 및 전화 조사에 모두 응용되어 사용할 수 있는데, 설문 조사 도중 조사 전체의 내용 혹은 일부를 녹음함으로써 인터뷰 종료 후 설문 조사 당시의 실제 현장 상황을 살펴볼 수 있도록 한다. 예를 들어, 분기형 질문(gate question)에서 응답자가 "예."라고 답한 경우를 면접원이 "아니요."라고 기록하는지 등을 녹음 내용의 확인을 통해 알아볼 수 있다. 그리고 설문자와 면접원과의 목소리 비교 등을 통해, 전체 인터뷰 자료의 조작 여부도 손쉽게 찾아낼 수 있다. 이를 통해 기존 검증 방식을 통해 쉽게 찾아낼 수 없었던 부분 자료 조작을 쉽게 규명할 수 있다.

이러한 CARI 시스템의 도입과 이용은 현장 관찰의 단점이었던 막대한 비용을 지불하지 않고도, 실제 설문 현장에 대한 정보에 쉽게 접근 가능하도록 하였다. CARI 시스템을 통해 수집된 풍부한 설문 상황에 대한 자료는 특정 질문에 대한 응답자의 생생한 반응을 확인함으로써 이에 기반하여 설문지의 문제 등을 파악하여 더 나은 설문지를 만들 수 있는 데에 도움이 될 수 있다. 그뿐만 아니라 면접원이 설문 상황에서 어떤 점을 잘 대처했으며, 어떤 점은 개선해야 할지를 구체적으로 알 수 있어, 실사 관리자(supervisor)가 이를 이용해 면접원의 강점은 더욱 살리고 약점은 보완할 수 있는 도구로도 사용되고 있다.

이와 같은 장점 때문에 CARI는 전국 아동 복지 설문 조사(NSCAW: National Survey of Child Welfare), 전국 건강 및 노화 경향 연구(NHATS: National Health and Aging Trends Study) 등 미국의 각종 조사에서 일종의 품질 평가(Quality assessment)를 가능케 하는 시스템과 함께 개발되어 연계하며 사용되고 있다. 이러한 CARI 인터뷰는 설문 인터뷰 내용이 녹음된다는 사실에 대한 고지와 이에 대한 동의를 구하는 부가적인 절차를 필요로 한다.

다음의 [그림 4-7]은 CARI 시스템의 한 예로서, 미국 인구조사국(U.S. Census Bureau)에서 면접원 평가를 위해 RTI International과 함께 개발한 CARI 시스템이다. 이것은 행동 코딩(behavior coding), 품질 평가(quality assurance) 및 교육 훈련(coaching)의 세 가지 하위 시스템으로 구성되어 있다. 각 부분은 독립적인 목적으로 개발되었다. 행동 코딩 시스템의 경우 응답자가 개별 설문 항목을 들은 후의 반응을 평가하여 특정 문항이 실제 조사에 사용되는 데 큰 문제가 없는지, 응답자들에게 쉽게 이해되고 있는지를 평가하여 설문을 개선하는 목적이 있다. 품질평가 시스템은 면접원이 실제로 설문 조사를 수행한 것인지를 확인하고, 그 조사의 품질을 평가하는 것을 주목적으로 한다. CARI 모니터는 녹음된 설문 조사 파일을 다시 들어 설문 조사의 품질을 평가한 후, 평가 점수에 기반하며 낮은 점수를 받은 면접원과 높은 점수를 받은 면접원 사이의 모니터링 비율을 조정하고, 이를 통해 설문 조사 자료 수집의 품질을 높인다. 교육 훈련 시스템은 면접원의 업무 능력을 평가한다는 점에서 앞서 언급한 품질평가 시스템과 중복되는 부분이 일부 있지만, 면접원이 표준화된 인터뷰 규칙은 얼마나 준수하는지를 더욱 광범위한 영역에서 알아보고, 면접원 개인에 대한 인터뷰 영역별 평가 보고서를 산출한다든지 면접원의 장단점을 더욱 체계적으로 파악에 장점은 살리고 단점은 고쳐나갈 수 있도록 교육하는 데 중점을 두는 점에서 차이가 있다.

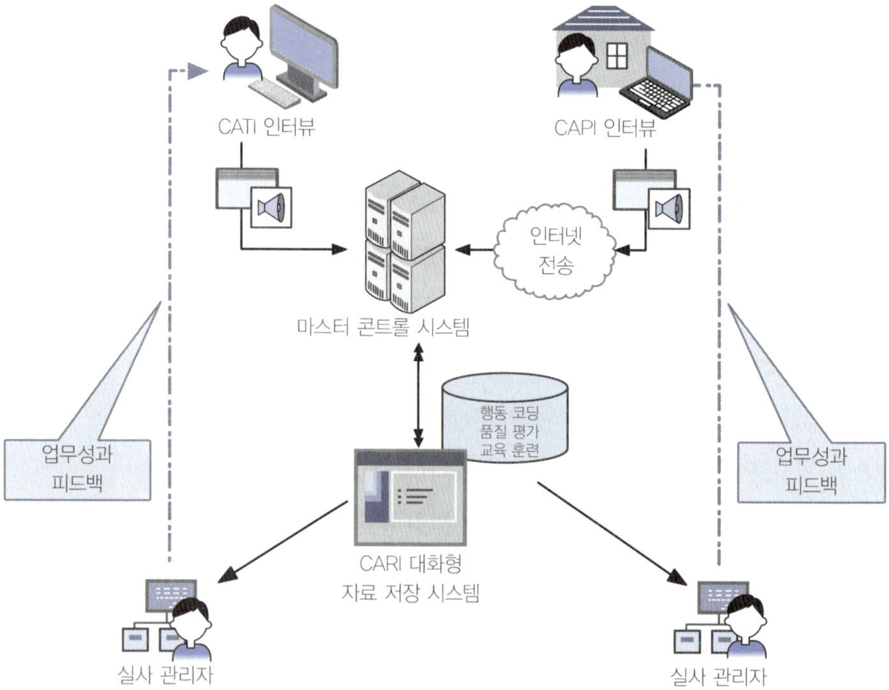

[그림 4-7] CARI를 통해 업무 품질 관리 및 피드백 흐름도

출처: Thissen, Park & Nguyen, 2013

위의 그림에서 보듯 CATI 혹은 CAPI 중에 녹음된 설문 자료는 인터넷을 통해 전송되어 마스터 시스템에 저장된다. 이 저장된 자료를 사용하여 CARI 데이터 시스템 내의 하부 평가 시스템(행동 코딩, 품질 평가, 교육 훈련)을 사용한 평가가 끝나면 해당 실사 관리자에게 그 자료가 전달된다. 실사 관리자는 개별 면접원에게 CARI 녹음 자료에 기반해 면접원에게 구체적인 약점과 강점을 설명하고 이를 보완할 수 있도록 돕게 된다.

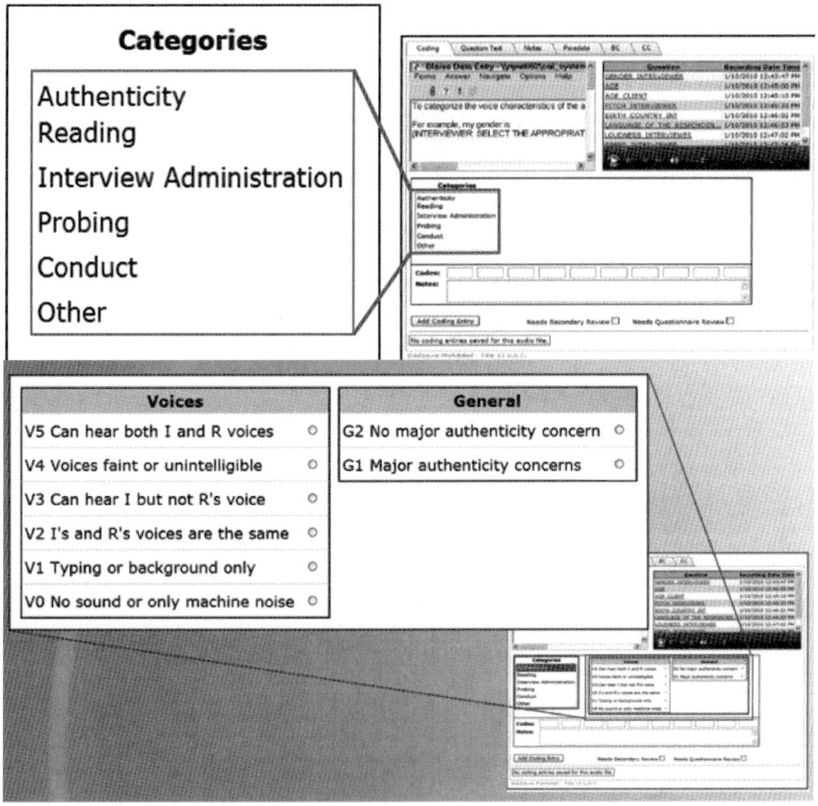

[그림 4-8] 미국 인구조사국의 품질평가 시스템 화면

출처: Fisher, Siege, & Barnes, 2013

[그림 4-8]는 미국 인구조사국에서 2013년 개발한 CARI의 품질평가 시스템이다. 이 시스템 내에서 CARI 모니터는 녹음된 각 질문 항목을 들은 후 몇 가지 정해진 범주(인터뷰 행동, 읽기, 프로빙 등)에 따라 인터뷰의 진위(authenticity)와 자료품질 점수를 각각 따로 평가한다. 이 각각의 범주에는 개별 하위평가 항목이 있어서 그 개별평가 항목의 점수의 합산으로 각 범주에 대한 평가 점수가 계산된다.

예를 들어, 인터뷰 진위의 범주에는 개별 하위평가 항목이 있는데, 그중 한 항목인 목소리(voice)에는 6개의 보기가 있다. CARI 모니터는 개별 녹음 파일을 들은 후 V0(소리가 들리지 않거나 기계음), V1(타이핑 소리나 배경음만 들림), V2(면접원과 응답자의 목소리가 같음), V3(면접원 목소리를 들리나 응답자 목소리를 들을 수 없음), V4(목소리가 너무 희미하거나 알아들을 수 없음), V5(면접원과 응답자 소리를 모두 들을 수 있음) 중에서 골라 선택하고, 또 이를 요약하여 G1(인터뷰 진위 문제 의심됨), G2(인터뷰 진위 문제 없음)를 선택한다. 이런 개별 녹음 파일에 대한 CARI 모니터의 평가 결과는 누적 합산되어 개별 면접원은 3개의 점수, A(실제 인터뷰 가능성 높음), B(조작 인터뷰의 가능성 있음), C(조작 인터뷰 가능성 높음) 중 하나를 받게 된다.

몇 년 전 저자가 이런 미국의 모니터링 시스템에 대해 한국 통계청 초청 세미나에서 발표한 적이 있다. 그 당시, 한 참가자로부터 설문 협조가 어려운 현장 환경에서 이런 시스템의 사용은 면접원들의 불만을 야기해 현실적으로 사용이 힘들다는 말을 들었다. 관계자에 따르자면 통계청의 근무 형태가 특히 하위직 조사관의 경우 사무직과 현장직으로 보직이 순환되는 체계라 한다. 그래서 이들은 자신이 지금은 사무실에서 일하고 있지만, 언제 어느 때 현장의 조사원으로 일하게 될지 모르니, 그들의 입장에서는 당장 동료와 자신의 업무를 힘들게 할 것이 자명한 이러한 시스템의 도입이 반갑지 않을 것이다. 게다가 이런 시스템 추진의 의사결정권을 가진 공무원의 입장에서는 구태여 일을 벌여 좋을 것이 없으니, 동기 부여가 힘든 상황인 것이다. 그렇지만 수집된 자료의 중요성과 전 세계적으로 공통적으로 발생하는 면접원의 자료 조작의 심각성을 고려한다면, 당장의 반발을 사게 되더라도 장기적인 관점에서 국가 통계 발전과 수집된 설문 조사 자료의 품질 제고를 위해 이러한 시스템의 도입을 고려해 볼 필요가 있다. 사실, 정해진 업무 원칙을 지키면서 업무를 수행할 경우 전혀 면접원에게 해가 되지 않으며 오히려 이들의 인터뷰 업무 수행을 도울 수도 있으니 말이다. 게다가 전화 조사의 실시간 모니터링은 대부분의 설문 조사에서 시행되고 있으며, 이미 업계의 표준으로 정착된 것을 고려한다면, CARI를 이용한 대면 면접 조사 모니터링도 그리 어려운 일만은 아닐 것이다.

3) 고품질 자료 수집을 위한 기반

고품질의 설문 조사 자료를 얻기 위하여 앞에 기술한 여러 가지 방법들을 이용해 면접원의 자료 조작을 밝히는 노력이 필요한 것은 자명하다. 그러나 이러한 사후 검증을 통해 조작된 자료를 밝혀내는 것보다 중요한 것은 조사 자료가 어떤 목적으로 사용되는지 자료 품질의 중요성을 강조하고, 또 이러한 검증 절차 및 추가 분석에 대해 면접원 교육 중에 충분히 고지하여, 면접원에 의한 자료 조작을 미연에 예방하는 것이다.

이를 돕기 위해서는 면접원이 본인의 업무에 충실할 수 있도록 하는 조사 설계가 필수적이다. 예컨대, 적당한 응답자 인센티브의 제공, 충분한 실사 기간과 적절한 업무량 등은 면접원이 일하기 쉬운 환경을 만들고, 적절한 보수 체계는 고단한 업무 환경에서 인간으로서 자칫 범할 수 있는 자료 조작의 유혹에 넘어가지 않도록 도울 수 있을 것이다.

가까운 예로 면접원의 보수 체계에 대해서 생각해 보자. 가장 흔하게 사용되는 면접원의 보수 지급 형태는 두 가지로, 완성된 설문 개수에 근거해 부수를 지급하는 방법과 설문 완성 부수에 상관없이 설문 완성을 위해 일한 시간만큼 보수를 지급하는 방법이 있다. CATI 전화 조사의 경우, 면접원이 정해진 시간(예를 들어 오후 2시에서 6시)만큼 컴퓨터를 통해 할당되는 전화번호로 계속 설문 조사를 시도하기 때문에, 두 번째 형태인 일한 시간에 비례해 지급을 하는 것이 통례이지만, 대면 면접 조사의 경우는 보수 지급 방법이 국가나 조사의 종류마다 큰 차이를 보인다.

하지만, 위에서 첫 번째로 언급한 성공 부수에 근거한 보수 지급 구조는 면접원들의 허위 자료 조작률과 자료의 품질을 낮추는 것으로 알려져 있다(Gwartney, 2013; Massing et al., 2013; Philipson & Lawless, 1997; Winker, 2016). 이러한 이유로 미국의 여론조사협회(AAPOR: American Association for Public Opinion Research)는 성공 설문 부수에 근거한 보수 지급을 추천하지 않고 있고(AAPOR,

2003), 미국의 대부분의 조사 회사는 시간당 임금(상여금 추가)의 형태로 면접원들의 보수를 지급하고 있다(Tourangeau et al., 2012).

이러한 보수 체계에 대한 효과는 더 자세한 후속 연구를 필요로 하는데, Kreuter 등(2011)은 최근 AAPOR의 가이드 라인에 반하는 성공 부수에 기반한 보수 체계가 설문의 품질에 악영향을 준다는 뚜렷한 증거가 없다는 연구를 발표하였다. 또한, Kreuter 등(2011)은 면접원의 보수 체계에 따라 응답자 사전 응답률(screening response rate)과 설문 적격률(eligibility rate)이 달랐음도 보고하였는데, 응답자 사전 질문지(screening questionnaire)의 완성 부수에 따라 면접원에게 상여금을 제공한 경우, 사전 응답 질문지의 완성율을 높아진 반면 사전 질문지를 통해 설문에 적격자로 구분된 적격률은 낮아짐을 보고하였는데, 이는 역시 면접원들의 적격률 조작을 시사할 수도 있겠다.

프로젝트별로 약간의 차이를 보이기는 하지만, 한국에서 실시되는 설문 조사는 실시간 모니터링이 가능한 전화 조사의 경우는 시간당으로 보수가 지급되는 경우가 일부 있기는 하나, 대부분의 일대일 면접 조사의 경우는 완성된 설문지의 수 혹은 완료 후 검증을 통과한 설문 부수를 기준으로 면접원의 보수가 정해진다고 한다. 반면, 통계청이 후원하는 국가 승인 통계를 생산하는 정규 조사(인구 총조사 등 특별 조사 제외)에 참여하는 조사관들은 한국의 기업체 소속의 조사 면접원과는 다른 보수 체계를 적용받는다. 조사원의 약 70%가 공무원, 30%가 비공무원으로 구성되어 있는데, 이들은 성공 부수와 관계없이 정액의 월급 혹은 일한 날짜에 따라 일당으로 보수를 받는다고 한다. 설문 조사 방법론에 대한 선행 연구가 한국에 비해 활발하게 이루어진 유럽 역시 많은 조사 회사들이 한국과 마찬가지로 성공 부수를 기준으로 한 보수 체계를 채택하고 있다고 한다(Tourangeau et al., 2012).

고품질 자료를 확보하기 위해서 잊지 말아야 할 것은 앞서 소개한 여러 자료 검증 노력과 모니터링 시스템의 사용과 더불어 무응답 등의 현장의 어려움을 극복하고 면접원들의 사기를 북돋우기 위한 노력 역시 함께 이루어져야 한다는 것이다.

예를 들어, 자료 수집 과정 중 실사 관리자는 개별 면접원의 업무 진행 사항을 면밀히 관찰하여, 훌륭한 성과를 보인 면접원의 노고를 체계적으로 인정하는 관리 시스템이 필요하다. 미국의 고품질 정부 조사의 경우, 인터뷰 협조를 얻기 어려운 지역에서 조사를 마친 면접원이라든지, 자료 수집 기간 중 초기에 높은 성과를 보인 면접원, 높은 응답 협조율을 보이는 면접원, 자료 수집 초기에 조사 참여를 거절한 응답자를 이후 참여토록 설득한 면접원 등을 정기적으로 선발하여 프로젝트 책임자가 업무 성취도에 대한 감사 편지를 보내기도 하고, 감사패 전달, 금전적 보상 등 다양한 인센티브를 통해 면접원들의 사기를 진작하고 있다.

참 고 문 헌

김권현, 유동주, 김형준, 김청택(2015). 설문지의 길이가 응답의 질에 미치는 영향. 조사 연구, 16, 1-48.

김서영, 권순필(2009). 응답거부와 부재율이 무응답 오차에 미치는 영향, 경제활동인구 조사를 중심으로. 응용통계연구, 22, 667-676.

김서영, 박라나(2013). 무응답가구의 특성 분석 사례연구. 조사 연구, 14, 31-67.

김세용, 허명회(2009). 전화 조사의 체계적 편향 – 2007년 대통령선거 여론조사들에 대한 메타분석. 응용통계연구, 22, 375-385.

김영진, 이홍철(2005). 설문길이가 응답 과정에 미치는 영향. 2005년 제1차 정기세미나 발표집, 한국마케팅여론조사협회, 22-44.

김지범, 최문희, 강정한, 한수진, 김석호(2014). 한국에서의 무응답과 조사하기 어려운 응답자. 조사연구, 15, 85-107.

박영실(2015). 응답자 사용성 향상을 위한 조사표 설계, 매트릭스 디자인과 나열식 디자인의 비교. 조사 연구, 16, 1-25.

박영실, 박현정, 윤연옥(2013). 조사표 평가 방법에 관한 최근 동향. 조사 연구, 14, 201-227.

송인덕, 조성겸(2013). 서베이 모드와 사회적 바람직성 편향, 민감한 주제에 대한 전화 면접, 대면 면접, 온라인 서베이 응답 비교. 조사 연구, 14, 165-199.

심수정, 서홍관, 김철환, 이성희, 김윤진, 박민선, 신유철, 정은정, 김현주(2003). 요 중 니코틴 검출을 이용한 청소년 흡연 자가보고의 정확도. 가정의학회지, 24, 375-383.

이승희(2010). 총조사 오차의 패러다임으로 이해하는 표본조사. 통계연구, 15, 44-74.

이윤석, 이지영, 이경택(2008). 온라인 조사의 응답 오차에 대한 연구, 설문 응답 시간과 응답 성실성의 관계. 조사 연구, 9, 51-83.

이철수(2009). 사회복지학 사전. 서울: 블루피쉬.

한신갑, 강정한, 구혜란, 김석호, 김지범, 이윤석, 정재기, 최문희, 한수진(2015). 사회조사 자료의 질. 서울: 서울대학교 출판 문화원.

홍민기, 배기준, 이상호(2014). 조사 방법과 히핑(heaping)과의 관계. 조사 연구, 15, 123-147.

Abadie, A., & Imbens, G. (2002). Simple and bias-corrected matching estimators. *UC Berkeley Technical Report*, Berkeley, CA: Department of Economics, UC Berkeley.

Abelson, R.P., Loftus, E.F., & Greenwald, A.G. (1992). Attempts to improve the accuracy of self-reports of voting. In Tanur J.M. (Ed.) *Questions about Questions*, 138-153. New York: Russell Sage Foundation.

Alwin, D.F., & Krosnick, J.A. (1991). The reliability of survey attitude measurement. The influence of question and respondent attributes. *Sociological Methods and Research*, 20, 139-181.

Anderson, A.H. (2008). Video-mediated interactions and surveys. In F.G. Conrad & M.F. Schober. (Eds.) *Envisioning the Survey Interview of the Future*, 95-118. Hoboken, NJ: Wiley & Sons, Inc.

Anderson, B.A., Silver, B.D., & Abramson, P.R. (1988). The effects of the race of the interviewer on race-related attitudes of black respondents in SRC/CS national election studies. *Public Opinion Quarterly*, 52, 289-324.

Andersen, R., Kasper, J., Frankel, M.R., & Associates (1979). *Total Survey Error.* San Francisco, CA: Jossey-Bass.

Andrews, F.M. (1984). Construct validity and error components of survey measures: A structural modeling approach. *Public Opinion Quarterly*, 52, 53-83.

Armstrong, J.S. (1975). Monetary incentives in mail surveys. *Public Opinion Quarterly*, 39, 112-116.

Armstrong, J.S., & Lusk, E.J. (1987). Return postage in mail surveys: A meta-analysis. *Public Opinion Quarterly*, 51, 233-248.

Ashenfelter, K., & Hughes, T. (2011). *Results from Iterative Usability Testing of the American Community Survey (ACS).* Presented at European Survey Research Association, Lausanne, Switzerland.

Atkinson, R.C., & Shiffrin, R.M. (1968). Human memory: A proposed system and its control processes. *The Psychology of Learning and Motivation*, 2, 89-195. DOI: 10.1016/s0079-7421 (08) 60422-3.

Atkinson, R.C., & Shiffrin, R.M. (1971). *The Control Processes of Short-term Memory.* Institute for Mathematical Studies in the Social Sciences, Stanford University.

Ayidiya, S.A., & McClendon, M.J. (1990). Response effects in mail surveys. *Public Opinion Quarterly*, 54, 229-247.

Babbie, E. (2007). *The Practice of Social Research (11th ed).* Belmont, CA: Wadsworth.

Bachi, R. (1951). The tendency to round off age returns, measurement and correction. *Bulletin of the International Statistical Institute*, 33, 195-221.

Backor, K., Golde, S., & Nie, N. (2007). *Estimating Survey Fatigue in Time Use Study.* Presented at the 2007 International Association for Time Use Research Conference, Washington, D.C., USA.

Baddeley, A.D., & Hitch, G.J. (1977). Recency re-examined. *Attention and Performance*, 6, 647-665.

Bassili, J.N., & Scott, B.S. (1996). Response latency as a signal to question problems in survey research. *Public Opinion Quarterly*, 60, 390-399.

Baars, B.J., & Gage, N.M. (2012). *Fundamentals of Cognitive Neuroscience: A Beginner's Guide.*

Walthem, MA: Academic Press.

Bates, N., & Creighton, K. (2000). The last five percent: What can we learn from difficult/late interviews? In *Proceedings of the Survey Research Method Sections of the American Statistical Association*, 120-125. Alexandria, Virginia.

Bates, N., & Good, C. (1996). An evaluation of the 1995 test Census integrated coverage measurement (ICM) interview: Results from behavior coding. In *Proceedings of the Survey Research Method Sections of the American Statistical Association*, 836-841. Alexandria, Virginia.

Baumgartner, H., & Steenkamp, J.B.E. (2001). Response styles in marketing research: A cross-national investigation. *Journal of Marketing Research*, 38, 143-156.

Beatty, P., Jamoom, E., & Hsiao, J. (2014). *Continuing Experiments on Non-monetary Incentives in Physician Surveys*. Presented at the American Association for Public Opinion Research (AAPOR) Conference, Anaheim, California, USA.

Beebe, T.J., Jenkins, S.M., Anderson, K.J., Davern, M.E., & Rockwood, T.H. (2008). The effects of survey mode and asking about future intentions on self-reports of colorectal cancer screening. *Cancer Epidemiology, Biomarkers and Prevention*, 17, 785-790.

Beebe, T.J., Stoner, S.M., Anderson, K.J., & Williams, A.R. (2007). Selected questionnaire size and color combinations were significantly related to mailed survey response rates. *Journal of Clinical Epidemiology*, 60, 1184-1189.

Becker, S.L. (1954). Why an order effect. *Public Opinion Quarterly*, 18, 271-278.

Behr, D., Braun, M., Kaczmirek, L., & Bandilla, W. (2013). Testing the validity of gender ideology items by implementing probing questions in Web surveys. *Field Methods*, 25, 124-141.

Belli, R.F. (1998). The structure of autobiographical memory and the event history calendar: Potential improvements in the quality of retrospective reports in surveys. *Memory*, 6, 383-406.

Belli, R.F., Conrad, F.G., & Wright, D.B. (2007). Cognitive psychology and survey methodology, nurturing the continuing dialogue between disciplines. *Applied Cognitive Psychology*, 21, 141-144.

Belli, R.F., Schwarz, N., Singer, E., & Talarico, J. (2000). Decomposition can harm the accuracy of retrospective behavioral reports. *Applied Cognitive Psychology*, 14, 295-308.

Belli, R.F., Shay, W.L., & Stafford, F.P. (2001). Event history calendars and question list surveys: A direct comparison of interviewing methods. *Public Opinion Quarterly*, 65, 45-74.

Belli, R.F., Traugott, M.W., Young, M., & McGonagle, K.A. (1999). Reducing vote overreporting in surveys, social desirability, memory failure, and source monitoring. *Public Opinion Quarterly*, 63, 90-108.

Belson, W. (1981). *The Design and Understanding of Survey Questions*. Aldershot, England: Gower Publishing.

Bendig, A. W. (1954). Reliability and the number of rating scale categories. *Journal of Applied Psychology*, 38, 38-40.

Benford, F. (1938). The law of anomalous numbers. In *Proceedings of the American Philosophical Society*, 78, 551-572.

Berg, I.A., & Rapaport, G.M. (1954). Response bias in an unstructured questionnaire. *Journal of Psychology*, 38, 475-481.

Bernardi, R.A. (2006). Associations between Hofstede's cultural constructs and social desirability response bias. *Journal of Business Ethics*, 65, 43-53.

Berkman, E.T., Dickenson, J., Falk, E.B., & Lieberman, M.D. (2011). Using SMS text messaging to assess moderators of smoking reduction: Validating a new tool for ecological measurement of health behaviors. *Health Psychology*, 30, 186-194.

Berlin, M., Mohadjer, L., Waksberg, J., Kolstad, A., Kirsch, I., Rock, D., & Yamamoto, K. (1992). An experiment in monetary incentives. In *Proceedings of the Survey Research Method Sections of the American Statistical Association*, 393-398. Alexandria, Virginia.

Berzofsky, M.E., Peterson, K.C., Bo, L., Spizer, H., &Sahr, T. (2015). Use of reimbursement to increase the proportion of prepaid cellphone respondents. In *Proceedings of the Survey Research Method Sections of the American Statistical Association*, 3923-3936. Alexandria, Virginia.

Bethlehem, J.G. (1998). Reduction of nonresponse bias through regression estimation. *Journal of Official Statistics*, 4, 251-260.

Bethlehem, J.G. (2002). Weighting nonresponse adjustments based on auxiliary information. In R.M. Groves, D.A. Dillman, J.L. Eltinge, & R.J.A. Little. (Eds.) *Survey Nonresponse*, 275-288. New York: Wiley.

Biemer, P. (2001). Nonresponse bias and measurement bias in a comparison of face to face and telephone interviewing. *Journal of Official Statistics*, 17, 295-320.

Biemer, P., & Lyberg, L. (2003). *Introduction to Survey Quality*, Hoboken, NJ: Wiley & Sons, Inc.

Biemer, P., & Stokes, S. (1989). The optimal design quality control sample to detect interviewer cheating. *Journal of Official Statistics*, 5, 23-29.

Billiet, J.B., & McClendon, M.J. (2000). Modeling acquiescence in measurement models for two balanced sets of items. *Structural Equation Modeling*, 7, 608-628.

Billiet, J., & Loosveldt, G. (1988). Improvement of the quality of responses to factual survey questions by interviewer training. *Public Opinion Quarterly*, 52, 190-211.

Biderman, A.D., Cantor, D., Lynch, J.P., & Martin, E. (1986). *Final Report of the National Crime Survey Redesign Program*. Washington, D.C.: Bureau of Social Science Research.

Birkett, N.J. (1986). Selecting the number of response categories for a Likert-type scale. In *Proceedings of the Section on Survey Research Methods of the American Statistical Association*, 488-492. Alexandria, Virginia.

Bishop, G.F. (1987). Experiments with the middle response alternative in survey questions. *Public Opinion Quarterly*, 51, 220-232.

Bishop, G.F. (1990). Issue involvement and response effects in public opinion surveys. *Public Opinion Quarterly*, 54, 209-218.

Bishop, G.F., Hippler, H.J., Schwarz, N., & Strack, F. (1988). A comparison of response effects in self-administered and telephone surveys. In R.M. Groves, P.P. Biemer, L.E. Lyberg, J.T. Massey, W.L. Nicholls, & J. Waksberg. (Eds.) *Telephone Survey Methodology*, 321-340. New York: Wiley.

Bishop, G.F., Tuchfarber, A.J., & Oldendick, R.W. (1986). Opinions on fictitious issues: The pressure to answer survey questions. *Public Opinion Quarterly*, 50, 240-250.

Blair, E., & Burton, S. (1987). Cognitive processes used by survey respondents to answer behavioral frequency questions. *Journal of Consumer Research*, 14, 280-288.

Blankenship, A.B. (1943). *Consumer and Opinion Research*. New York: HarperCollins.

Blau, P.M. (1964). *Exchange and Power in Social Life*. New York: John Wiley.

Bloom, J. (2008). The speech IVR as a survey interviewing methodology. In F.G. Conrad & M.F. Schober. (Eds.) *Envisioning the Survey Interview of the Future*, 119-136. New York: Wiley.

Blumberg, S.J., & Luke, J.V. (2007). Coverage bias in traditional telephone surveys of low-income and young adults. *Public Opinion Quarterly*, 71, 734-749.

Blythe, I.P., & Essex, P. (1981). Variations on a postal theme. *Market Research Society Annual Conference*, 35-51.

Bogardus, E.S. (1926). The group interview. *Journal of Applied Sociology*, 10, 372-382.

Bogen, K. (1996). *The Effect of Questionnaire Length on Response Rates: A Review of the Literature*. Washington, D.C.: U.S. Census Bureau.

Bolton, R.N. (1993). Pretesting questionnaires: Content analyses of respondents' concurrent verbal protocols. *Marketing Science*, 12, 280-303.

Bosnjak, M., Neubarth, W., Couper, M.P., Bandilla, W., & Kaczmirek, L. (2008). Prenotification in Web-based access panel surveys: The influence of mobile text messaging versus e-mail on response rates and sample composition. *Social Science Computer Review*, 26, 213-223.

Botman, S.L., & Thornberry, O.T. (1992). Survey design features correlates of nonresponse. In *Proceedings of the Survey Research Method Sections of the American Statistical Association*, 309-314. Alexandria, Virginia.

Bower, G.H., Monteiro, K.P., & Gilligan, S.G. (1978). Emotional mood as a context for learning and recall. *Journal of Verbal Learning and Verbal Behavior*, 17, 573-585.

Boyle, T., Heyworth, J., Landrigan, J., Mina, R., & Fritschi, L. (2012). The effect of lottery scratch tickets and donation offers on response fraction: A study and meta-analysis. *Field Methods*, 24, 112-132.

Bradburn, N.M. (1977). Response burden. In *Research Proceedings from the 2nd Biennial Conference*, 49-53. Publication No. (PHS) 79-3207. Williamsburg, VA: U.S. Department of Health, Education and Welfare, Public Health Service.

Bradburn, N.M., Rips, L.J., & Shevell, S.K. (1987). Answering autobiographical questions: The impact of memory and inference on surveys. *Science*, 236, 208-216.

Bradburn, N.M., Sudman, S., & Associates (1979). *Improving Interview Method and Questionnaire Design: Response Effects to Threatening Questions in Survey Research*. San Francisco, CA: Jossey-Bass.

Bredl, S., Winkler, P., & Kotschau, K. (2012). A statistical approach to detect interviewer falsification of survey data. *Survey Methodology*, 38, 1-10.

Brennan, M. Charbonneau, J., & Hercus, A. (2007). Coffee, tea, or replacement questionnaires? Improving mail survey response rates from volunteers. *Australasian Journal of Market &Social Research*, 15, 17-25.

Brenner, M. (1982). Response-effects of 'role restricted' characteristics of the interviewer. In W. Dijkstra & J. van der Zouwen. (Eds.) *Response Behaviour in the Survey-Interview*, 91-130. New York: Academic Press.

Brick, J.M., Brick, P.D., Dipko, S., Presser, S., Tucker, C., & Yuan, Y. (2007). Cell phone survey feasibility in the U.S.: Sampling and calling cell numbers versus landline numbers. *Public Opinion Quarterly*, 71, 23-39.

Brick, J.M., Flores-Cervantes, I., Lee, S., & Norman, G. (2011). Nonsampling errors in dual frame telephone surveys. *Survey Methodology*, 37, 1-12.

Brooks, C.A., & Bailar, B. (1978). An error profile: Employment as measuredby the Current Population Surveys. *Statistical Policy Working Paper 3*. Washington, D.C.: Office of Federal Statistical Policy and Standards, U.S. Department of Commerce.

Brook, D., & Upton, G.J.G. (1974). Bias in local government election due to position on the ballot paper. *Applied Statistics*, 23, 414-419.

Brown, R.V. (1967). Evaluation of total survey error. *The Statistician*, 17, 335-356.

Brunner, G.A., & Carroll, S.J. (1969). Effect of prior notification on refusal rate in fixed address surveys. *Journal of Advertising Research*, 9, 42-44.

Burt, C.W., Schappert, S., & Hing, E. (2003). Lessons learned from a split-panel test of questionnaire length for a provider-based health survey. In *Proceedings of the Survey Methods*

Section of the American Statistical Association, 744-748. Alexandria, Virginia.

Burton, S., & Blair, E. (1991). Task conditions, response formulation processes, and response accuracy for behavioral frequency questions in surveys. *Public Opinion Quarterly*, 55, 50-79.

Bushery, J., Reichert, J., Albright, K., & Rossiter, J. (1999). Using date and time stamps to detect interviewer falsification. In *Proceedings of the Survey Research Method Sections of the American Statistical Association*, 316-320. Alexandria, Virginia.

Buttle, F., & Thomas, G. (1997). Questionnaire color and mail survey response rate. *Journal of the Market Research Society*, 39, 625-626.

Call, K.T. (2003). *Measuring Health Insurance Coverage in Surveys*. State Health Access Data Assistance Center Survey Guidelines Series. Available at http://www.shadac.org/files/shadac/publications/Guide_MeasHealthIns.pdf.

Calsyn, R.J., Roades, L.A., & Calsyn, D.S. (1992). Acquiescence in needs assessment studies of the elderly. *The Gerontologist*, 32, 246-252.

Campanelli, P. (2008). Testing survey questions. In E.D. de Leeuw, J.J. Hox, & D.A. Dillman. (Eds.) *International Handbook of Survey Methodology*, 176-200. New York/London: Erlbaum/Taylor and Francis.

Campanelli, P., Martin, E.A., & Rothgeb, J.M. (1991). The use of respondent and interviewer debriefing studies as a way to study response error in survey data. *The Statistician*, 40, 253-264.

Campbell, A. (1981). *The Sense of Well-Being in America: Recent Patterns and Trends*. New York: McGraw Hill.

Campbell, D.T., & Fiske, D.W. (1959). Convergent and discriminant validation by the multitrait-multimethod matrix. *Psychological Bulletin*, 56, 81.

Campbell, D.T., & Mohr, P.J. (1950). The effect of ordinal position upon responses to items in a checklist. *Journal of Applied Psychology*, 34, 62-67.

Cannell, C.F., Fowler, F.J., & Marquis, K.H. (1965). *A Report on Respondents' Reading of the Brochure and Letter and an Analysis of Respondents' Level of Information*. Ann Arbor, MI: Survey Research Center, Institute of Social Research.

Cannell, C.F., Lawson, S.A., & Hausser, D.L. (1975). *A Technique for Evaluating Interviewer Performance*. Ann Arbor, MI: Survey Research Center, The University of Michigan.

Cannell, C., Oksenberg, L., & Converse, J. (1977). Striving for response accuracy: Experiments in new interviewing techniques, *Journal of Marketing Research*, 14, 306-315.

Cannell, C., Miller, P., & Oksenberg, L. (1981). Research on interviewing techniques. In S. Leinhardt (Ed.) *Sociological Methodology*, 389-437. San Francisco, CA: Jossey-Bass.

Cantor, D., O'Hare, B.C., & O'Connor, K.S. (2008). The use of monetary incentives to reduce nonresponse in random digit dial telephone surveys. In J.M. Lepkowski, C. Tucker, J.M. Brick, E.D. de Leeuw, L. Japec, P.J. Lavrakas, M.W. Link, & R.L. Sangster. (Eds.) *Advances in Telephone Survey Methodology*, 471-498. New York: John Wiley.

Carpenter, E.H., & Blackwood, L.G. (1979). The effect of question position on responses to attitudinal question. *Rural Sociology*, 44, 56-72.

Chan, J.C. (1991). Response-order effects in Likert-type scales. *Educational and Psychological Measurement*, 51, 531-540.

Chiu, I., & Brennan, M. (1990). The effectiveness of some techniques for improving mail survey response rates: A meta-analysis. *Marketing Bulletin*, 1, 13-18.

Church, A.H. (1993). Estimating the effect of incentive on mail survey response rate: A meta-analysis. *Public Opinion Quarterly*, 57, 62-79.

Cialdini, R.B. (1984). *Influence: How and Why People Agree to Things*. New York: Quill.

Clancy, K.J., & Wachsler, R.A. (1971). Positional effects in shared-cost surveys. *Public Opinion Quarterly*, 35, 258-265.

Conrad, F.G. (1999). Customizing survey procedures to reduce measurement error. In M.G. Sirken, D.J. Herrmann, S. Schechter, N. Schwarz, J.M. Tanur, & R. Tourangeau. (Eds.) *Cognition and Survey Research*, 301-317. New York: John Wiley and Sons.

Conrad, F.G., & Blair, J. (1996). From impressions to data: Increasing the objectivity of cognitive interviews. In *Proceedings of the Section on Survey Research Methods of the American Statistical Association*, 1-10. Alexandria, Virginia.

Conrad, F.G., & Blair, J. (2009). Sources of error in cognitive interviews. *Public Opinion Quarterly*, 73, 32-55.

Conrad, F.G., Brown, N.R., & Dashen, M. (2003). Estimating the frequency of events from unnatural categories. *Memory and Cognition*, 31, 552-562.

Conrad, F.G., & Schober, M.F. (2000). Clarifying question meaning in a household telephone survey. *Public Opinion Quarterly*, 64, 1-28.

Conrad, F.G., Schober, M.F., & Coiner, T. (2007). Bringing features of human dialogue to Web surveys. *Applied Cognitive Psychology*, 21, 165-187.

Conrad, F.G., & Schober, M.F. (2008). New frontiers in standardized survey interviewing. In S.N. Hesse-Biber, & P. Leavey. (Eds.) *Handbook of Emergent Methods*, 173-188. New York: Guilford Press.

Conrad, F., Schober, M., Jans, M., Orlowski, R., Nielsen, D., & Levenstein, R. (2015). Comprehension and engagement in survey interviews with virtual agents. *Frontiers in Psychology*, 6, 1-20.

Converse, J.M. (1976). Predicting no opinion in the polls. *Public Opinion Quarterly*, 40, 515-530.

Converse, J.M. (1987). *Survey Research in the United States: Roots and Emergence 1890-1960*. Berkeley, CA: University of California Press.

Cook, C., Heath, F., & Thompson, R. (2000). A meta-analysis of response rates in Web or Internet-based surveys. *Educational and Psychological Measurement*, 60, 821-836.

Cotter, P.R., Cohen, J., & Coulter, P.B. (1982). Race-of-interviewer effects in telephone interviews. *Public Opinion Quarterly*, 46, 278-284.

Council of American Survey Research Organizations (1982). *Special Report: On the Definition of Response Rates*. Port Jefferson, NY: CASRO.

Couper, M.P. (2000). Web surveys: A review of issues and approaches. *Public Opinion Quarterly*, 64, 464-494.

Couper, M.P. (2008). *Designing Effective Web surveys*. New York: Cambridge University Press.

Couper, M.P., Conrad, F.G., & Tourangeau, R. (2007). Visual context effects in Web surveys. *Public Opinion Quarterly*, 71, 623-634.

Couper, M.P., Kenyon, K., & Tourangeau, R. (2004). Picture this! An analysis of visual effects in Web surveys. *Public Opinion Quarterly*, 68, 255-266.

Couper, M.P., & Miller, P.V. (2008). Web survey methods: Introduction. *Public Opinion Quarterly*, 72, 831-835.

Couper, M.P., Singer, E., Conrad, F., & Groves, R.M. (2008). Risk of disclosure, perceptions of risk, and concerns about privacy and confidentiality as factors in survey participation. *Journal of Official Statistics*, 24, 255-275.

Couper, M.P., Tourangeau, R., Conrad, F.G., & Crawford, S. (2004). What they see is what we get: Response options for Web surveys. *Social Science Computer Review*, 22, 111-127.

Couper, M.P., Traugott, M.W., & Lamias, M.J. (2001). Web survey design and administration. *Public Opinion Quarterly*, 65, 230-253.

Cowan, C.D., Murphy, L.R., & Wiener, J. (1978). Effects of supplemental questions on victimization estimates from the national crime survey. In *Proceedings of the Section on Survey Research Methods of the American Statistical Association,* 277-282. Alexandria, Virginia.

Cronbach, L.J. (1950). Further evidence on response sets and test design. *Educational and Psychological Measurement*, 10, 3-31.

Crowder, R.G. (1976). *Principles of Learning and Memory*. Hillsdale, NJ: Lawrence Erlbaum Associates, Inc.

Curtin, R., Presser, S., & Singer, E. (2000). The effect of response rate changes on the index of consumer sentiment. *Public Opinion Quarterly*, 64, 413-428.

Curtin, R. Presser, S., & Singer E. (2005). Changes in telephone survey nonresponse over the past quarter century. *Public Opinion Quarterly*, 69, 87-98.

Curtin, R., Singer, E., & Presser, S. (2007). Incentives in telephone surveys: A replication and extension. *Journal of Official Statistics*, 23, 91-105.

Davis, D.W. (1997). Nonrandom measurement error and race of interviewer effects among African Americans. *Public Opinion Quarterly*, 61, 183-207.

Davis, R.E., Couper, M.P., Janz, N.K., Caldwell, C.H., & Resnicow, K. (2010). Interviewer effects in public health surveys. *Health Education Research*, 25, 14-26.

Dean, E., Caspar, R., McAvinchey, G., Reed, L., & Quiroz, R. (2007). Developing a low-cost technique for parallel cross-cultural instrument development: The Question Appraisal System (QAS-04). *International Journal of Social Research Methodology*, 10, 227-241.

deHeer, W.F., & A.Z. Israels (1992). Response trends in Europe. In *Proceedings of the Survey Research Methods Section of the American Statistical Association*, 92-101. Alexandria, Virginia.

Delamater, J.D. (1974). Methodological issues in the study of premarital sexuality. *Sociological Methods and Research*, 3, 30-61.

deLeeuw, E., Callegaro, M., Hox, J., Korendijk, E., & Lensvelt-Mulders, G. (2007). The influence of advance letters on response in telephone surveys: A meta-analysis. *Public Opinion Quarterly*, 71, 413-443.

deMaio, T., Rothgerb, J., & Hess, J. (1998). *Improving Survey Quality through Pretesting*. Washington, D.C.: U.S. Bureau of the Census.

Deutskens, E., de Ruyter, K., Wetzels, M., & Oosterveld, P. (2004). Response rate and response quality of Internet-based survey: An experimental study. *Marketing Letters*, 15, 21-36.

Dickinson, J.R., & Kirzner, E. (1985). Questionnaire item omission as a function of within group question position. *Journal of Business Research*, 13, 71-75.

Dickinson, T.L., & Zellinger, P.M. (1980). A comparison of the behaviorally anchored rating mixed standard scale formats. *Journal of Applied Psychology*, 65, 147-154.

Dijkstra, W., van der Veen, L., & van der Zouwen, J. (1985). A field experiment on interviewer-respondent interaction. In M. Brenner, J. Brown, & D. Canter. (Eds.) *The Research Interview: Uses and Approaches*, 37-63. London: Academic Press.

Dillman, D.A. (1978). *Mail and telephone Surveys: The Total Design Methods*. New York: Wiley.

Dillman, D.A. (2000). *Mail and Internet Surveys: The Tailored Design Method*. New York: Wiley.

Dillman, D.A., Sinclair, M.D., & Clark, J.R. (1993). Effects of questionnaire length, respondent-friendly design, and a difficult question on response rates for occupant-addressed census mail surveys. *Public Opinion Quarterly*, 57, 289-304.

Dillman, D.A., Smyth, J.D., & Christian, L.M. (2014). *Internet, Phone, Mail and Mixed-Mode Surveys: The Tailored Design Method*. Hoboken, NJ: Wiley & Sons, Inc.

Dipko, S., Brick, P., Brick, J., & Presser, S. (2005). *An Investigation of Response Difference Between*

Cellphone and Landline Interviews. Presented at the American Association for Public Opinion Research (AAPOR) Conference, Miami Beach, Florida, USA.

Draisma, S., & Dijkstra, W. (2004). Response latency and (para) linguistic expressions as indicators of response error. In S. Presser, J.M. Rothgeb, M.P. Couper, J.T. Lessler, E. Martin, J. Martin, & E. Singer. (Eds.) *Methods for Testing and Evaluating Survey Questionnaires*, 131-149. Hoboken, NJ: John Wiley & Sons, Inc.

Droitcour, J., Caspar, R.A., Hubbard, M.L., Parsley, T.L., Visscher, W., & Ezzati, T.M. (1991). The item count technique as a method of indirect questioning: A review of its development and a case study application. In P.P. Biemer, R.M. Groves, L.E. Lyberg, N.A. Mathiowetz, & S. Sudman. (Eds.) *Measurement Errors in Surveys*, 185-210. New York: Wiley.

Duan, N., Alegria, M., Canino, G., McGuire, T.G., & Takeuchi, D. (2007). Survey conditioning in self-reported mental health service use, randomized comparison of alternative instrument formats. *Health Services Research*, 42, 890-907.

Duncan, K.B., & Stasny, E.A. (2001). Using propensity scores to control coverage bias in telephone surveys. *Survey Methodology*, 27, 121-130.

Duncan, W.J. (1979). Mail questionnaires in survey research: A review of response inducement techniques. *Journal of Management*, 5, 39-55.

Durbin, J., & Stuart, A. (1951). Inversions and rank correlation coefficients. *Journal of the Royal Statistical Society Series B*, 13, 303-309.

Durrant, G.B., Groves, R.M., Staetsky, L., & Steele, F. (2010). Effects of interviewer attitudes and behaviors on refusal in household surveys. *Public Opinion Quarterly*, 74, 1-36.

Eich, J.E., Weingartner, H., Stillman, R.C., & Gillin, J.C. (1975). State-dependent accessibility of retrieval cues in the retention of a categorized list. *Journal of Verbal Learning and Verbal Behavior*, 14, 408-417.

Eifermann, R. (1961). Negation: A linguistic variable. *Acta Psychologia*, 18, 258-273.

Elliott, M.N., Beckett, M.K., Chong, K., Hambarsoomian, K., & Hays, R.D. (2008). How do proxy responses and proxy-assisted responses differ from what Medicare beneficiaries might have reported about their health care? *Health Services Research*, 43, 833-848.

Etter, J.F., Cucherat, M., & Perneger, T.V. (2002). Questionnaire color and response rates to mailed surveys: A randomized trial and meta-analysis. *Evaluation and Health Professions*, 125, 185-199.

Félix-Bradsdefer, C.J. (2003). Declining an invitation, a cross-cultural study of pragmatic strategies in American English and Latin American Spanish. *Multilingua*, 122, 225-255.

Ferguson, R.P., & Martin, P. (1983). Long-term temporal estimation in humans. *Perception and Psychophysics*, 33, 585-592.

Fiedler, K., & Armbruster, T. (1994). Two halfs may be more than one whole: Category-split effects on frequency illusions. *Journal of Personality and Social Psychology*, 66, 633-645.

Finkel, S.E., Guterbock, T.M., & Borg, M.J. (1991). Race-of-interviewer effects in a pre-election poll Virginia 1989. *Public Opinion Quarterly*, 55, 313-330.

Finsen, V., & Storeheier, A.H. (2006). Scratch lottery tickets are a poor incentive to respond to mailed questionnaires. *BMC Medical Research Methodology*, 6, 19-23.

Fisher, C., Siege, C., & Barnes, C. (2013). *Selection of Scoring Criteria in Computer Audio-Recorded Interview Coding*. Presented at FedCASIC, Washington, D.C.

Fisher, R.J. (1993). Social desirability bias and the validity of indirect questioning. *Journal of Consumer Research*, 20, 303-315.

Forehand, G.A. (1962). Relationships among response sets and cognitive behaviors. *Education and Psychological Measurement*, 22, 287-302.

Fox, R.J., Crask, M.R., & Kim, J. (1988). Mail survey response rates. *Public Opinion Quarterly*, 52, 467-491.

Fowler, F.C., & Cannell, C.F. (1996). Using behavioral coding to identify cognitive problems with survey questions. In N. Schwarz, & S. Sudman. (Eds.) *Answering Questions: Methodology for Determining Cognitive and Communicative Processes in Survey Research*. San Francisco, CA: Jossey-Bass.

Fowler, F.J., Gallagher, P.M., & Nederend, S. (1999). Comparing telephone and mail responses to the CAHPS™ Survey. *Medical Care*, 37 (3 Suppl), MS41-9.

Fowler, F.J., & Mangione, T.W. (1990). *Standardized Survey Interviewing: Minimizing Interviewer-Related Error*. Newbury Park, CA: Sage Publications.

Fuller, T.D., Edwards, J.N., Vorakitphokatorn, S., & Sermsri, S. (1993). Using focus groups to adapt survey instruments to new populations. In D.L. Morgan (Ed.) *Successful Focus Groups: Advancing the State of the Art*, 89-104. Newbury Park, CA: Sage Publications.

Furse, D.H., & Stewart, D.W. (1982). Monetary incentives versus promised contributions to charity: New evidence on mail survey response. *Journal of Marketing Research*, 19, 375-380.

Gage, N.L., Leavitt, G.S., & Stone, G.C. (1957). The psychological meaning of acquiescence set for authoritarianism. *Journal of Abnormal Social Psychology*, 55, 98-103.

Galesic, M. (2006). Dropouts on the Web: Effects of interest and burden experienced during an online survey. *Journal of Official Statistics*, 22, 313-328.

Galesic, M., & M. Bosnjak. (2009). Effects of questionnaire length on participation and indicators of response quality in a Web survey. *Public Opinion Quarterly*, 73, 349-360.

Garren, S.T., & Chang, T.C. (2002). Improved ratio estimation in telephone surveys adjusting for noncoverage. *Survey Methodology*, 28, 63-76.

Geisen, E., & Bergstrom, J.R. (2017). *Usability Testing for Survey Research*. Atlanta, GA: Morgan Kaufmann.

Gendall, P., Hoek, J.A., & Brennan, M. (1998). The tea bag experiment: More evidence on incentives in mail surveys. *Journal of the Market Research Society*, 40, 347-351.

Gendall, P., Leong, M., & Healey, B. (2005). The effect of pre-paid non-monetary incentives in mail surveys. In *Proceedings of ANZMAC 2005 Conference*, December 5-7, Freemantle, Australia.

Gergen, P.J., Ezzati, T., & Russell, H. (1988). DTP immunization status and tetanus antitoxin titers of Mexican American children ages six months through eleven years. *American Journal of Public Health*, 78, 1446-1450.

Gfroerer, J., Lessler, J., & Parsley, T. (1997). Studies of nonresponse and measurement error in the national household survey on drug abuse. In L. Harrison & A. Hughes. (Eds.) *The Validity of Self-Reported Drug Use: Improving the Accuracy of Survey Estimates*, 273-295. Rockville, MD: National Institute on Drug Abuse.

Gillund, G., & Shiffrin, R.M. (1984). A retrieval model for both recognition and recall. *Psychological Review*, 91, 1-67.

Givon, M.M., & Shapira, Z. (1984). Response to rating scales: A theoretical model and its application to the number of categories problem. *Journal of Marketing Research*, 21, 410-419.

Glasser, G.J., & Metzger, G.D. (1972). Random digit dialing as a method of telephone sampling. *Journal of Marketing Research*, 9, 59-64.

Glasser, G.J., & Metzger, G.D. (1975). National estimates of nonlisted telephone households. *Journal of Marketing Research*, 12, 359-361.

Godden, D.R., & Baddeley, A.D. (1975). Context-dependent memory in two natural environments: On land and underwater. *British Journal of Psychology*, 66, 325-331.

Goerman, P., Caspar, R., Sha, M., McAvinchey, & Quiroz, R. (2007). Census bilingual questionnaire research final round 2 report. *Census Bureau SRD Report Series Survey Methodology*, #2007-27. Washington D.C.: U.S. Census Bureau.

Goerman, P., Meyers, M., Sha, M., Park, H., & Schoua-Glusberg, A. (2017). Effects of language proficiency in cognitive testing of translated questions. In J. Johnson, B. Pennell, I. Stoop, & B. Dorer. (Eds.) *Advances in Comparative Survey Methods: Multinational, Multiregional and Multicultural Contexts*. Hoboken, NJ: Wiley.

Goldstein.K.M.& Jennings, M.K. (2002). The effect of advance letters on cooperation in a list sample telephone survey. *Public Opinion Quarterly*, 66, 608-617.

Goldstein, K.P., Kviz, F.J., & Daum, R.S. (1993). Accuracy of immunization histories provided by adults accompanying preschool children to a pediatric emergency department. *Journal of the American Medical Association*, 270, 2190-2194.

Goodenough, J.B. (1971). The two components of the crystallographic transition in Vol 2. *Journal of Solid State Chemistry*, 3, 490-500.

Gove, W.R., & Geerken, M.R. (1977). Response bias in surveys of mental health: An empirical investigation. *American Journal of Sociology*, 82, 1289-1317.

Goyder, J. (1991). The silent minority. *The Journal of Nervous and Mental Disease*, 179, 445.

Green, K.E. (1991). Reluctant respondents: Differences between early, late, and nonresponders to a mail survey. *The Journal of Experimental Education*, 59, 268-276.

Grice, H.P. (1975). Logic and conversation. In P. Cole, & J. Morgan. (Eds.) *Syntax and Semantics*. Vol. 3, 41-58. New York: Academic Press.

Griffin, A., Pratt, J., Liu, S., Coffey, L., Terry, S., & Clark, C. (2011). *Interviewer Characteristics Related to Field Interviewer Falsification*. Presented at the American Association for Public Opinion Research (AAPOR) Conference, Phoenix, Arizona, USA.

Graesser, A.C., Cai, Z., Louwerse, M., & Daniel, F. (2006). Question understanding aid. *Public Opinion Quarterly*, 70, 3-22.

Groves, R.M. (1989). *Survey Errors and Survey Costs*. New York: Wiley.

Groves, R.M. (2006). Nonresponse rates and nonresponse error in household surveys. *Public Opinion Quarterly*, 70, 646-675.

Groves, R. M., Biemer, P., Lyberg, L., Massey, J., Nicholls II., W. & Waksberg, J. (1988). *Telephone Survey Methodology*. New York: Wiley.

Groves, R.M., & Couper, M.P. (1998). *Nonresponse in Household Interview Surveys*. New York: Wiley.

Groves, R.M., Fowler, F.J., Couper, M.P., Lepkowski, J.M., Singer, E., & Tourangeau, R. (2004). *Survey Methodology*. New York: Wiley-Interscience.

Groves, R.M., & Fultz, N.H. (1985). Gender effects among telephone interviewers in a survey of economic attitudes. *Sociological Methods Research*, 14, 31-52.

Groves, R.M., & Heeringa, S.G. (2006). Responsive design for household surveys: Tools for actively controlling survey errors and costs. *Journal of Royal Statistical Society Series A*, 169, 439-457.

Groves, R.M., & Kahn, R.L. (1979). *Surveys by Telephone: A National Comparison with Personal Interviews*. New York: Academic Press.

Groves, R.M., & Lepkowski, J.M. (1985). Dual frame, mixed mode survey design. *Journal of Official Statistics*, 1, 263-286.

Groves, R.M., & Magilavy, L.J. (1986). Measuring and explaining interviewer effects in centralized telephone surveys. *Public Opinion Quarterly*, 50, 251-266.

Groves, R.M., & Peytcheva, E. (2008). The impact of nonresponse rates on nonresponse bias.

Public Opinion Quarterly, 72, 167-189.

Groves, R.M., Presser, S., & Dipko, S. (2004). The role of topic interest in survey participation decisions. *Public Opinion Quarterly*, 68, 2-31.

Groves, R.M., Singer, E., & Corning, A. (2000). Leverage-saliency theory of survey participation: Description and an illustration. *Public Opinion Quarterly*, 64, 299-308.

Gumperz, J.J. (1982). *Discourse Strategies*. Cambridge, UK: Cambridge University Press. DOI:10.1017/CBO9780511611834.

Gumperz, J.J. (2001). Interactional sociolinguistics: A personal perspective. In D. Schiffrin, D. Tannen, & H.E. Hamilton. (Eds.) *The Handbook of Discourse Analysis*, 215-228. Malden, MA: Blackwell Publishing.

Gwartney, P.A. (2013). Mischief versus mistakes: Motivating interviewers to not deviate. In P. Winker, N. Menold, & R. Porst. (Eds.) *Interviewers' Deviations in Surveys - Impact, Reasons, Detection and Prevention*, 195-215. Frankfurt: Peter Lang.

Halcomb, E.J., Gholizadeh, L., DiGiacomo, M., Phillips, J., & Davidson, P.M. (2007). Literature review: Considerations in undertaking focus group research with culturally and linguistically diverse groups. *Journal of Clinical Nursing*, 16, 1000-1011.

Hall, M.F. (1995). Patient satisfaction or acquiescence? Comparing mail and telephone survey results. *Journal of Health Care Marketing*, 15, 54-61.

Hambleton, R.K. (1993). Translating achievement tests for use in cross-national studies. *European Journal of Psychological Assessment*, 19.

Hanley, C. (1959). Responses to the wording of personality test items. *Journal of Consulting Psychology*, 23, 261-265.

Hanley, C. (1962). The "difficulty" of a personality inventory item. *Educational and Psychological Measurement*, 22, 577-584.

Hansen, M.H., & Hurwitz, W.N. (1946). The problem of nonresponse in sample surveys. *Journal of the American Statistical Association*, 41, 517-529.

Hansen, M.H., Madow, W.G., & Tepping, B.J. (1983). An evaluation of model-dependent and probability sampling inferences in sample surveys. *Journal of the American Statistical Association*, 78, 776-793.

Hansen, R.A. (1980). A self-perception interpretation of the effect of monetary and nonmonetary incentives on mail survey respondent behavior. *Journal of Marketing Research*, 17, 77-83.

Harkness, J.A. (2003). Questionnaire translation. In J. Harkness, F.J.R. van de Vijver, & P. Mohler. (Eds.) *Cross-Cultural Survey Methods*, 35-56. Hoboken, NJ: Wiley.

Harkness, J.A., Schoebi, N., Joye, D., Mohler, P., Faass, T., & Behr, D. (2003). Oral translation in telephone surveys. In J.M. Lepkowski, C. Tucker, J.M. Brick, E.D. de Leeuw, L. Japec, P.J. Lavrakas, et al. (Eds.) *Cross-Cultural Survey Methods*, 19-34. Hoboken, NJ: John Wiley and Sons.

Harkness, J.A., & Schoua-Glusberg, A. (1998). Questionnaires in translation. *ZUMA-Nachrichten Spezial*, 87-126.

Harkness, J.A., Villar, A., & Edwards, B. (2010). Translation, adaptation, and design. In J.A. Harkness, M. Braun, B. Edwards, T.P. Johnson, L. Lyberg, P.P. Mohler, B. Pennell, & T.W. Smith. (Eds.) *Survey Methods in Multilingual, Multiregional, and Multicultural Contexts*, 117-140. Hoboken, NJ: Wiley.

Harkness, J.A., Villar, A., Kephart, K., Behr, D., & Schoua-Glusberg, A. (2009). *Research on Translation Assessment Procedures: Back Translation and Expert Review.* Presented at the VI International Workshop for Comparative Survey Design and Implementation (CSDI), Ann Arbor, Michigan.

Harkness, J.A., Villar, A., Kephart, K., Schoua-Glusberg, A., & Behr, D. (2009). *Survey Translation Evaluation: Back Translation Versus Expert Review.* Presented at the American Association for Public Opinion Research (AAPOR) Conference. Hollywood, Florida, USA.

Harkness, J.A., Villar, A., Kruse, Y., Branden, L., Edwards, B., Steele, C., & Yang, Y. (2009). *Using Interpreters in Telephone Surveys.* Presented at the American Association for Public Opinion Research (AAPOR) Conference, Hollywood, Florida.

Harris, I.A., Khoo, O.K., Young, J.M., Solomon, M.J., & Rae, H. (2008). Lottery incentives did not improve response rate to a mailed survey: A randomized controlled trial. *Journal of Clinical Epidemiology*, 61, 609-610.

Hartley, E.G. (1946). *Problems in Prejudice.* New York: Octagon press.

Hartley, J., & Rutherford, A. (2003). The effects of using colored paper to boost response rates to surveys and questionnaires. *Journal of Technical Writing and Communication*, 33, 29-40.

Harvey, L. (1987). Factors affecting response rates to mailed questionnaires: A comprehensive literature review. *Journal of the Market Research Society*, 29, 341-353.

Hastie, R., & Carlston, D.E. (1980). Theoretical issues in person memory. In R. Hastie, et al. (Eds.) *Person Memory: The Cognitive Basis of Social Perception.* Hillsdale, N.J.: Erlbaum.

Hatchett, S., & Schuman, H. (1975). White respondents and race of interview effects. *Public Opinion Quarterly*, 39, 523-528.

Hawe, P., Wilson, A., Fahey, P., Field, P., Cunningham, A., Barker, M., & Leeder, S. (1991). The validity of parental report of vaccination as a measure of a child's measles immunization status. *The Medical Journal of Australia*, 155, 681-686.

Heckathorn, D.D. (1997). Respondent-driven sampling: A new approach to the study of hidden populations. *Social Problems*, 44, 174-199.

Heckathorn, D.D. (2002). Respondent-driven sampling II: Deriving valid population estimates from chain-referral samples of hidden populations. *Social Problems*, 49, 11-34.

Heckathorn, D.D., & Jeffri, J. (2003). Social network of jazz musicians. In Changing the beat: A study of worklife of jazz musicians, Vol III. Respondent-driven sampling: Survey results by the research center for arts and culture. *National Endowment for Arts Research Division Report*, 43, 48-61, Washington, D.C.

Heckman, J.J., Ichimura, H., & Todd, P.E. (1997). Matching as an econometric evaluation estimator: Evidence from evaluating a job training programme. *Review of Economic Studies*, 64, 605-654.

Heckman, J.J., Ichimura, H., & Todd, P.E. (1998). Matching as an econometric evaluation estimator. *Review of Economic Studies*, 65, 261-294.

Heerwegh, D., Abts, K., & Loosveldt, G. (2007). Minimizing survey refusal and noncontact rates: do our efforts pay off? *Survey Research Methods*, 1, 3-10.

Helgeson, J.G., & Ursic, M.L. (1994). The role of affective and cognitive decision-making processes during questionnaire completion. *Psychology and Marketing*, 11, 493-510.

Herberlein, T.A., & Baumgartner, R. (1978). Factors affecting response rates to mailed questionnaires: A quantitative analysis of the published literature. *American Sociology Review*, 43, 447-462.

Herr, P., Sherman, S.J., & Fazio, R. (1983). On the consequences of priming: Assimilation and contrast effects. *Journal of Experimental Social Psychology*, 19, 323-340.

Herzog, A., & J. Bachman. (1981). Effects of questionnaire length on response quality. *Public Opinion Quarterly*, 45, 49-59.

Hilgard, E., & Payne, S. (1944). Those not at home: Riddle for pollsters. *Public Opinion Quarterly*, 8, 254-261.

Hippler, H. J., Schwarz, N. (1989). "No-opinion" filters: A cognitive perspective. *International Journal of Public Opinion Research*, 1, 77-87.

Hochstim, J. (1967). A critical comparison of three strategies of collecting data from household. *Journal of the American Statistical Association*, 62, 976-989.

Hofstede, G. (1991). *Cultures and Organizations: Software of the Mind*. London: McGraw-Hill.

Hofstede, G., Hofstede, G.J., & Minkov, M. (2010). *Cultures and Organizations: Software of the Mind (Revised and Expanded 3rd Edition)*. London: McGraw-Hill.

Holbrook, A., Green, M.C., & Krosnick, J.A. (2003). Telephone vs. face-to-face interviewing of national probability samples with long questionnaires: Comparisons of respondent satisficing and social desirability response bias. *Public Opinion Quarterly*, 67, 79-125.

Holbrook, A., & Krosnick. J. (2010). Social desirability bias in voter turnout report. *Public Opinion Quarterly*, 74, 37-67.

Holmes, C. (1974). A statistical evaluation of rating scales. *Journal of the Marketing Research Society*, 16, 86-108.

Hong, Y.Y. (2009). A dynamic constructivist approach to culture: Problems and solutions in cross-cultural theory. *Research and Application*, 2-24.

Hood, C., & Bushery, M. (1997). Getting more bang from the reinterviewer buck: Identifying 'at risk' interviewers. In *Proceedings of the Survey Research Method Sections of the American Statistical Association*, 820-824. Alexandria, Virginia.

Houtkoop-Steenstra, H. (2000). *Interaction and the Standardized Survey Interview: The Living Questionnaire*, United Kingdom: Cambridge University Press.

Hsu, J.W., Schmeiser, M.D., Haggerty, C., & Nelson, S. (2015). *The Effect of Large Monetary Incentives on Survey Completion: Evidence from a Randomized Experiment with the Survey of Consumer Finances*. Presentedat the American Association for Public Opinion Research (AAPOR) Conference, Hollywood, Florida,.USA.

Hughes K.A. (2004). *Comparing Pretesting Methods, Cognitive Interview, Respondent Debriefing, and Behavior coding*. Washington D.C.: U.S. Census Bureau.

Hurd, M.D. (1999). Anchoring and acquiescence bias in measuring assets in household surveys. *Journal of Risk and Uncertainty*, 19, 111-136.

Huttenlocher, J., Hedges, L. & Bradburn, N.M. (1990). Reports of elapsed time: Bounding and rounding processes in estimation. *Journal of Experimental Psychology: Learning, Memory, and Cognition*, 16, 196-213.

Hyman, H.H., & Sheatsley, P.B. (1950). The current status of American public opinion. In C. Payne (Ed.) *The Teaching of Contemporary Affairs Twenty-First Yearbook of the National Council for the Social Studies*, 11-34. New York: National Education Association.

Ilieva, J., Baron, S., & Healey, N.M. (2002). Online surveys in marketing research: Pros and cons. *International Journal of Market Research*, 44, 361-382.

International Telecommunication Union (2009). *Measuring the Information Society*. Geneva, Switzerland: International Telecommunication Union.

Jabine, T.B., Straf, M.L., Tanur, J.M., & Tourangeau, R., eds. (1984). *Cognitive Aspects of Survey Methodology: Building a Bridge between Disciplines*. Washington, D.C.: National Academy Press.

Jackson, J.S. (1972). *The Impact of a Favor and Dependency of the Reinforcing Agent on Social Reinforce Effectiveness*, Ph.D. Dissertation, Wayne State University.

Jacoby, J., & Matell, M.S. (1971). Three-point Likert scales are good enough. *Journal of Marketing Research*, 7, 495-500.

James, J.M., & Bolstein, R. (1990). The effect of monetary incentives and follow-up mailings on the response rate and response quality in mail surveys. *Public Opinion Quarterly*, 54, 346-361.

Jans, M., Rauch, J., Edwards, S., Grant, D., & Park, R. (2015). Can a magnet attract respondents? Incentive type and monetary value effects in an RDD survey. In *Proceedings of the Survey Research Methods Section of the American Statistical Association*, 4085-4090. Alexandria, VA.

Javaras, K.N., & Ripley, B.D. (2007). An "unfolding" latent variable model for Likert attitude data: Drawing inferences adjusted for response style. *Journal of the American Statistical Association*, 102, 454-463.

Javeline, D. (1999). Response effects in polite cultures: A test of acquiescence in Kazakhstan. *Public Opinion Quarterly*, 63, 1-28.

Jenkins, G.D., & Taber, T.D. (1977). A Monte Carlo study of factors affecting three indices of composite scale reliability. *Journal of Applied Psychology*, 62, 392-398.

Jensen, P.S., Watanabe, H.K., & Richters, J.E. (1999). Who's up first? Testing for order effects in structured interviews using a counterbalanced experimental design. *Journal of Abnormal Child Psychology*, 27, 439-436.

Ji, L.J., Schwarz, N., & Nisbett, R.E. (2000). Culture, autobiographical memory, and behavioral frequency reports: Measurement issues in cross-cultural studies. *Personality and Social Psychology Bulletin*, 26, 585-593.

Jobber, D., Saunders, J., & Mitchell, V. (2004). Prepaid monetary incentive effects on mail survey response. *Journal of Business Research*, 57, 347-350.

Jobber, D., & Sanderson, S. (1982). The effects of a prior letter and colored questionnaire paper on mail survey response rates. *Journal of the Marketing Research Society*, 25, 339-349.

Jobe, J.B., & Mingay, D.J. (1989). Cognitive research improves questionnaires. *American Journal of Public Health*, 79, 1053-1055.

Jobe, J.B., & Mingay, D.J. (1991). Cognition and survey measurement: History and overview. *Applied Cognitive Psychology*, 5, 175-192.

Jobe, M.B., Pratt, W.F., Tourangeau, R., Baldwin, A., & Rasinski, K. (1997). Effects of interview mode on sensitive questions in a fertility survey. In L. Lyberg, P. Biemer, M. Colilns, E. de Leeuw, C. Dippo, N. Schwarz, & D. Trewin. (Eds.) *Survey Measurement and Process Quality*, 311-329. New York: Wiley.

Johnson, J.D. (1981). Effects of the order of presentation of evaluative dimensions for bipolar scales in four societies. *Journal of Social Psychology*, 113, 21-27.

Johnson, T.P., Cho, Y., Holbrook, A., Shavitt, S., Chavez, N., & Weiner, S. (2011). *Cultural Variability in Respondent Processing of Health Survey Questions*. Presented at the Annual Meeting of the American Public Health Association, Washington, D.C., USA.

Johnson, W.R., Sieveking, N.A., & Clanton III, E.S. (1974). Effects of alternative positioning of open-ended questions in multiple-choice questionnaires. *Journal of Applied Psychology*, 59, 776-778.

Johnston, M., Ehlen, P., Conrad, F.G., Schober, M.F., Antoun, C., Fail, S., et al. (2013). Spoken dialog systems for automated survey interviewing. In *Proceedings of the 14th Annual SIGDIAL Meeting on Discourse and Dialogue* (SIGDIAL2013) (Metz), 329-333.

Jordan, L.A., Marcus, A.C., & Reeder, L.G. (1980). Response style in telephone and household interviewing: A field experiment. *Public Opinion Quarterly*, 44, 210-222.

Judd, C., Drake, R., Downing, J., & Krosnick, J. (1991). Some dynamic properties of attitude structures: Context-induced response facilitation and polarization. *Journal of Personality and Social Psychology*, 60, 193-202.

Judkins, D., DiGaetano, R., Chu, A., & Shapiro, G. (1999). Coverage in Screening Surveys at Westat. In *Proceedings of the Survey Research Methods Section of the American Statistical Association*, 581-586. Alexandria, Virginia.

Jurgenson, N., & Childs, J.H. (2011). Exploring the reliability of behavior coding. In *Proceedings of the Section on Survey Research Method of the American Statistical Association*, 5749-5761. Alexandria, Virginia.

Kahn, R.L., & Cannell, C.F. (1957). *The Dynamics of Interviewing*. New York: John Wiley and Sons.

Kalsbeek, W., Weigle, K., Allred, N., & Liu, P. (1991). A comparison of survey designs for estimating childhood immunization rates. In *Proceedings of the Section on Survey Research Method of the American Statistical Association*, 175-180. Alexandria, Virginia.

Kalton, G., Collins, M., & Brook, L. (1978). Experiments in wording opinion questions. *Journal of the Royal Statistical Society (Series C)*, 27, 149-161.

Kalton, G., & Flores-Cervantes, I. (2003). Weighting methods. *Journal of Official Statistics*, 19, 81-97.

Kalton, G., Roberts, J., & Holt, D. (1980). The effects of offering a middle response option with opinion questions. *Statistician*, 29, 65-78.

Kane, E.W., & Macaulay, L.J. (1993). Interviewer gender and gender attitudes. *Public Opinion Quarterly*, 57, 1-28.

Kanuk, L., & Conrad, B. (1975). Mail survey and response rates: A literature review. *Journal of Marketing Research*, 12, 440-453.

Kaplowitz, M.D., Lupi, F., & Hoehn, J.P. (2004). Multiple methods for developing and evaluating a stated-choice questionnaire to value wetlands. In S. Presser, J.M. Rothget, M.P. Couper, J.T. Lesser, E. Martin, J. Martin, & E. Singer (Eds.) *Methods for Testing and Evaluating Survey Questionnaires*, 503-324. New York: John Wiley and Sons.

Keeter, S., Dimock, M., & Christian, L. (2008). *Calling Cell Phones in '08 Pre-Election Polls*. News release from the Pew Research Center for the people and the press. Available at http://www.pewresearch.org/pubs/1061/cell-phones-election-polling.

Keeter, S., Miller, C., Kohut, A., Groves, R.M., & Presser, S. (2000). Consequences of reducing nonresponse in a large national telephone survey. *Public Opinion Quarterly*, 64, 125-148.

Kennickell, A.B. (1996). *Using Range Techniques with CAPI in the 1995 Survey of Consumer Finances*. Presented at the Joint Statistical Meetings, Chicago, Illinois, USA.

Killewo, J., Makwaya, C., Munubhi, E., & Mpembeni, R. (1991). The protective effect of measles vaccine under routine vaccination conditions in Dar Es Salaam, Tanzania: A case-control study. *International Journal of Epidemiology*, 20, 508-514.

Kim, S.H. & Kim, S. (2015). Ethnic differences in social desirability bias: Effects on the analysis of public service motivation. *Review of Public Personnel Administration*. DOI:10.1177/0734371X15605147.

Kim, S.H. & Kim, S. (2016). Social desirability bias in measuring public service motivation, *International Public Management Journal*, 19, 293-319. DOI: 10.1080/10967494.2015.1021497.

King, G., Murray, C.J., Salomon, J.A., & Tandon, A. (2004). Enhancing the validity and cross-cultural comparability of measurement in survey research. *American Political Science Review*, 98, 191-207.

Kish, L. (1965). *Survey Sampling*. New York: John Wiley and Sons.

Kish, L., & Frankel, M. (1974). Inference from complex samples (with discussion). *Journal of the Royal Statistical Society Series B*, 36, 1-37.

Kittleson, M. (1997) Determining effective follow-up of e-mail surveys. *American Journal of Health Behavior*, 21, 193-196.

Knäuper, B. (1998). Age differences in question and response order effects. In N. Schwarz, D.C. Park, B. Knäuper & S. Sudman. (Eds.) *Cognition, Aging, and Self-Reports*, 341-361. Philadelphia, PA: Psychology Press.

Knäuper, B., Schwarz, N., Park, D., & Fritsch, A. (2003). *The Perils of Interpreting Cohort Differences in Attitude Reports: Question Order Effects Decrease with Age*. Unpublished manuscript. McGill University, Montreal, QC, Canada.

Knowles, E.E., & Byers, B. (1996). Reliability shifts in measurement reactivity: Driven by content engagement or self-engagement? *Journal of Personality and Social Psychology*, 70, 1080-1090.

Knowles, E.S. (1988). Item context effects on personality scales: Measuring changes the measure. *Journal of Personality and Social Psychology*, 55, 312-320.

Kolson, K.G., & Green, J.J. (1970). Response set bias and political socialization research. *Social*

Science Quarterly, 51, 527-538.

Komorita, S.S., & Graham, W.K. (1965). Number of scale points and the reliability of scales. *Educational and Psychological Measurement*, 25, 987-995.

Korns, A. (1977). Coverage issues raised by comparisons between CPS and establishment employment. In *Proceedings of the Survey Research Methods Section of the American Statistical Association*, 60-69. Alexandria, Virginia.

Kraut, A.I., Wolfson, A.D., & Rothenberg, A. (1975). Some effects of position on opinion survey items. *Journal of Applied Psychology*, 60, 774-776.

Kreuter, F., McCulloch, S.K., Presser, S., & Tourangeau, R. (2011). The effects of asking filter questions in inter-leafed versus grouped format. *Sociological Methods and Research*, 40, 88-104.

Kreuter, F., & Olson, K. (2013). Paradata for nonresponse error investigation. In F. Kreuter (Ed.) *Improving Surveys with Paradata: Analytic Uses of Process Information*, Vol. 2, 13-42. Hoboken, NJ: Wiley.

Kreuter, F., Presser, S., & Tourangeau, R. (2008). Social desirability bias in CATI, IVR, and Web surveys: The effects of mode and question sensitivity, *Public Opinion Quarterly*, 72, 847-865.

Kropf, M.E., & Blair, J. (2005). Eliciting survey cooperation incentives, self-interest, and norms of cooperation. *Evaluation Review*, 29, 559-575.

Krosnick, J.A. (1991). Response strategies for coping with the cognitive demands of attitude measures in surveys. *Applied Cognitive Psychology*, 5, 213-236.

Krosnick, J.A. (1992). The impact of cognitive sophistication and attitude importance on response order and question order effects. In N. Schwarz & S. Sudman. (Eds.) *Context Effects in Social and Psychological Research*, 203-220. New York: Springer-Verlag.

Krosnick, J. A. (1999). Survey Research. *Annual Review of Psychology*, 50, 537-567.

Krosnick, J.A., & Alwin, D. (1987). An evaluation of a cognitive theory of response-order effects in survey measurement. *Public Opinion Quarterly*, 51, 201-219.

Krosnick, J.A., & Berent, M.K. (1993). Comparisons of party identification and policy preferences: The impact of survey question format. *American Journal of Political Science*, 37, 941-964.

Krosnick, J.A., & Fabrigar, L.R. (1998). *Designing Good Questionnaires, Insights from Psychology*. New York: Oxford University Press.

Krosnick, J.A., Holbrook, A.L., Berent, M.K. Carson, R.T., Hanemann, W.M., Kopp, R.J., Mitchell, R.C., Presser, S., Ruud, P.A. Smith, V.K., Moody, W.R., Green, M.C., & Conaway, M. (2002). The impact of 'no opinion' response options on data quality: Non-attitude reduction or an invitation to satisfice? *Public Opinion Quarterly*, 66, 371-403.

Krosnick, J.A., Narayan, S., & Smith, W.R. (1996). Satisficing in surveys: Initial evidence. *New Directions for Evaluation*, 70, 29-44.

Krosnick, J.A., & Presser, S. (2009). Question and questionnaire design. In J.D. Wright & P. Marsden. (Eds.) *Handbook of Survey Research*, 264-314. San Diego, CA: Elsevier.

Krosnick, J.A., & Schuman, H. (1988). Attitude intensity, importance, and certainty and susceptibility to response effects. *Journal of Personality and Social Psychology*, 54, 940-952.

Krueger, R.A. (1998). *Developing questions for focus groups*. Thousand Oaks, CA: Sage Publications.

Krueger, R.A., & Casey, M.A. (2000). *Focus Groups: A Practical Guide for Applied Research (2nd ed)*. Thousand Oaks, CA: Sage. DOI:10.1037/10518-189.

Krysan, M. (1998). Privacy and the expression of white racial attitudes. *Public Opinion Quarterly*, 62, 506-544.

Laflamme, F., & Wagner, J. (2016). Responsive and adaptive designs. In C. Wolf, D. Joye, T.W. Smith, & Y. Fu. (Eds.) *Sage Handbook of Survey Methodology*, 397-408. New York: Sage.

Lalwani, A.K., Shavitt, S & Johnson. T. (2006). What is the relation between cultural orientation and socially desirable responding? *Journal of Personality and Social Psychology*, 90, 165–178.

Langlet, E. (2000). Estimation of proxy, time and content effect for the health and activity limitation survey. In *Proceedings of Survey Research Methods Section of the American Statistical Association*, 89-97. Alexandria, Virginia.

Latane, B., & Darley, J.M. (1968). Group inhibition of bystander intervention in emergencies. *Journal of Personality and Social Psychology*, 10, 215-221.

Lau, R.R., Sears, D.O., & Centers, R. (1979). The "positivity bias" in evaluations of public figures: Evidence against instrument artifacts. *Public Opinion Quarterly*, 43, 347-358.

Laurent (1972). Effects of question length on reporting behavior in the survey interview. *Journal of the American Statistical Association*, 67, 298-305.

Lavrakas, P.J. (1993). *Telephone Survey Methods. Sampling, Selection, and Supervision*. Newbury Park, CA: Sage.

Lavrakas, P.J. (2008). *Encyclopedia of Survey Research Methods*. London: Sage.

Lavrakas, P.J., Shuttles, C., Steeh, C., & Fienberg, H. (2007). The state of surveying cell phone numbers in the United States: 2007 and beyond. *Public Opinion Quarterly*, 71, 840-854.

Likert, R. (1932). A technique for the measurement of attitudes. *Archives of Psychology*, 140, 1-55.

Linsky, A.S. (1975). Stimulating responses to mailed questionnaires: A review. *Public Opinion Quarterly*, 39, 82-101.

Lee, L., Brittingham, A., Tourangeau, R., Willis, G., Ching, P., Jobe, J., & Black, S. (1999). Are reporting errors due to encoding limitations or retrieval failure? Surveys of child vaccination as a case study. *Applied Cognitive Psychology*, 13, 43-63.

Lee, H., Lim, D., Kim, H., Zo, H., & Ciganek, A.P. (2015). Compensation paradox: The influence of monetary rewards on user behavior. *Behaviour and Information Technology*, 34, 45-56.

Lee, J., & Lee, K. (2009). Facilitating dynamics of focus group interviews in East Asia: Evidence and tools by cross-cultural study. *International Journal of Design*, 3, 17-28.

Lee, S. (2006). Propensity score adjustment as a weighting scheme for volunteer panel Web surveys. *Journal of Official Statistics*, 22, 329-349.

Lee, S. (2004). *Statistical Estimation Methods in Volunteer Panel Web surveys*. Ph.D. Dissertation, Joint Program in Survey Methodology, University of Maryland.

Lee, S. (2009). Understanding respondent driven sampling from a total survey error perspective. *Survey Practice*. Available at http://surveypractice.files.wordpress.com/2009/08/lee.pdf.

Lee, S., Brown, R., Grant, D., Belin, T., & Brick, J.M. (2009). Exploring nonresponse bias in a health survey using neighborhood characteristics from census data. *American Journal of Public Health*, 99, 1811-1817.

Lee, S., & Grant, D. (2009). The effect of question order on self-rated general health status in a multilingual survey context. *American Journal of Epidemiology*, 169, 1525-1530.

Lee, S., Mathiowetz, N., & Tourangeau, R. (2004). Perceptions of disability: The effect of self- and proxy-response. *Journal of Official Statistics*, 20, 671-686.

Lee, S., Nguyen, H.A., Jawad, M., & Kurata, J. (2008). Linguistic minorities and nonresponse error. *Public Opinion Quarterly*, 72, 470-486.

Lee, S., & Valliant, R. (2007). Weighting telephone samples using propensity Scores. In J.M. Lepkowski, C. Tucker, J.M. Brick, E.D. de Leeuw, L. Japec, P.J. Lavrakas, M.W. Link, & R.L. Sangster. (Eds.) *Advances in Telephone Survey Methodology*, 170-186. New York: John Wiley.

Lee, S., & Valliant, R. (2009). Estimation for volunteer panel Web surveys using propensity score adjustment and calibration adjustment. *Sociological Methods and Research*, 37, 319-343.

Leech, G.N. (1983). *Principles of Pragmatics*. London: Longman.

Lehtonen, R. (1995). *Unit Nonresponse and Interviewer Effect in Two Different Interviewing Schemes for the 1995 FHS Survey*. Presented at the Sixth International Workshop on Household Survey Nonresponse, Helsinki.

Lemmens, P., Tan, E.S., & Knibbe, R.A. (1992). Measuring quantity and frequency of drinking in a general population survey: A comparison of five indices. *Journal of Study alcohol*, 53, 476-486.

Lenski, G.E., & Leggett, J.C. (1960). Caste, class, and deference in the research interview. *The American Journal of Sociology*, 65, 463-467.

Lensvelt-Mulders, G.J.L.M., Hox, J.J., van der Heijden, P.G.M., & Maas, C. (2005). Meta-analysis of randomized response research: Thirty-five years of validation. *Sociological Methods and Research*, 33, 319-348.

Lepkowski, J.M., Mosher, W.D., Groves, R.M., West, B.T., Wagner, J., &Gu, H. (2013). Responsive design, weighting, and variance estimation in the 2006-2010 National Survey of Family Growth. *Vital and Health Statistics. Series 2: Data Evaluation and Methods Research*, 158, 1-52.

Lepkowski, J., Tucker, C., Brick, J.M., de Leeuw, E.D., Japec, L., Lavrakas, P.J., Link, M.W., & Sangster, R.L. (2008). *Advances in Telephone Survey Methodology*. Hoboken, NJ: Wiley and Sons.

Lim, S., Immerwahr, S., Lee, S., & Harris, T.G. (2013). Estimating nonresponse bias in a telephone-based health surveillance survey in New York City. *American Journal of Epidemiology*, 178, 1337-1341.

Lind, L.H., Shober, M.F., Conrad, F.G., & Reichert, H. (2013). Why do survey respondents disclose more when computers ask the questions? *Public Opinion Quarterly*, 77, 888-935.

Link, M., Battaglia, M., Frankel, M., Osborn, L., & Mokdad, A. (2007). Reaching the US cell phone generation: Comparison of cell phone survey results with an ongoing landline telephone survey. *Public Opinion Quarterly*, 71, 814-839.

Link, M., & Mokdad, A.H. (2005). Effects of survey mode on self-reports of adult alcohol consumption: A comparison of mail, Web and telephone approaches. *Journal of Studies on Alcohol*, 66, 239-245.

Lissitz, R.W., & Green, S.B. (1975). Effect of the number of scale points on reliability: A Monte Carlo approach. *Journal of Applied Psychology*, 60, 10-13.

Little, R.J.A. (1986). Survey nonresponse adjustments for estimates of means. *International Statistical Review*, 54, 139-157.

Locander, W., Sudman, S., & Bradburn, N. (1976). An investigation of interview method, threat and response distortion. *Journal of the American Statistical Association*, 71, 269-275.

Loftus, E.F., & Marburger, W. (1983). Since the eruption of Mt. St. Helens, has anyone beaten you up? Improving the accuracy of retrospective reports with landmark event. *Memory and Cognition*, 11, 114-120.

Loftus, E., Smith, K., Klinger, M., & Fiedler, J. (1992). Memory and mismemory for health events. In J.M. Tanur. (Eds.) *Questions about Questions: Inquiries into the Cognitive Bases of Surveys,* 102-137. New York: Russell Sage Foundation.

Love, L.T., & Turner, A.G. (1975). The Census Bureau experience: Respondent availability and response rates. In *Proceedings of the Survey Research Methods Section of the American Statistical Association*, 76-85. Alexandria, Virginia.

Lucas, C.P., Fisher, P., Piacentini, J., Zhang, H., Jensen, P.S., Shaffer, D., Dulcan, M., Schwab-

Stone, M., Regier, D., & Canino, G. (1999). Features of interview questions associated with attenuation of symptom reports. *Journal of Abnormal Child Psychology*, 27, 429-437.

Lucas,G.M., Gratch, J., King, A., & Morency, L.P. (2014). It's only a computer: Virtual humans increase willingness to disclose. *Computer Human Behavior*, 37, 94-100.

Lyberg, L., & Kasprzyk, D. (1991). Data collection methods and measurement errors: An overview. In P.P. Biemer, R.M. Groves, L.E. Lyberg, N.A. Mathiowetz & S. Sudman. (Eds.) *Measurement Errors in Surveys Measurement Errors in Surveys*, 237-258. New York: John Wiley and Sons.

Lynn, P., & Clarke, P. (2002). Separating refusal bias and non-contact bias: Evidence from UKnational surveys. *The Statistician*, 51, 319-333.

Lynn, P., Clarke, P., Martin, J., & Sturgis, P. (2002). The effects of extended interviewer efforts on nonresponse bias. In R.M. Groves, D.A. Dillman, J.L. Eltinge, & R.J.A. Little. (Eds.) *Survey Nonresponse*, 135-147. New York: Wiley.

Macarthur, C., Dougherty, G., & Pless, I.B. (1997). Reliability and validity of proxy respondent information about childhood injury: An assessment of a Canadian surveillance system. *American Journal of Epidemiology*, 145, 834-841.

Marin, L. (1986). Set/reset: Use and disuse of concepts in impression formation. *Journal of Personality and Social Psychology*, 51, 493-504.

Marquis, K. (1979). Survey response rates: Some trends, causes, and correlates. Health Survey Research Survey Methods Research, Seeona Biennial Conference. *DHEW Publication No. (PHS) 79-3207*, National Center for Health Services Research, Hyattsville, MD.

Martin, E., DeMaio, T.J., & Campanelli, P.C. (1990). Context effects for Census measures of race and Hispanic origin. *Public Opinion Quarterly*, 54, 551-66.

Martyn, K.K., & Belli, R.F (2002). Retrospective data collection using event history calendars. *Nursing Research*, 51, 270-274.

Maruyama, T., Mizokami, S., & Hato, E. (2014). A Smartphone-based travel survey trial conducted in Kumamoto, Japan: An examination of voluntary participants' attributes. *Transportation Research Board 93rd Annual Meeting* (No. 14-0997).

Mason, R., Carlson, J., & Tourangeau, R. (1995). Contrast effects and subtracting in part-whole question. *Public Opinion Quarterly*, 58, 569-578.

Massing, D.N., Ackermann, S.M., Zabal, A., & Rammstedt B. (2013). Controling interviewers' work in PIAAC - the programme for the international assessment of adult competencies. In P. Winker, N. Menold, & R. Porst. (Eds.) *Interviewers' Deviations in Surveys - Impact, Reasons, Detection and Prevention*, 117-130. Frankfurt: Peter Lang.

Masters, J.R. (1974). The relationship between number of response categories and reliability of

Likert-type questionnaires. *Journal of Educational Measurement*, 11, 49-53.

Matarazzo, J. IX, Weitman, M., Saslow, G., & Wicns, A.N. (1963). Interviewer influence on duration of interviewee speech. *Journal of Verbal Learning and Verbal Behavior*, 1, 451-458.

Matell, M.S., & Jacoby, J. (1972). Is there an optimal number of alternatives for Likert scale items? Effects of testing time and scale properties. *Journal of Applied Psychology*, 56, 506-509.

Mathews, C.O. (1927). The effect of position of printed response words upon children's answers to questions in two-response types of tests. *Journal of Educational Psychology*, 18, 445-457.

Mathiowetz, N., & Wunderlich, G. (2000). *Survey Measurement of Work Disability: Summary of a Workshop*. Washington, D.C.: National Academy Press.

Matteson, M.T. (1974). Type of transmittal letter and questionnaire color as two variables influencing response rates in a mail survey. *Journal of Applied Psychology*, 59, 535-536.

Maxwell, B. (1996). Translation and cultural adaptation of the survey instruments. In M.O. Martin & D.G. Kelly. (Eds.) *Third International Mathematics and Science Study (TIMSS) Technical Report, Volume I: Design and Development*. Chestnut Hill, MA: Boston College.

McClendon, M.J. (1986). Response-order effects for dichotomous questions. *Social Science Quarterly*, 67, 205-211.

McClendon, M.J. (1991). Acquiescence and recency response-order effects in interview surveys. *Sociological Methods and Research*, 20, 60-103.

McClendon, M.J., & Alwin, D.F. (1993). No-opinion filters and attitude measurement reliability. *Sociological Methods and Research*, 21, 438-464.

McCormick, T.H., Lee, H., Cesare, N., Shojaie, A., & Spiro, E. (2015). Using Twitter for demographic and social science research: Tools for data collection. *Sociological Methods and Research*, 1-32.

McGeeney, K., & Yan, H.Y. (2016). Text message notification for Web surveys: Sending texts to survey panel members shortens response time. *Pew Research Center Report*. http://pewrsr.ch/2c7PaCX.

McKinney, P., Alexander, F., Nicholson, C., Cartwright, R., & Carrette, J. (1991). Mothers' reports of childhood vaccinations and infections and their concordance with general practitioner records. *Journal of Public Health Medicine*, 13, 13-22.

Means, B., Nigam, A., Zarrow, M., Loftus, E., & Donaldson, M. (1989). *Autobiographical Memory for health-related events*. *Vital and Health Statistics*. Series 6, No. 2. (DHHS Pub. No. (PHS) 89-1077). Washington, D.C.: U.S. Government Printing Office.

Means, B., Swan, G.E., Jobe, J.B., & Esposito, J.L. (1991). An alternative approach to obtaining personal history data. In P.P. Biemer, R.M. Groves, L.E. Lyberg, N.A. Mathiowetz, & S. Sudman. (Eds.) *Measurement Errors in Surveys*, 127-144. New York: Wiley.

Meislin, R. (1987). Racial divisions seen in poll on Howard beach attack. *New York Times*, January 8.

Menon, G. (1993). The effects of accessibility of information on judgments of behavioral frequencies. *Journal of Consumer Research*, 20, 431-460.

Menon, G. (1997). Are the parts better than the whole? The effects of decompositional questions on judgments of frequent behaviors. *Journal of Marketing Research*, 34, 335-346.

Menon, G., Bickart, B., Sudman, S., & Blair, J. (1995). How well do you know your partner? Strategies for formulating proxy-reports and their effects on convergence to self-report. *Journal of Marketing Research*, 32, 75-84.

Menon, G., Raghubir, P., & Schwarz, N. (1995). Behavioral frequency judgments: An accessibility-diagnosticity framework. *Journal of Consumer Research*, 22, 212-228.

Merkle, D., & Edelman, M. (2002). Nonresponse in exit polls: A comprehensive analysis. In R.M. Groves, D.A. Dillman, J.L. Eltinge, & R.J.A. Little. (Eds.) *Survey Nonresponse*, 243-259. New York: Wiley.

Merkle, D., Edelman, M., Dykeman, K. & Brogan, C. (1998). *An Experimental Study of Ways to Increase Exit Poll Response Rates and Reduce Survey Error*. Presented at the American Association for Public Opinion Research (AAPOR) Conference, St. Louis, Missouri.

Merton, R.K., & Kendall, P.L. (1946). The focused interview. *American Journal of Sociology*, 51, 541-557.

Miller, G. (1956). The magical number seven, plus or minus two: Some limits on our capacity for processing information. *The Psychological Review*, 63, 81-97.

Miller, J.D., Harrel, A.V., & Cisin, I.A. (1986). *New Technique for Surveying Deviant Behavior: Item-Count Estimates of Marijuana, Cocaine, and Heroin*. Presented at the American Association for Public Opinion Research (AAPOR) Conference, St. Petersburg, Florida, USA.

Miller, W.E. (1982). *American National Election Study, 1980: Pre and Post-Election Surveys*. Ann Arbor, MI: Inter-University Consortium for Political and Social Research.

Mitofsky, W. (1970). *Sampling of Telephone Households*. Unpublished CBS News memorandum.

Mondak, J.J. (2001). Developing valid knowledge scales. *American Journal of Political Science*, 45, 224-238.

Montaquila, J.M., Brick, J.M., Hagedorn, M.C., Kennedy, C., & Keeter, S. (2008). Aspects of nonresponse bias in RDD telephone surveys. In J.M. Lepkowski, C. Tucker, J.M. Brick, J.M., E. D. de Leeuw, L.Japec, P.J.Lavrakas, M.W. Link, & R.L. Sangster. (Eds.) *Advances in Telephone Survey Methodology*, 561-586. New York: John Wiley.

Moore, J.C. (1988). Self/proxy response status and survey response quality: A review of literature. *Journal of Official Statistics*, 4, 155-172.

Moors, G. (2003). Diagnosing response style behavior by means of a latent-class factor approach. Socio-demographic correlates of gender role attitudes and perceptions of ethnic discrimination reexamined. *Quality and Quantity*, 37, 277-302.

Morgan, D.L. (1997). Focus groups as qualitative research. *Sage Focus Editions*, Vol. 16. Thousand Oaks, CA: Sage Publications.

Morin, R. (1989). Polling-in Black and White, *Washington Post*, November 5.

Mueller, J.E. (1970). Choosing among 133 candidates. *Public Opinion Quarterly*, 34, 395-402.

Murphy, J., Baxter, R., Eyerman, J., Cunningham, D., & Kennet, J. (2004). *A System for Detecting Interviewer Falsification*. Presented at the American Association for Public Opinion Research (AAPOR) Conference, Phoenix, Arizona, USA.

Narayan, S., & Krosnick, J.A. (1996). Education moderates some response effects in attitude measurement. *Public Opinion Quarterly*, 60, 58-88.

National Survey of Drug Use and Health (NSDUH) field interviewer manual (2016). Available at http://www.samhsa.gov/data/sites/default/files/NSDUHmrbFIManual2016.pdf

National Research Council (2013). Nonresponse in social science surveys: A research agenda. In R. Tourangeau, & T. Plewes. (Eds.) *Panel on a Research Agenda for the Future of Social Science Data Collection, Committee on National Statistics. Division of Behavioral and Social Sciences and Education*. Washington, D.C.: The National Academies Press.

Nealon, J. (1983). The effects of male vs. female telephone interviewers. In *Proceedings of the Survey Research Methods Section of the American Statistical Association*, 139-141. Alexandria, Virginia.

Neter, J., & Waksberg, J. (1964). A study of response errors in expenditure data from household interviews. *Journal of the American Statistical Association*, 59, 18-55.

Neyman, J. (1934). On the two different aspects of the representative method: The Method of stratified sampling and the method of purposive selection, *Journal of the Royal Statistical Society*, 97, 558-625.

Nielsen, J. (1994). *Usability Inspection Methods*. New York: Jone Wiley & Sons, Inc.

Nisbett, R.E., Peng, K., Choi, I., & Norenzayan, A. (2001). Culture and systems of thought: Holistic versus analytic cognition. *Psychological Review*, 108, 291.

Norris, P. (2001). *Digital Divide, Civic Engagement, Information Poverty, and Internet Worldwide*. New York: Cambridge University Press.

Office of Management and Budget (OMB) (2006). *Questions and Answers When Designing Surveys for Information Collections*. Washington, D.C.: Office of Information and Regulatory Affairs, OMB. Available online at https://obamawhitehouse.archives.gov/sites/default/files/omb/assets/omb/inforeg/pmc_survey_guidance_2006.pdf (accessed March 18, 2017).

O'Grada, C. (2006). *Dublin Jewish Demography a Century Ago*. UCD Centre for Economic Research

Working Paper Series WP 06/01.

Oksenberg, L., Beebe, T.J., Blixt, S., & Cannell, C. (1992). *Research on the Design and Conduct of the National Medical Expenditure Survey Interviews: Final Report*. Ann Arbor, MI: Survey Research Center, Institute of Social Research.

Oksenberg, L., Cannell, C., & Kalton, G. (1991). New strategies for pretesting survey questions. *Journal of Official Statistics*, 7, 349-365.

O'Muircheartaigh, C., Krosnick, J.A., & Helic, A. (1999). *Middle Alternatives, Acquiescence, and the Quality of Questionnaire Data*. Presented at the American Association for Public Opinion Research (AAPOR) Conference, St. Petersburg, Florida, USA.

Paganini-Hill, A., Hsu, G., Chao, A., & Ross, R.K. (1993). Comparison of early and late respondents to a postal health survey questionnaire. *Epidemiology*, 4, 375-379.

Pan, Y., & de la Puente, M. (2005). Census Bureau guideline for the translation of data collection instruments and supporting materials: Documentation on how the guideline was developed. *Statistical Research Division Research Report Series, Survey Methodology #2005-06*. Washington, D.C.: U.S. Census Bureau.

Pan, Y., Landreth, A., Park, H., Hinsdale-Shouse, M.A., & Schoua-Glusberg, A. (2010). Cognitive interviewing in non-English languages: A cross-cultural perspective. In J.A. Harkness, M. Braun, B. Edwards, T.P. Johnson, L.E. Lyberg, P.P. Mohler, B. Pennell, & T.W. Smith. (Eds.) *Survey Methods in Multinational, Multiregional, and Multicultural Contexts*, 91-113. Hoboken, NJ: Wiley and Sons, Inc.

Park, H., Goerman, P., & Sha, M. (2017). Exploring the effects of pre-interview practice in Asian language cognitive interviews. *Survey Practice*, 10, 1-11.

Park, H., & Sha, M. (2014). Evaluating the efficiency of methods to recruit Asian research participants. *Journal of Official Statistics*, 30, 335-354. http://dx.doi.org/10.2478/jos-2014-0020.

Park, H., Sha, M., & Olmsted, M.G. (2016). Research participant selection in non-English language questionnaire pretesting: Findings from Chinese and Korean cognitive interviews. *Quality and Quantity*, 50, 1385-1398.

Park, H., Sha, M., & Pan, Y. (2014). Investigating validity and effectiveness of cognitive interviewing as a pretesting method for non-English questionnaires. *International Journal of Social Research Methodology*, 17, 643-568.

Park, H., Sha, M., & Willis. G. (2016). Influence of English-language proficiency on the cognitive processing of survey questions. *Field Methods*, 28, 415-430.

Park, H., & Son, J. (2014). Identifying monolingual respondents for cognitive interviewing. *Field Methods*, 26, 269-283.

Pascale, J. (2001). *Measuring Private and Public Health Coverage: Results from a Split Ballot Experiment on Order Effects*. Washington, D.C.: U.S. Census Bureau.

Patrick, D.G., Cheadle, A., Thompson, D.C., Diehr, P., Koepsell, T., & Kinne, S. (1994). The validity of self-reported smoking. *A Review and Meta-Analysis*, 84, 1086-1093.

Parducci, A. (1965). Category judgment: A range-frequency model. *Psychological Review*, 72, 407-418.

Parducci, A. (1974). Contextual effects: A range-frequency analysis. In E. Carterette & M. Friedman. (Eds.) *Handbook of Perception: Psychological Judgment and Measurement*, 127-141. New York: Academic Press.

Paulhus, D.L. (1984). Two-component models of socially desirable responding. *Journal of Personality and Social Psychology*, 46, 598-609.

Paulhus, D.L. (1991). *Measurement and Control of Response Bias*. In J.P. Robinson, P. Shaver, & L.S. Wrightsman. (Eds.) *Measures of Personality and Social Psychological Attitudes*. San Diego, CA: Academic Press.

Payne, S.L. (1949). Case study in question complexity. *Public Opinion Quarterly*, 13, 653-658.

Peytchev, A., Baxter, R.K., & Carley-Baxter, L.R. (2009). Not all survey effort is equal: Reduction of nonresponse bias and nonresponse error. *Public Opinion Quarterly*, 73, 785-806.

Peytchev, A., Conrad, F.G., Couper, M.P., & Tourangeau, R. (2010). Increasing respondents' use of definitions in Web surveys. *Journal of Official Statistics*, 26, 633.

Peytchev, A., Couper, M.P., McCabe, S.E., & Crawford, S.D. (2006). Web survey design. *Public Opinion Quarterly*, 70, 596-607.

Phillips, D.L., & Clancy, K.J. (1972). Some effects of 'social desirability' in survey studies: *The American Journal of Sociology*, 77, 921-940.

Philipson, T., & Lawless, T. (1997). Multiple-output agency incentive in data production: Experimental evidence. *European Economic Review*, 41, 961-970.

Poe, G.S., Seeman, I., McLaughlin, J., Mehl, E., & Dietz, M. (1988). Don't know boxes in factual questions in a mail questionnaire. *Public Opinion Quarterly*, 52, 212-222.

Politz, A.N., & Simmons, W.R. (1950). An attempt to get the 'not at homes' into the sample without call-backs. *Journal of the American Statistical Association*, 45, 136-137.

Porras, J., & English, N. (2004). Data-driven approaches to identifying interviewer data falsification: The case of health surveys. In *Proceedings of the Survey Research Method Sections of the American Statistical Association*, 4223-4228. Alexandria, Virginia.

Porter, S.R., & Whitecomb, M.E. (2003). The impact of lottery incentive on student survey response rates. *Research in Higher Education*, 44, 389-407.

Portland State University Survey Lab. (2013). https://www.pdx.edu/survey-research-lab/sites/

www.pdx.edu.survey-research-lab/files/Standardized%20Interviewing%20March%202016.pdf.

Presser, S. (1990). Can context changes reduce vote over-reporting? *Public Opinion Quarterly*, 54, 586-593.

Presser, S., & Blair, J. (1994). Survey pretesting: Do different methods produce different results? *Sociological Methodology*, 24, 73-104.

Presser, S., & Stinson, L. (1998). Data collection mode and social desirability bias in self-reported religious attendance. *American Sociological Review*, 63, 137-145.

Redline, C.D., & Dillman, D. (2002). The influence of alternative visual designs on respondents' performance with branching instructions in self-administered questionnaires. In R.M. Groves, D.A. Dillman, J.L. Eltinge, & R.J.A. Little. (Eds.) *Survey Nonresponse*, 179-196. New York: John Wiley and Sons, Inc.

Rice, M.F. (2003). Information and communication technologies and the global digital divide technology transfer, development, and least developing countries. *Comparative Technology Transfer and Society*, 1, 72-87.

Riemer, H., & Shavitt, S. (2011). Impression management in survey responding: Easier for collectivists or individualists? *Journal of Consumer Psychology*, 21, 157-168.

Roberts, P., Roberts, C., Sibbald, B., & Torgerson, D. (2000). The effect of a direct payment or a lottery on questionnaire response rates: A randomized controlled trial. *Journal of Epidemiology and Community Health*, 54, 71-72.

Rosenbaum, P.R., & Rubin, D.B. (1983). The central role of the propensity score in observational studies for causal effects, *Biometrika*, 70, 41-55.

Rothgeb, J., Willis, G., & Forsyth, B. (2005). Questionnaire pretesting methods: Do different techniques and different organizations produce similar results? *Statistical Research Division Research Report Series*, Survey Methodology #2005-2. Washington, D.C.: U.S. Census Bureau.

Roy, G., & Vanheuverzwyn, A. (2002). *Mobile Phone in Sample Surveys*. Presented at the International Conference on Intelligent Computing, Copenhagen, Denmark.

Royall, R.M., & Cumberland, W.G. (1978). Variance estimation in finite population sampling. *Journal of American Statistical Association*, 73, 351-358.

Safir, A., & Tan, L. (2009). Using contact attempt history data to determine the optimal number of contact attempts. In *Proceedings of the Section on Survey Research Methods of the American Statistical Association*, 5970-5984. Alexandria, Virginia.

Sahlqvist, H., Song, Y., Bull, F., Adams, E., Preston, J., Ogilvie, D., & the iConnet consortium (2011), Effect of questionnaire length, personalization and reminder type on response rate to a complex postal survey: Randomized controlled trial, *BMC Medical Research Methodology*,

11. DOI: 10.1186/1471-2288-11-62.

Schäfer, N.C., Schräpler, J., Muller, K., & Wagner, G. (2005). Automated identification of faked and fraudulent interviews in the German SOEP. *Schmoller Jahrbuch*, 125, 183-193.

Schaefer, D.R., & Dillman, D.A. (1998). Development of a standard e-mail methodology. *Public Opinion Quarterly*, 62, 378-397.

Schaeffer, N.C. (1980). Evaluating race-of-interviewer effects in a national survey, *Sociological Methods Research*, 8, 400-419.

Schaeffer, N.C. (1991). Conversation with a purpose or conversation? Interaction in the standardized interview. In P. Biemer, R. Groves, L. Lyberg, N. Mathioswetza, & S. Sudman. (Eds.) *Measurement Errors in Surveys*, 367-393, New York: Wiley.

Schaeffer, N.C. (2000). Asking questions about threatening topics: A selective overview. In A.A. Stone, C.A. Bachrach, J.B. Jobe, H.S. Kurtzman & V.S. Cain. (Eds.) *The Science of Self-Report: Implications for Research and Practice*, 105-122. Mahwah, N.J.: Lawrence Erlbaum.

Schaeffer, N.C. & Bradburn, N.M. (1989). Respondent behavior in magnitude estimation. *Journal of the American Statistical Association*, 84, 402-413.

Schräpler, J., & Wagner, G.G. (2003). Identification, characteristics and impact of faked interviews in surveys: An analysis by means of genuine fakes in the raw data of SOEP. *IZA Discussion Paper No. 969*. Available at SSRN, https://ssrn.com/abstract=487402.

Schnell, R. (1991). Der einflussgefälschter Interviews auf survey ergebnisse. *Zeitschriftfür Soziologie*, 20, 25-35.

Schober, M.F., & Conrad, F.G. (1997). Does conversational interviewing reduce survey measurement error? *Public Opinion Quarterly*, 61, 576-602.

Schober, M.F., Conrad, F.G., Antoun, C., Ehlen, P., Fail, S., Hupp, A.L. Johnston, M., Vickers, L., Yan, H.Y., & Zhang, C. (2015). Precision and disclosure in text and voice interviews on smartphones. *PLoS ONE*, 10. e0128337. https://doi.org/10.1371/journal.pone.0128337.

Schonlau, M., & Couper, M.P. (2016). Semi-automated categorization of open-ended questions. *Survey Research Methods*, 10, 143-152.

Schonlau, M., Van Soest, A., Kapteyn, A., & Couper, M. (2009). Selection bias in Web surveys and the use of propensity scores, *Sociological Methods and Research*, 37, 291-318.

Schonlau, M., Zapert, R., Simon, L.P., Sanstad, K., Marcus, S., Adams, J., Spranca, M., Kan, H., Turner, R., & Berry, S. (2004). A comparison between a propensity weighted Web survey and an identical RDD survey. *Social Science Computer Review*, 22, 128-38.

Schouten, B., Calinescu, M., & Luiten, A. (2013). Optimizing quality of response through adaptive survey designs. *Survey Methodology*, 39, 29-58.

Schouten, B., Cobben, F., & Bethlehem, J. (2009). Indicators for the representativeness of survey response. *Survey Methodology*, 35, 101-113.

Schuman, H. (1997). Polls, surveys, and the English language. *The Public Perspectives*, April/May, 6-7.

Schuman, H. (1992). Context effects: State of the art/state of the past. In N. Schwarz & S. Sudman. (Eds.) *Context Effects in Social and Psychological Research*, 5-20. New York: Springer-Verlag.

Schuman, H., & Converse, J. (1971). The effects of black and white interviewers on black responses in 1968. *Public Opinion Quarterly*, 35, 44-68.

Schuman H., & Presser, S. (1981). *Questions and Answers in Attitude Surveys*. New York: Academic Press.

Schreiner, I., Pennie, K., & Newbrough, J. (1988). Interviewer falsification in Census Bureau surveys. In *Proceedings of the Survey Research Method Sections of the American Statistical Association*, 491-496. Alexandria, Virginia.

Schwarz, N. (2002). Culture-sensitive context effects: A challenge for cross-cultural surveys. In J. Harkness, F.J.R. van de Vijver, & P. Mohler. (Eds.) *Cross-Cultural Survey Methods*, 93-100. Hoboken, NJ: John Wiley and Sons, Inc.

Schwarz, N. (1996). Assessing frequency reports of mundane behaviors: Contributions of cognitive psychology to questionnaire construction. In C. Hendrick, & M.S. Clark. (Eds.) *Research Methods in Personality and Social Psychology*, 98-119. Newbury Park, CA: Sage publications.

Schwarz, N., & Bienas, J. (1990). What mediates the impact of response alternatives on frequency reports of mundane behaviors? *Applied Cognitive Psychology*, 4, 61-72.

Schwarz, N., Grayson, C.E., & Knäuper, B. (1998). Formal features of rating scales and the interpretation of question meaning. *International Journal of Public Opinion Research*, 10, 177-183.

Schwarz N, Hippler H.J., Deutsch, B., & Strack, F. (1985). Response categories: Effects on behavioral reports and comparative judgments. *Public Opinion Quarterly*, 49, 388–395.

Schwarz, N., Hippler, H.J., & Noelle-Neumann, E. (1992). A cognitive model of response order effects in survey measurement. In N. Schwarz and S. Sudman. (Eds.) *Context Effects in Social and Psychological Research*, 87-201. New York: Springer-Verlag.

Schwarz, N. Hippler, H.J., & Noelle-Neumann, E. (1994). Retrospective reports: The impact of response alternatives. In N. Schwarz & S. Sudman. (Eds.) *Autobiographical Memory and the Validity of Retrospective Reports*, 187-202. New York: Springer-Verlag.

Schwarz, N., Knäuper, B., Hippler, H.J., Noelle-Neumann, E., & Clark, F. (1991). Rating scales: Numeric values may change the meaning of scale labels. *Public Opinion Quarterly*, 55, 618-630.

Schwarz, N., Strack, F., Hippler, H.J., & Bishop, G. (2006). The impact of administration mode on response effects in survey measurement, *Applied Cognitive Psychology*, 5, 193-212.

Schwarz, N., Strack, F., & Mai, H. (1991). Assimilation and contrast effects in part-whole questions sequences: A conversational logic analysis. *Public Opinion Quarterly*, 55, 3-23.

Schwarz, N., & Sudman, S., eds. (1991). *Context effects in social and psychological research*. New York: Springer-Verlag.

Schwarz, N., & Wellens T. (1997). Cognitive dynamics of proxy responding: The diverging perspectives of actors and observers. *Journal of Official Statistics*, 13, 159-179.

Sears, D.O. (1983). The person-positivity bias. *Journal of Personality and Social Psychology*, 44, 233-250.

Sha, M., Pan, Y., & Park, H. (2010). *Developing a Systematic Process for Translation Expert Review: The Translation Appraisal System (TAS-10)*. Presented at the American Association for Public Opinion Research (AAPOR) Conference, Chicago, Illinois, USA.

Sha, M., Park, H., Hsieh, Y. P., Son, J., Yuan, M., Schoua-Glusberg, A., Kenward, K., Meyers, M., Wang, L., Lykke, L., García Trejo, Y., & Goerman, P. (2016). *PRIMUS Internet Instrument for the 2016 Census Test, Usability and Cognitive Testing In Chinese, Korean, and Spanish*. Report prepared for the U.S. Census Bureau.

Sha, M., Park, H., Pan, Y., Son, J., Schoua-Glusberg, A., Haps, E., & Kenward, K. (2015). *Multilingual Research for 2020 Census Questionnaires, Cognitive Testing and Focus Groups*. Report submitted to the U.S. Census Bureau.

Sha, M., Son, J., Park, H., Schoua-Glusberg, A. Kenward, K., Meyers, M., Lykke, L., Holliday N., & Goerman, P. (2016). *Nonresponse Follow-Up (NRFU) COMPASS Application Usability and Cognitive Testing, Chinese, Korean, and Spanish*. Report prepared for the U.S. Census Bureau.

Shaw, B.R., Sivakumar, G., Balinas, T., Chipman, R., & Krahn, D. (2013). Testing the feasibility of mobile audio based recovery material as an adjunct to intensive outpatient treatment for veterans with substance abuse disorders. *Journal of Technology in Human Services*, 31, 321-336.

Shaw, M.J., Beebe, T.M., Jensen, H.L., & Adlis, S.A. (2001). The use of monetary incentives in a community survey: Impact on response rates, data quality, and cost. *Health Services Research*, 35, 1339-1346.

Shotland, R.L. & Heinold, W.D. (1985). Emergency and cost as determinants of helping behavior and the slow accumulation of social psychological knowledge. *Social Psychology Quarterly*, 46, 36-46.

Shryock, H.S., Siegel, J.S., & Stockwell, E.G. (1976). *The Methods and Materials of Demography*. San Diego, CA: Academic Press.

Shweder, R.A., & LeVine, R.A. (1984). *Culture Theory: Essays on Mind, Self, and Emotions*. Cambridge, England: Cambridge University Press.

Simon, H. (1957). *Models of Man*. New York: Wiley.

Singer, E. (2002). The use of incentives to reduce nonresponse in household surveys. In R.M. Groves, D.A. Dillman, J.L. Eltinge, & R.J.A. Little. (Eds.) *Survey Nonresponse*, 163-177. New York: John Wiley and Sons, Inc.

Singer, E. (2003). Exploring the meaning of consent: Participation in research and beliefs about risks and benefits. *Journal of Official Statistics*, 19, 273-285.

Singer, E. (2006). Introduction: Nonresponse bias in household surveys. *Public Opinion Quarterly*, 70, 637-645.

Singer, E. & Kulka, R.A. (2002). Paying respondents for survey participation. In M.V. Ploeg, R.A. Moffitt, & C. F. Citro. (Eds.) *Studies of Welfare Populations: Data Collection and Research Issues*, 105-128. Washington, D.C.: National Academy Press.

Singer, E., Mathiowetz, N. & Couper, M.P. (1993). The impact of privacy and confidentiality concerns on Census participation. *Public Opinion Quarterly*, 57, 465-482.

Singer, E., van Hoewyk, J., Gebler, N. & McGonagle, K. (1999). The effect of incentives on response rates in interviewer-mediated surveys. *Journal of Official Statistics*, 15, 217-230.

Singer, E., van Hoewyk, J., & Neugebauer, R. (2003). Attitudes and behavior: The impact of privacy and confidentiality concerns on participation in the 2000 Census. *Public Opinion Quarterly*, 65, 368-384.

Singer, E., & Ye, C. (2013). The Use and effects of incentives in surveys. *The Annals of the American Academy of Political and Social Science*, 645, 112–141.

Singleton, R., & Straits, B. (2005). *Approaches to Social Research (4th ed)*. New York: Oxford University Press.

Smith, T.W. (1986). Conditional order effects. *GSS Methodological Report No. 20*. Chicago: National Opinion Research Center.

Smith, T.W. (1988). Ballot position: An analysis of context effects related to rotation design. *GSS Methodological Report No. 55*. Chicago: National Opinion Research Center.

Smith, T.W. (2002). Developing comparable questions in cross-national surveys. In J. Harkness, F.J.R. van de Vijver, & P. Mohler. (Eds.) *Cross-Cultural Survey Methods*, 69-92. Hoboken, NJ: John Wiley and Sons.

Solomon, D.J. (2001). Conducting Web-Based Survey. *Practical Assessment Research & Evaluation*, 7. Retrieved on March 17, 2017 from http://pareonline.net/getvn.asp?v=7& n=19.

Srinath, K.P. (1971). Multiple sampling in nonresponse problems. *Journal of the American Statistical Association*, 66, 583-586.

Srinath, K.P., Giambo, P., & Arday, S. (2003). An application of a method of determining optimum number of call attempts in a telephone survey. In *Proceedings of the Section on Survey*

Research Methods of the American Statistical Association, 4022-4027. Alexandria, Virginia.

Steeh, C.G. (1981). Trends in nonresponse rates, 1952-1979. *Public Opinion Quarterly*, 45, 40-57.

Strack, F. (1992). Order effects in survey research: Activation and information functions of preceding questions. In N. Schwarz, & S. Sudman. (Eds.) *Context Effects in Social and Psychological Research*. New York: Springer.

Strack, F., & Martin, L. (1987). Thinking, judging, and communicating: A process account of context effects in attitude surveys. In H. Hippler, N. Schwarz, & S. Sudman. (Eds.) *Social Information Processing and Survey Methodology*, 123-148. New York: Springer-Verlag.

Strack, F., Schwarz, N. & Wänke, M. (1991). Semantic and pragmatic aspects of context effects in social and psychological research. *Social Cognition*, 9, 111-125. https://doi.org/10.1521/soco.1991.9.1.111.

Stulginskas, J.V., Verreault, R., & Pless, I.B. (1985). A comparison of observed and reported restraint use by children and adults. *Accident Analysis and Preventions*, 17, 381-386.

Suchman, L., & Jordan, B. (1990). Interactional troubles in face-to-face survey interviews. *Journal of the American Statistical Association*, 85, 232-253.

Sudman, S., & Bradburn, N. (1973). Effects of time and memory factors on response in surveys. *Journal of American Statistical Association*, 68, 805-815.

Sudman, S., & Bradburn, N. (1974). *Response Effects in Surveys*. Chicago, IL: Aldine.

Sudman, S., Bradburn, N.M., & Schwarz, N. (1996). *Thinking about Answers: The Application of Cognitive Processes to Survey Methodology*. San Francisco, CA: Jossey-Bass.

Sudman, S., Finn, A., & Lannom, L. (1984). The use of bounded recall procedures in single interview. *Public Opinion Quarterly*, 48, 520-524.

Suessbrick A.L., Schober M.F., & Conrad F.G. (2000). Different respondents interpret ordinary questions quite differently. In *Proceedings of the Section on Survey Research Methods of the American Statistical Association*, 907-912. Alexandria, Virginia.

Survey Research Center. (2016). *Guidelines for Best Practice in Cross-Cultural Surveys*. Ann Arbor, MI: Survey Research Center, Institute for Social Research, University of Michigan.

Swanson, D., Cho, M., & Eltinge, J. (2003). Detecting possibly fraudulent data or error-prone survey data using Benford's law. In *Proceedings of the Survey Research Methods Section of the American Statistical Association*, 4172-4177. Alexandria, Virginia.

Sykes, W., & Morton-Williams, J. (1987). Evaluating survey questions. *Journal of Official Statistics*, 3, 191-204.

Tannen, D. (2005). *Conversational Style, Analyzing Talk among Friends (2nd ed)*. Norwood, N.J.: Ablex Publishing.

Terhanian, G., Bremer, J., Smith, R., & Thomas, R. (2000). *Correcting Data from Online Surveys for the Effects of Nonrandom Selection and Nonrandom Assignment*. Rochester, N.Y.: White paper, Harris Interactive.

The American Association for Public Opinion Research (2003). *Interviewer Falsification in Survey Research, Current Best Methods for Prevention, Detection and Repair of Its Effect*. AAPOR available at https://www.aapor.org/AAPOR_Main/media/MainSiteFiles/falsification.pdf.

The American Association for Public Opinion Research (2016). *Standard Definitions: Final Dispositions of Case Codes and Outcome Rates for Surveys. 9th edition*. AAPOR Available at https://www.aapor.org/AAPOR_Main/media/publications/Standard-Definitions20169theditionfinal.pdf.

Thissen, M.R., Park, H., &Nguyen (2013). Computer audio recording: A practical technology for managing survey quality. *Survey Practice*, 6, 1-7. ISSN, 2168-0094.

Thompson, J.D., & Demerath, N.J. (1952). Some experiences with the group interview. *Social Forces*, 31, 148-154.

Todorov, A. (2000). Context effects in national health surveys: Effects of preceding questions on reporting serious difficulty seeing and legal blindness. *Public Opinion Quarterly*, 64, 65-76.

Todorov, A., & Kirchner, C. (2000). Bias in proxies' reports of disability: Data from the national health interview survey on disability. *American Journal of Public Health*, 90, 1248-1253.

Toepoel, V., & Dillman, D.A. (2008). Words, numbers, and visual heuristics in Web surveys: Is there a hierarchy of importance? *Center Discussion Paper, 2008–92*. Tilburg: The Netherlands Center, Tilburg University.

Tourangeau, R. (2003). Cognitive aspects of survey measurement and mismeasurement. *International Journal of Public Opinion Research*, 15, 3-7.

Tourangeau, R., Conrad, F., Arens, Z., Fricker, S., Lee, S., & Smith, E. (2006). Everyday concepts and classification errors: Judgments of disability and residence. *Journal of Official Statistics*, 22, 385-418.

Tourangeau, R., Couper, M.P., & Conrad, F.G. (2004). Spacing, position, and order: Interpretive heuristics for visual features of survey questions. *Public Opinion Quarterly*, 68, 368-393.

Tourangeau, R., Couper, M.P., & Conrad, F.G. (2007). Color, labels and interpretive heuristics for response scales. *Public Opinion Quarterly*, 71, 91-112.

Tourangeau, R., Kreuter, F., & Eckman, S. (2012). Motivated underreporting in screening interviews. *Public Opinion Quarterly*, 76, 453-469.

Tourangeau, R., & Rasinski, K.A. (1988). Cognitive processes underlying context effects in attitude measurement. *Psychological Bulletin*, 103, 299-314.

Tourangeau, R., Rasinski, K., & Bradburn, N. (1991). Measuring happiness in surveys: A test of the subtraction hypothesis. *Public Opinion Quarterly*, 55, 255-266.

Tourangeau, R., Rasinski, K., Bradburn, N., & D'Andreade, R. (1989). Carry-over effects in attitude surveys. *Public Opinion Quarterly*, 53, 495-524.

Tourangeau, R., Rasinski, K. & D'Andreade, R. (1991). Attitude structure and belief accessibility. *Journal of Experimental Social Psychology*, 27, 48-75.

Tourangeau, R., Rips, L., & Rasinski, K. (2000). *The Psychology of Survey Response*. New York: Cambridge University Press.

Tourangeau, R., Shapiro, G., Kearney, A., & Ernst, L. (1997). Who lives here? Survey undercoverage and household roster questions. *Journal of Official Statistics*, 13, 1-18.

Tourangeau, R., Singer, E., & Presser, S. (2003). Context effects in attitude surveys: Effects on remote items and impact on predictive validity. *Sociological Methods and Research*, 31, 486-513.

Tourangeau, R., & Smith, T.W. (1996). Asking sensitive questions: The impact of data collection mode, question format, and question context. *Public Opinion Quarterly*, 60, 275-304.

Tourangeau, R., & Smith, T.W. (1998). Collecting sensitive information with different modes of data collection. In M.P. Couper, R.P. Baker, J. Bethlehem, C.Z. Clark, J.Martin, W.L. Nicholls, & J. O'Reilly. (Eds.) *Computer Assisted Survey Information Collection*, 431-454. New York: Wiley.

Tourangeau, R., & Yan, T. (2007). Sensitive questions in surveys. *Psychological Bulletin*, 133, 859-883.

Traugott, M.W., Groves, R.M., & Lepkowski, J.M. (1987). Using dual frame designs to reduce nonresponse in telephone surveys. *Public Opinion Quarterly*, 51, 522-39.

Trott, D.M., & Jackson, D.N. (1967). An experimental analysis of acquiescence. *Journal of Experimental Research in Personality*, 2, 278-288.

Troupe, Y. (1986). Identification and inferential processes in dispositional attribution. *Psychological Review*, 93, 239-257.

Trussell, N., & Lavrakas, P.J. (2004). The influence of incremental increases in token cash incentives on mail survey response: Is there an optimal amount? *Public Opinion Quarterly*, 68, 349-367.

Tsuchiya, T., Hirai, Y., & Ono, S. (2007). A study of the properties of the item count technique. *Public Opinion Quarterly*, 71, 253-272.

Tucker, C. (1983). Interviewer effects in telephone surveys. *Public Opinion Quarterly*, 47, 84-95.

Tuckel, P., & O'Neill, H. (2001). *The Vanishing Respondent in Telephone Surveys*. Presented at the American Association for Public Opinion Research (AAPOR) Conference, Atlanta, Georgia, USA.

Tulving, E., & Schacter, D.L. (1990). Priming and human memory systems. *Science*, 247, 301-306.

Turner, C.F., Gribbe, J., Al-Tayyip, A., & Chromy, J. (2002). Falsification in epidemiologic surveys: Detection and remediation. *Technical Papers on Health and Behavior Measurement*, No. 53. Washington D.C.: Research Triangle Institute.

Turner, C.F., Ku, L., Rogers, S.M., Lindberg, L.D., Pleck, J.H., & Sonenstein, F.L. (1998). Adolescent sexual behavior, drug use, and violence: Increased reporting with computer survey technology. *Science*, 280, 867-873.

Turner, C.F., Lessler, J., & Devore, J. (1992). Effects of mode of administration and wording on reporting of drug use. In C. Turner, J. Lessler, & J. Gfroerer. (Eds.) *Survey Measurement of Drug Use, Methodologic Studies*, DHHS Pub. No. (ADM) 92-1929.

U.S. Department of Commerce (2002). A nation online: How Americans are expanding their use of the Internet. Available at https://www.ntia.doc.gov/legacy/ntiahome/dn/anationonline2.pdf.

Valentine, C.A., & Valentine, B.L. (1971). *Missing Men*. Report to the U.S. Bureau of the Census. Washington, D.C.: U.S. Bureau of the Census

Vandermeer, B. (2000). *Incentive Effect on Response Rates for the 1997 Survey of Household Spending*. Ottawa: Statistics Canada.

van der Zouwen, J., & Smit. J.H. (2004). Evaluating survey questions by analyzing patterns of behavior codes and question-answer sequences: A diagnostic approach. In S. Presser, J.M. Rothgeb, M.P. Couper, J.T. Lessler, E.Martin, J. Martin & E. Singer. (Eds.) *Methods for Testing and Evaluating Survey Questionnaires*, 109-130. New York: Wiley.

VanWidenfeldt, B.M., Treffers, P.D.A., de Beurs, E., Siebelink, B.M., & Koudijs, E. (2005). Translation and cross-cultural adaptation of assessment instruments used in psychological research with children and families. *Clinical Child and Family Psychology Review*, 8, 135-147.

Vincente, P., Reis, E., & Santos, M. (2009). Using mobile phones for survey research: A comparative analysis between data collected via mobile phones and fixed phones. *International Journal of Market Research*, 51, 1-21.

Visser, P.S., Krosnick, J.A., Marquette, J.F., & Curtin, M.F. (2000). Improving election forecasting: Allocation of undecided respondents, identification of likely voters, and response order effects. In P.L. Lavrakas & M. Traugott. (Eds.) *Election Polls, the News Media, and Democracy*, 224-260. New York: Chatham House.

von der Pütten A., Hoffmann, L., Klatt, J., & Krämer, N.C. (2011). Quid pro quo? Reciprocal self-disclosure and communicative accommodation towards a virtual interviewer. In *Proceedings of the 10th International Conference Intelligent Virtual Agents (IVA 2011)*, 183-194. Marina del Rey, CA: Springer Verlag Berlin Heidelberg.

Wagner, J. (2010). The fraction of missing information as a tool for monitoring the quality of survey data. *Public Opinion Quarterly*, 74, 223-243.

Wagner, J. (2012). A comparison of alternative indicators for the risk of nonresponse bias. *Public Opinion Quarterly*, 76, 555-575.

Wagner, J., West, B.T., Kirgis, N., Lepkowski, J.M., Axinn, W.G., & Ndiaye, S.K. (2012). Use of paradata in a responsive design framework to manage a field data collection. *Journal of Official Statistics*, 28, 477.

Waksberg, J. (1978). Sampling methods for random digit dialing. *Journal of the American Statistical Association*, 73, 40-46.

Ward, C., Reimer, B., Elam-Evans, L., Yankey, D., & Khare, M. (2014). *Tradeoffs in Quality: Examining the Relationship between Cell Telephone Respondent Location and Data Quality*. Presented at the American Association for Public Opinion Research (AAPOR) Conference, Anaheim, California, USA.

Warner, S.L. (1965). Randomized response: A survey technique for eliminating evasive answer bias. *Journal of the American Statistical Association*, 60, 63-69.

Warriner, K. Goyder, J. Gjertsen, H., Hohner, P., & McSpurren, K. (1996). Charities, no; Lotteries, no; Cash, yes main effects and interactions in a Canadian incentives experiment. *Public Opinion Quarterly*, 60, 542-562.

Wason, P.C. (1961). Response to affirmative and negative binary statements. *British Journal of Psychology*, 52, 133-142.

Waugh, N.C., & Norman, D.A. (1965). Primary memory. *Psychological Review*, 72, 89-104.

Weeks, M.F. (1988). Call scheduling with CATI: Current capabilities and methods. In R.M. Groves, P.P. Biemer, L.E. Lyberg, J.T. Massey, W.L. Nicholls, & J. Waksberg. (Eds.) *Telephone Survey Methodology*, 403-420. New York: Wiley.

Weeks, M.F., Jones, B.L., Folsom, R.E., & Benrud, C.H. (1980). Optimal times to contact sample households. *Public Opinion Quarterly*, 44, 101-114.

Weng &Cheng (2000). Effects of response order on Likert-type scales. *Educational and Psychological Measurement*, 6, 908-924.

White, M.B., & Chambers, K.R. (1997). Type of cover letter and questionnaire color: Do they influence the response rate in survey research with marriage and family. *Family Therapy*, 24, 19-24.

Willis, G.B. (2005). *Cognitive interviewing: A Tool for Improving Questionnaire Design*. Thousand Oaks: Sage.

Williams, D., Tourti, C., Clark, C., & Butler, J. (2011). *Identifying Causes of Verification Refusals on a Large Nationwide Field Study Using a Multilevel Model*. Presented at the American Association for Public Opinion Research (AAPOR) Conference, Phoenix, Arizona, USA.

Willis, G., deMaio, T., & Harris-Kojetin, B. (1999). Is the bandwagon headed to the methodological promised land? Evaluating the validity of cognitive interviewing techniques. In M. Sirken, D.J. Herrmann, S. Schechter, N. Schwarz, J. Tanur, & R. Tourangeau. (Eds.) *Cognition and Survey Research*, 133-154. New York: Wiley.

Willis, G., & Lessler, J. (1999). *Question Appraisal System QAS-99*. Research Triangle Park, NC: Research Triangle Institute.

Willis, G., & Schechter, S. (1997). Evaluation of cognitive interviewing techniques: Do the results generalize to the field. *Bulletin de Methodologie Sociologique*, 55, 40-66.

Willis, G., Schechter, S., & Whitaker, K. (1999). A comparison of cognitive interviewing, expert review, and behavior coding: What do they tell us? In *Proceedings of the Section on Survey Research Methods of the American Statistical Association*, 28-37. Alexandria, Virginia.

Winker, P. (2016). Assuring the quality of survey data: Incentives, detection, and documentation of deviant behavior. *Statistical Journal of the IAOS*, 32, 295-303.

Winkler, J.D., Kanouse, D.E., & Ware, J.E. (1982). Controlling for acquiescence response set in scale development. *Journal of Applied Psychology*, 67, 555.

Wiseman, F. (1972). Methodological bias in public opinion surveys. *Public Opinion Quarterly*, 36, 105-108.

Yammarino, F.J., Skinner, S.J. & Childers, T.L. (1991). Understanding mail survey response behavior. *Public Opinion Quarterly*, 55, 613-639.

Yang, M.L., & Yu, R.R. (2008). The interviewer effect when there is an education gap with the respondent, evidence from a survey on biotechnology in Taiwan. *Social Science Research*, 37, 1321-1331.

Yessis, J., & Rathert, C. (2006). Initial versus prompted responders to patient satisfaction surveys: Implication for interpretation of patient feedback. *Journal of Applied Management and Entrepreneurship*, 11, 49-64.

Ying, Y. (1989). Nonresponse on the center for epidemiological studies-depression scale in Chinese Americans. *International Journal of Social Psychiatry*, 35, 156-163.

Yoshihama, M., Gillepsie, B., Hammock, A.C., Belli, R.F., & Tolman, R.M. (2005). Does the life history calendar method facilitate the recall of intimate partner violence? Comparison of two methods of data collection. *Social Work Research*, 29, 151-163.

Young, N. (1989). Wave-seam effects in the SIPP. In *Proceedings of the Section on Survey Research Methods of the American Statistical Association*, 393-398. Alexandria, Virginia.

Yu, J., & Cooper, H. (1983). A quantitative review of research design effects on response rates to questionnaires. *Journal of Marketing Research*, 20, 36-44.

찾아보기

ㅂ

ㅅ

ㅇ

ㅈ

박 현 주

서울대학교 소비자학과 학사, 석사
미국 University of Michigan, Ann Arbor, Survey Methodology 석사
전) 한국 갤럽 연구원
전) 국민은행 마케팅팀 설문 조사 전문 직원
전) 미국 RTI International, Survey Methodologist
현) HP 리서치 대표

조사업계에서 20년 동안 종사한 설문지 개발 및 국제 조사 전문가이다. RTI International에서 마약 및 건강 조사(National Survey on Drug Use and Health), 전국아동연구(National Children's Study) 등의 설문 조사 방법론 연구자로 일했으며, 2016년 귀국 후, U.S. Census Bureau, RTI, Westat 등 미국의 연구 프로젝트를 계속하고 있다. 한국에서는 통계개발원, 통계교육원 및 각종 대학과 조사기관에 자문 및 강의를 하고 있다. Journal of Official Statistics, International Journal of Social Research Methodology, Field Methods, Quality and Quantity, Survey Practice 등의 학술저널에 논문을 발표해왔고, *Survey Methods in Multinational, Multiregional, and Multicultural Context, Advances in Comparative Survey Methodology* 등의 방법론 서적집필에 참여하였으며, 현재는 *The Sociolinguistics of Survey Translation*을 집필중이다.

이 승 희

덕성여자대학교 통계학과 학사
미국 University of Nebraska, Lincoln, Survey Methodology 석사
미국 University of Maryland, College Park, Survey Methodology 박사
전) 벨기에 Katholieke Universiteit 방문 연구원
전) 미국 RTI International, Survey Methodologist
전) 미국 University of California, Los Angeles, Center for Health Policy Research, Survey Methodologist
전) 미국 University of California, Los Angeles, Department of Biostatistics, Adjunct Assistant Professor
현) University of Michigan, Institute for Social Research, Associate Research Scientist

소수 인종을 대상 설문 조사 방법론이 주연구 영역으로, 특히 문화 간 비교 심리학을 통한 측정과 희귀 인구 대상의 표본 추출 방법이 전문 분야이다. UCLA와 미시건대학에서 표본 추출과 설문지 개발론을 강의하였으며, 현재는 건강 및 은퇴 연구(Health and Retirement Study), 주거 및 아동 발달 조사(Housing and Children Development)의 표본 추출과 사후 보정 및 소수 인종과 희귀 인구 대상의 여러 조사에 자문을 맡고 있다. Public Opinion Quarterly, Journal of Official Statistics, American Journal of Public Health, Health Services Research, Journal of Cross-Cultural Psychology 등의 학술저널에 논문을 발표해왔으며, 저서로는 *Polling America: An Encyclopedia of Public Opinion, Advances in Telephone Survey Methodology, Encyclopedia of Survey Research Methods, Handbook of Health Survey Methods, Hard to Survey Populations* 등이 있다.

오차를 중심으로 본

세상을 바꾸는 과학적 설문 조사 방법

초판 1쇄 인쇄 2017년 7월 17일
초판 1쇄 발행 2017년 7월 21일

지 은 이 | 박현주 · 이승희
펴 낸 이 | 김기섭
편 집 인 | 강보영
펴 낸 곳 | 창지사 www.changjisa.com
08589 서울시 금천구 가산디지털 1로 83 파트너스타워 1차 9층
전화 (02)719-2211~3
팩스 (02)701-9386
등 록 | 1977년 4월 28일 · 제1-421호

ISBN 978-89-426-2364-8 (93330)

값 19,000원

이 도서의 국립중앙도서관 출판예정도서목록(CIP)은 서지정보유통지원시스템 홈페이지(http://seoji.nl.go.kr)와 국가자료공동목록시스템(http://www.nl.go.kr/kolisnet)에서 이용하실 수 있습니다(CIP제어번호: CIP2017017216)